社会福祉思想史入門

吉田久一
岡田英己子

keiso shobo

はしがき

はじめに本書の意図をひとこと述べておきたい。

社会福祉の基礎科学は社会科学にあると思うが、現在のように社会が混迷している世紀の終末期社会には、それを説明する社会科学も「ゆらぎ」の中にさらされざるを得ない。このような時期にこそ社会福祉思想が一定の役割を持つと思う。

数年前、石橋雄二氏（勁草書房前編集長）から相談を受け、社会福祉思想の入門書の執筆を求められた。社会福祉混迷の打開を思想に求められたのは編集者の見識であるが、力不足を承知の上、試論をだして世の批判をえようとしたのが本書である。

現在はもはや一、二のいわゆる社会福祉の「先進国」にのみ、社会福祉のモデルを求めることができなくなってきている。社会福祉の「普遍性とは何か」というテーマがたえず執筆中気になった。むろん本書もイスラムや東洋諸国等の福祉思想にまでは手が及ばなかったが、しかし、グローバルな人類的視点をたえず心にかけたのは両人とも同じである。

二〇世紀は誠に「戦争の世紀」であった。社会福祉のすべての前提は、平和にあることは誰も疑わないだろう。二一世紀社会は平和な福祉社会であることを祈らずにはおられない。

私は若い時、東京教育大学大学院に出講したことがあった。そこでは社会福祉の歴史に関心を持った加藤康昭君（『日本盲人社会史研究』（未來社）の著者）ら五、六人の優れた若い研究者と研究をともにした。当時岡田英己子さんとは、直接師弟関係はなかったが、岡田さんも少し遅れたその仲間の一人である。岡田さんはすでに『ドイツ治療教育学の歴史研究』(勁草書房、一九九三年)のような教育史方面では優れた業績を持っておられるが、社会事業史をテーマに選んでから、本書はその最初の書物である。

本書において岡田さんの執筆枚数が多いのは、欧米社会福祉思想の類書があまりなく、その穴を埋めようとしたからである。本書は共著であるが、特に統一をはからず自由に執筆した。できれば社会福祉系大学のテキストとして使用されることを願っている。

石橋氏はすでに引退されたが、後任の古田理史氏にはお世話になった。感謝したい。

一九九九年一〇月

吉田久一　しるす

目次

目次

目　次

目　次

目次

第Ⅱ部　日本の社会福祉思想史

第Ⅰ部　欧米の社会福祉思想史

序　章　欧米社会福祉思想（史）の方法

1　欧米の社会福祉思想を学ぶ意義——自国史との対話のために

自己と他者との対話としての国際比較

思想や理論というと、堅苦しいと考えられがちである。社会福祉の思想に対しても、そのようなイメージを抱く人が多いのではなかろうか。思い起こしてみよう。私達は始終、語っているではないか。「安定した暮らしがしたい」「生活を向上させたい」「何のためにあくせく働くのか」「老後が不安だから貯金しなくては」「社会のために役立ちたい」等々。これらは、「人生とは何か」という純哲学的な思索ではない。しかし、この自問自答を離れて私達の日常生活はありえない。そしてこれが、社会福祉思想を考える出発点になるのである。

対人援助サービスの従事者・ボランティア・福祉を学ぶ学生、あるいは福祉サービスの利用者達は、生活困難・生活不安の問題を考える時、右のような素朴な問いかけの形をとりつつも、社会福祉思想に限りなく接近している時が多々ある。たとえ、思想を考えていると明確に自覚していなくても、である。

さて、社会福祉の国際比較は難しい、と言われている。これは一九世紀末の社会事業の成立以来、常に国民国家という一国的な枠組みに依拠して、社会福祉制度を作ってきたからである。また福祉サービスは、保健医療や公教育のような類似の対人援助サービスよりも、生活者の個別のニードにより接近するだけに、地域特有の土着的性格を持ちやすい。そこで、日本の社会福祉思想だけで十分ではないか、わざわざ欧米の思想に学ぶ必要はあるのか、という疑問も生じやすい。社会福祉は実践が第一であり、遠く離れた国の社会福祉思想の比較が役に立つとは思えない。こうした意見は、日本人だけではない。欧米の社会福祉研究者の間でも、歴史や思想を実践とは関係のないものと解する人は結構多い。比較史とは何か。外国の歴史に学ぶとは、子どもの自我が他者とのコミュニケーションを介して発達する学習の過程に似ている。自国史の対概念は他国史である。それは、「他者との比較があってはじめて自分も発見できる、というだけでなく、他者との関連の中でしか自分も存在しない」（西川正雄「自国史と他国史」『歴史における現在』講座日本歴史13、東大出版会、一九八五年、二七二頁）との視点を提起する。

社会福祉実践の教育は、自己洞察と他者理解の思考回路の形成が中心になる。他者との関係性の中で自分も存在するという視点で他国を位置づけることは、欧米社会福祉思想をなぜ学ぶのかの答えとなる。近代日本の福祉思想は、欧米から多大な影響を受けてきた。それだけに、欧米と日本の社会福祉を、まず比較する必要がある。思想史とは、自己と他者との歴史的社会的関係を問うものである。時空を越えた他国の思想との出会いは、自己洞察を深める。あたかも子供が他者との関わりによって、自己のアイデンティティを確立していくかのように。

思想なき社会福祉理論の限界

「社会福祉理論とは何か？」この答えを求めて、理論構築を試みる人は少なからずいる。次々と「新理論」が提唱されては、数年後には消えていく。これは世紀の転換期にあって、何らかの生活上の羅針盤を多くの人が求めている証左でもある。

日本における社会福祉理論が不毛である原因はどこにあるのか。吉田久一は、『日本社会福祉理論史』（勁草書房、一九九五年）で、理論研究はその系譜である慈善事業論・救済事業論を含めても、わずか百年にすぎないと指摘する。これは欧米慈善事業が、思想的には原始キリスト教の影響を、理論体系ではトマス・カリタス論の系譜を、制度・政策ではM・ルター（一四八三―一五四六年）の共同金庫と中世都市の救貧事業の伝統を継承するのとは、対照的である。しかし、日本の社会福祉理論が流行と模倣に流されたり、また逆に特殊日本型に回帰する傾向をもつとの吉田の批判は、欧米にも当てはまる場合がある。「理論的に未熟な日本社会福祉理論は、社会福祉思想の援助を借りなければ成立しない」（吉田・一九九五年、一七頁）との主張は、欧米社会福祉理論にもいえる。例えば、フェビアン主義が労働党と結合することで特殊イギリス型の理論に傾斜したり、アメリカのケースワークの医学診断モデルの強固な影響力や、ドイツの青少年保護分野での社会教育学と社会福祉との論争等は、著名である。これらは、おしなべて理論論争としては不毛さが目立つ。

では、一国型の福祉国家の終焉が明確になりつつある現在、私達は何をもって社会福祉を捉える原点とすればよいのだろうか。社会福祉は、歴史的社会的に生じる矛盾や課題を生活者として背負い、一生懸命に悪戦苦闘する生きた人間を対象とする。従事者はこの対象に迫りつつ、ともに生活問題の構造・原因を見つめ、解決に尽力するのである（吉田『日本の社会福祉思想』勁草書房、一九九四年、七―八頁）。そこで社会福祉に従事する者は、まず歴史的社会的矛盾としての生活困難や生活不安を捉える感性を育て、他者との関係性の地盤に立つ実践を通して、社会関係の中で自己を見直すことが必要となる。この社会関係を通しての自己洞察こそが、福祉援助方法原論の起点である。ここに、類似の対人援助サービスとは異なる社会福祉の固有の視点がある。

それと同時に、実践と理論の統一的把握が、第二の原点になる。これは、生きた人間を対象とする対人援助の専門職に共通する課題でもある。多くの人が実践と理論の統合を語る。しかし、大半は矛盾した結論に終わる。激しく揺れ動くのは時代だけではない。私達の生活や行動選択も、状況に左右される。内面の安定は束の間である。それだけに、理論と実践との隔たりに対して、安易にどちらかを切り捨て、自らを納得させてしまう。理論派は実践者を体系だった方法に欠けると批判する。実践者は理論など役にたたないと切り返す。社会科学と人間科学の二つの視点を必要とする社会福祉は、常に実践と理論の懸隔に悩まされてきた。しかし、理論と実践の懸隔の克服は、矛盾を意識化し、他者との関係性の地盤に立って統合を志向し続ける姿勢にのみ存在する。これこそが、対人援助の専門職の職業倫理であるといえる。

以上の二つの原点をふまえて、典型的な例として、一九世紀末の「ソーシャルワークの創出」という自由意志による行為の成果と、その結末に言及してみよう。社会改良思想の感化を受けた市民女性が主力となって、対人援助サービス分野に、新たに専門職が誕生した。人間は自らの歴史を作る存在なのである。欧米社会事業成立期のフェミニズム運動の果たした役割は大きい。福祉の職業化は、市民女性の自己実現の歩みに添う形で、二〇世紀初頭から理論化され、社会事業学校の教育を通して、欧米各国に普及していく。

しかし、この興味深く困難な理論と実践の往復作業から、人は逃避する傾向がある。「ソーシャルワークの創出」を担った一九世紀末の欧米の指導者の中にも、市民主導のボランタリズムの新鮮なエネルギーを枯渇させ、理論を実践の中で検証する姿勢を喪失する人は少なからずいた。社会事業から社会福祉段階への移行期は、社会行政・福祉官僚制や、対人援助サービスの専門職集団の縄張りの拡張期でもあった。地道な実践を続行せず行政に擦り寄り、派閥を作って運動団体・施設・学校を牛耳る人も多かった。彼らは、権威的な対応を指導と勘違いし、自己を擁護する理論にしがみつき、急変する時代の課題を見過ごした。財政難を口実にする社会行政・福祉官僚制の硬直化や、日常業務である対人援助サービスの画一化は、欧米ではすでに一九二〇年代から生じていた。

やがて一九八〇年代に入り、低成長と高い失業率によって一国型福祉国家の限界が露呈するに及び、福祉国家の危機が論議の的となる。これに対し、「組織された民主主義」の下で、「面倒みのよい福祉国家」の社会行政・福祉官僚制に馴れた世代には、かつてのような広範な社会変革の連帯はない。工業化・都市化のもたらした便利で快適な「より良い暮らし」と、自由と自立の結果としての孤独感と連帯の欠如、それ故に実感される近代の病理の深淵。これら西欧近代化の正負の二側面を、私達は生きる限り背負わざるをえない。それだけに、理論と実践の矛盾を見つめる力なくしては、私達は日常性という居心地の良い落とし穴に、容易に転落してしまう。「ソーシャルワークの創出」のエネルギーを枯渇させてしまう。では、理論と実践の往復作業を持続させるには、どうすればよいのか。ソーシャルワークの職業倫理を掲げるだけで、事足りるのだろうか。

ここに思想を学ぶ意義がある。社会福祉の思想と理論は双生児関係にあるとはいえ、社会福祉理論が各国別の制度・政策に引きずられる閉じられた体系になりがちな現状では、思想が社会福祉原論の役割を担わざるをえない。福祉思想の生命力は長い。始終、パラダイム転換が叫ばれ、新たな理論が次々と試みられる時代にあって、福祉思想の重層構造を見つめることは、不確実な理論よりも、よほど実践の支えになる。

「西欧社会福祉には制度・政策を支えるキリスト教がある。日本社会福祉にはそれを支える『内面性』が乏しく、常に不安定である」。「社会福祉は歴史的社会的存在であるが、……それを支える『内面性』にたずさわることをも任務とする」と吉田が指摘するように、西欧社会福祉の特質である連続的性格は、キリスト教に帰せられる。社会福祉の内面的構築という課題を重視する吉田は、『日本社会福祉思想史』の序章で福祉思想史の研究方法論を示し、研究対象となりうる各時代の福祉思想の選択基準として、三点を挙げている。

①歴史的社会的な普遍性をもちつつも、福祉実践にその思想がどれだけ浸透しているか。
②福祉実践側からの生活感情がどれだけ論理的に思想化されているか。
③時代の変動の中で、福祉思想が主体的な対決の力と持続性を持っているか。

（吉田久一著作集1、川島書店、一九八九年、一〇頁）

この選択基準には、西欧福祉も比較モデルとして組み込まれている。西欧の福祉思想の源流は、ギリシアの博愛（フィランソロピー、philanthropy）と、原始キリスト教の慈善（チャリティ・カリタス、charity, caritas）である。以来、あらゆる福祉思想の生起は、これが羅針盤になっている。これに即し、かつ吉田の①から③の基準に従って、社会福祉の内面的構築を促す思想を選択すると、

(1)中世都市の救済事業や、宗教改革期の救貧思想・市民的公共性の芽生え、(2)フランス革命の「自由・平等・友愛」の人権思想と、博愛事業との結合を支える市民主導型ボランタリズム、(3)社会改良思想、特に「ソーシャルワークの創出」の担い手であるフェミニズムと、一九二〇年代からの社会民主主義などが、挙げられる。(1)から(3)を貫く運動のエネルギーは、個の自立と共生の緊張関係から形成される市民的公共性である。

日本・アジアとは異なる西欧福祉思想の特質とは、市民的公共性の伝統と、その繰り返し試みられる再生である。時代と地域に応じて地下水脈を流れる思想が他を圧して浮上し、新思想として注目を浴びる。近年のNGOやNPOの興隆は、その典型的な例である。

西欧福祉思想のこの生命力の長さは、どこに帰因するのであろうか。たとえ連続的性格を、キリスト教会の組織力に帰すとしても、なお思想自体の魅力なくしては、人を長く引きつけることはできないはずである。以下、選択した思想の普遍性を時代順に概観してみよう。

2　欧米社会福祉思想の連続的性格と普遍性

欧米社会福祉思想の連続性——概観　西欧の福祉思想は、ギリシアの博愛と、原始キリスト教の慈善に始まる。しかし、先の吉田の福祉思想の選択基準、即ち「福祉実践にその思想がどれだけ普遍性を持って浸透しているのか」と「福祉実践側からの生活感情がどれだけ論理的に思想化されているのか」に即して、福祉実践の思想としての連続性の源を探るならば、よく例に出されるギリシアのポリスにおける相互扶助、あるいはローマの国家的規模で行われた生活困窮への援助は、該当しにくいことがわかる。ギリシアの博愛は、ポリス市民の平等は認めても、奴隷を人間とは見なさなかった。キリスト教を国教としたローマでは、ギリシアの博愛に潜む排外主義を積極的に利用した。広大な帝国の支配には、奴隷の存在が不可欠であったからである。

また、相互扶助や政治権力者の慈恵のような援助の類型は、西欧以外の地域にも存在する。そもそも個々の成員に、生活上の諸権利を保障しない共同体の存続は、長期的にはありえない。イスラムやヒンズー圏のような個の自立が抑制されがちな地域でも、個の権利は譲歩付きとはいえ認められる例が多かった。共同体の秩序維持と防衛に役立つ場合には、しばしば慈恵は政治の道具となった。相互扶助に至っては、どの時代のどの地域にも見出せる。

西欧の地に、連続的性格をもつ福祉実践の思想が普及するのは、やはりキリスト教が内面性を論理的に体系づけ、同時に慈善事業を組織的に展開する中世からである。さらに、宗教改革・宗教戦争を経て、「時代の変動の中で、福祉思想が主体的な対決の力と持続性を持つ」ことで、実践思想の性格を鮮明にする。こうして中世末から近代にかけて、カトリックもプロテスタントもともに、その「福祉思想が主体的な対決の力と持続性」を保つ中で鍛え抜かれていく。やがて生活感情を論理的に整理し、個のアイデンティティと一体化した市民主導型ボランタリズムが、西欧文化の地域でのみ生まれるのも、この長年の宗派間の対決・対話を通しての主体的な学習の結果であった。

これと並行して、中世末から絶対主義国家への移行段階において、教会主導の慈善事業に代わり、市民が都市行政の主導権を握り、市場管理や警備だけでなく、衛生事業・救貧や教育事業も名誉職として担当するという、半官半民型の救済システムが定着し始める。自由に判断・行動し、後年のヨーロッパ経済の繁栄と福祉を担う自立した市民は、こうして育った。

この段階になると、ギリシアの博愛も、キリスト教の慈善も、宗教的・哲学的解釈とは別に、世俗化に対応する福祉思想に変化していく。とはいえ、そこでの福祉思想の非連続性とは、実際は連続性の修正である場合が多い。例えば、博愛・慈善は、世俗化と市民革命の時代に、市民的公共性の思想に合流する。一八世紀のイギリスは「博愛の時代」と評されたが、そこでのジェントルマンのボランティア活動や、「レディの使命」としてのボランティア像は、市民階層の台頭とともに、欧米諸国に波及していく。さらに一九世紀末には、市民主導型ボランタリズムから社会事業の思想へと進展する。

やがて第一次大戦の総力戦体制と大恐慌の大量失業を契機に、社会的弱者中心で選別主義的な社会事業思想は、転換を迫られる。社会事業は労働政策・社会政策に飲み込まれる形で、選別主義的な対象を一般国民にまで拡大する。ドイツのような社会保険主導による社会事業との制度的統合なのか、それともイギリスのような救貧法解体・公的扶助からの社会保障への制度的統合なのかは、各国の救済システムの伝統と、政治経済的条件によって差があるものの、総合的な社会保障の考え方が出てくる。こうして、アメリカの一九三五年の社会保障法を筆頭に、四〇年前後に各国で、相次いで類似の福祉国家構想が提唱される。

そして今また、一国型福祉国家の危機の時代に入り、非営利組織を支える思想として、相互扶助や共生の再生が強調される。非営利組織は、画一的で硬直化した社会行政機構・福祉官僚制を是正し、かつ民間福祉団体の近代化・脱宗教化を促進するものと、期待されている。確かに、一九世紀からの世俗化は、慈善思想から社会事業思想への転回を促した。一九七〇年代後半から台頭する障害者の自立生活運動やフェミニズム運動も、脱宗教化の典型のように見なされている。特に日本の社会福祉界では、こうした西欧の福祉組織の近代化は、即脱宗教化と見なされてきた。しかし、本当にそうなのだろうか。非営利組織への新たな期待は、脱宗教化を意味するのであろうか。

西欧福祉思想を、連続的性格と見るならば、別の解釈が可能である。一九七〇年代後半以降、発展し続ける非営利組織は、思想的には市民主導型ボランタリズムの系譜に属する。さらにその源流を辿るならば、博愛と慈善（チャリティ・カリタス）に繋がる。これらの伝統的、宗教的な思想は、本来は保守的である。しかし、それ故に、時代の変遷とともに、移ろいやすい倫理や価値とは異なる強靭さを持っている。あたかも地下水脈のような生命力をもって、羅針盤なき危機の時代においてこそ蘇る。戦時下や敗戦直後の罹災者・難民の救済に、そして東欧民主化運動に、これらの宗教的・博愛的動機による援助活動が、いかに大きな役割を果たしてきたことか。福祉国家・福祉社会の歴史的原点と目される中欧・北欧では、博愛・慈善や市民主導型ボランタリズムの思想は、個の自立・自己決定の福祉援助の原理に、ノーマライゼーションに、自立運動の理念にと、現在もなお脈々と継承されているのである。

世界史から見た欧米社会福祉思想——各国別の歴史を超えて　第Ⅰ部では、イギリス、アメリカ、ドイツ、フランス、北欧スウェーデンという社会福祉史上の重要な国を取り上げる。これらの国々は、一九世紀末から現在までの社会事業・福祉国家への展開過程で、頻繁にモデルとして論議される国々である。しかし、各国別のタコ壷型の記述は避け、相互の思想的な関連を述べる。その理由は、二つある。

まず第一は、ヨーロッパ諸国の国境線の曖昧さと、工業化に先立つ近代化の早さである。福祉国家のヨーロッパ大陸の原型は中欧であるが、一七、一八世紀イギリス、フランス等が国民国家形成に入っていたのに対して、中欧は一八一五年になっても三五の君主国と四つの都市に分れていた。宗教改革・宗教戦争を経て、諸領邦は主権に近い独立性を保持していた。例えば、ドイツ帝国は一八七一年にようやく成立したにすぎない。つまり一国的な枠組みでは、中欧の社会福祉史は書けないのである。そして今また、ヨーロッパは、欧州連合として連合国家への道を歩み始めている。キリスト教という一神教の文化に属し、陸続きのヨーロッパでは――アングロサクソン系に由来するアメリカ合衆国も含めて――、社会改革的な思想は国境を越え、他地域でむしろ定着する傾向が強かった。

これに加えて、近代化の特質も考慮しなければならない。近代化は、政治・経済・社会・文化の領域で、時間差をもって進む。ヨーロッパの近代化の特徴は、宗教改革・ルネッサンスから市民革命に至る過程で、社会・文化の近代化が先行する点にある。日本の近代化が、近隣から隔絶された一国型を前提に、明治期の経済近代化、戦後の政治近代化、そして最後に社会・文化の近代化に進むのとは、好対照をなす。中欧では、一九、二〇世紀の国民国家の枠組みが確立する以前に、すでに福祉思想を支える市民社会が形成され、社会・文化の近代化が経済近代化を凌駕する形で、国境を越えて他国に浸透していた。

第二の理由は、日本・アジアと異なる西欧の社会福祉思想の連続性に注目するからである。各々の思想は、主旋律と低音のような重層構造をなし、現在の福祉国家を支えている。もちろん社会福祉制度・政策を扱う場合は、各国毎の厳密な資料分析に基づく比較考察が必要であろう。例えばエリザベス救貧法の他地域への影響に限定しても、他国はむろんのこと、イギリス教区内でも法の解釈・適用に差異が見られる。制度・政策史の場合は、各時代に具体的にどうであったかが問われるし、その継承も各国の政治経済的条件に左右されるので、通史的な比較は困難である。思想史はこれとは対照的である。思想も時代の制約を受けるものの、福祉思想ではある時代の歴史的社会的概念が、一定の普遍性を持つかどうかが重視される。国境を越えるという点では、ローマ教皇の回勅を軸に思想形成を行うカトリックにも注目しなければならない。そして、カトリック神学の慈善体系は、その普遍性の故に、プロテスタント慈善の一九世紀の組織化の理論にも摂取される。即ち、各国の制度・政策を年表風に羅列する比較史ではなくて、世界史的な視座にたって欧米の社会福祉の普遍性を捉える感覚を磨くこと、これが第Ⅰ部の欧米社会福祉思想（史）の叙述の方法・目的となる。

3　社会改革運動としての欧米社会福祉思想の伝統

人は何時の世にも、生活困難や生活不安を抱えて生きてきた。貧困の問題は、いつでも、どこでも、時の支配者の抑圧にもかかわらず、論議されてきた。「よりよき暮らし向き」を求める人々の群は、時には既存の体制を震撼させるほどの運動エネルギーを作り出した。古代ギリシアのポリスで命をかけて抗議する奴隷達、中世の閉塞状況の寒村で聖書を通して自己を見つめ直す農民達、パンを求めてヴェルサイユへと行進する女性達。限られた空間で、限られた生きる時間しかもちえない私達は、歴史を通読することで、時空を越えて、こうした様々な人々の「社会を暮らしを良くしたい」という希望と、運動に出会う。

社会福祉思想は、実践を媒介とする運動が制度・政策を生み、それが実践を支えるという循環の中で育まれる。実践に始まり、実践に回帰する中で、生活感情や行為が知と一体となって思想が深化する。この点で、一般の社会思想（史）の叙述とは異なる。実践・運動によって制度・政策ができるだけでなく、制度・政策を通して実践が検証され、より論理的な思想が生まれる。また生活者の生活困難・不安を対象とする社会福祉は、制度と人とを結ぶ社会関係の相克・欠損を見つめ続けるという意志を持つことで、初めて理論を形成する基盤を持つ。本来の社会福祉学の固有の領域は、ここにしか見出せない。これが社会史の手法で描かれる女性・下層民の歴史研究とは異なる、社会福祉史の固有の視点なのである。

各々の思想は時代と地域によって、多様な解釈がされてきた。しかし、生命力の長い福祉思想は、縦糸と横糸が絡み合う思想の重層構造の中にあっても、いつも新たな魅力をもって蘇える。西欧福祉思想の連続的性格を支えたのは、キリスト教会の巨大な組織力だけではない。フランス革命やアメリカの独立は、市民の自己意識の変革を促し、「博愛の時代」を生み出した。さらに一九世紀後半に至り、社会改良思想の土壌から市民女性運動と労働運動が誕生し、慈善・博愛事業を社会事業へと転換させる運動主体となる。「ソーシャルワークの創出」という社会事業の領域は、欧米では同時期に始まるが、これは魅力ある社会改革運動は、短期間の中に国境を越えるネットワークによって、類似の実践を輩出させるからである。

福祉国家思想への牽引力となる市民主導のボランティア活動、救貧法の解体、社会保険の各国の導入などもまた、政治家・官僚レベルだけの情報交換ではなかった。市民・労働者の国際組織による幅広い交流なくしては、これらの福祉情報の共有・国際化はありえなかった。こうした社会改革運動の持続こそ、西欧福祉思想の伝統ではなかろうか。宗教改革・市民革命を闘い抜いてきた西欧市民の連帯の証左でもある。この運動論の視点から、ギリシアの博愛、原始キリスト教の慈善、中世のカトリック、プロテスタント、フランス革命の人権思想、一九世紀末のフェミニズムと「ソーシャルワークの創出」、福祉国家を推進する社会民主主義に至るまでの、欧米社会福祉の思想融合とその重層構造を、源から辿る旅路に出かけることにしよう。

第一章　中世以前の慈善救済の福祉思想

1　相互扶助と共生の流行——その普遍性と限界

相互扶助による援助や、ともに生きるという素朴な考えは、いかなる地域でも、いつの時代でも存在した思想である。紀元前一八世紀の「目には目を」の復讐法を原則にもつハンムラピ法典や、エジプトの『死者の書』でも、不幸な人々への施しが、意義深いものとして記されている。近代化の波が押し寄せ、西欧の人々の生活が大きく変化し始める一九世紀末、イギリスの雑誌『19世紀』に七か年にわたりP・A・クロポトキン（一八四二—一九二一年）の『相互扶助論』（一八九〇—九六年）が連載され、ベストセラーになった。それから百年、現在また相互扶助・共同体の再生が世界的に注目されている。その典型が、一九八〇年代以降英米圏に始まり、ヨーロッパ大陸の社会民主主義思想にも導入されつつあるコミュニタリアニズムであろう。共同体の成員に共有される共通善、共同体への愛着、成員相互の友愛などが、人の社会結合の基礎であると強調する。そして逆に、生きる手段としてのみの共同体の位置づけや、人権に基づく自由主義が、自立を公共的な価値ある正義として優先し、個人・集団の共通善を後退させた点を、批判する。一九世紀末と同じく二〇世紀の終末期にあって、こうしたユートピアが登場するのは、羅針盤を求める人々の思考回路に、時空を越えた類似性が存在することを物語っている。

しかし、近代の病理面を強調する余り、相互扶助と共生を過大評価する傾向には、注意を払うべきであろう。例えば、イスラムの共同体原理は、部族の生存を第一義としている。種の保存の本能が優先されたため、その枠内で、貧しい母子・老人・障害者らにも、生きる場が確保されていた。中央集権的な権威のない地域・時代には、血の復讐が、粗野ではあるが社会秩序であり、正義であった。部族のために、個人は共同体に従属させられた。

ユートピアとしての相互扶助と共生は、また原始キリスト教の神の前での平等という思想に結びつく。むろん平等原理は、初期の仏教やイスラム教にも存在する。ユダヤ教も含めて、世界の四大宗教の生命観や母性の価値は似ている。とはいえ、宗教は教団化していくにつれて、女性や他民族を排除・従属させる思想に変容しがちである。支配の論理が、平等を抑圧していったのである。創始者の死後の教団の分裂は、いつの世にも生じる。布教を経て一定の組織になるや、教義解釈や後継者争いの内紛が生じやすい。正統とされる教義は、宗派の結束と一体化しやすい。この点では、宗教は極めて保守的であり閉鎖的である。しかしそれ故に逆に、優れた宗教は永続革命ともいえる変革のエネルギーを秘めている。ルターやJ・カルヴァン（一五〇九―六四年）の宗教改革、日蓮や親鸞の鎌倉仏教は、その良き例となろう。他者を救済する思想とは、自らが主体的に選び取る行為なのである。憐憫や見下しての施しではない。

このように、相互扶助や共生、あるいは平等原理は、人類に普遍的に見られ、それだけでは福祉思想の形成には繋がりくい。それでは、なぜ西欧では、主体的な福祉実践の思想が形成されてきたのであろうか。なぜ他の地域では、論理的な体系を持つ福祉思想が、近代に入るまで普及しなかったのであろうか。

まず指摘できることは、西欧では相互扶助・共生が個の自立と常に緊張関係にある点である。アイデンティティの確立に際しての、自由と平等をめぐる個の葛藤といえる。西欧ではギリシア・ローマ以来、民主的な人と人との社会結合の許容度が、他の地域よりも高い。また市民社会に福祉や教育の思想が定着するまで、民衆は教会と対立・妥協を繰り返してきた。個々人が生活者として主体性を持ち、それを論理化し、運動を組織する機会は、長年にわたり西欧市民にのみ可能であったといっても過言ではない。アジアやイスラム圏では、相互扶助や共生は、共同体での生活感情や感性から説明される傾向がある。それは共感を得やすいし、了解もされやすいものの、論理的な体系をもつ福祉思想にはなりにくかった。また権力に対する主体的な対峙や個の自立を欠落させたまま、相互扶助・共生の言葉が多用されてきた歴史を持っている。この点では、現在の日本における相互扶助や共生のスローガンの乱発も、同じ問題を抱えている。非営利組織の創設や福祉サービス提供システムの多元化には、市民主導のボランタリズムの基盤が不可欠なのである。しかし、個の自立と共生との緊張関係や、思想を論理化する力も不充分なまま、言葉だけが広まっているのが日本の現状である。

ここに、西欧に固有の論理的な体系と主体的な緊張関係を持たせた福祉思想の源流、即ち慈善と博愛を探る現代的意義があると考える。

2　ギリシアの博愛

ギリシアの人間観　慈善（charity, caritas）と博愛（philanthropy）は、前者が宗教的動機によるもの、後者が人道的動機によるものとして、一応区別される。歴史的には博愛の系譜が、慈善に先立つ。philanthropy は、ギリシア語（φιλανθρωπια）とラテン語（philanthropia）の人類愛の訳語として、一七世紀に英語に導入される。やがて一八世紀のイギリスの「博愛の時代」の到来とともに、合衆国や中欧にも博愛の用語と実践が普及する。博愛の起源はギリシアにあるが、慈善はユダヤ教・キリスト教から発する。そして西欧の二大思想、ヘレニズムとヘブライズムの歴史を反映して、博愛と慈善も結合と離反を繰り返す。ヘレニズムとはギリシアとオリエントの文化融合で、ギリシアの都市国家ポリスから、アレクサンドロス大王の東征による世界国家コスモポリスへと視野が拡大する過程で登場する。宇宙・理性の法であるロゴスを重視し、人間は全て内面にロゴスを分有するが故に、世界市民として平等であるとする。これは同時に、人間中心主義・ヒューマニズム思想の原点となる。これに対しユダヤのヘブライズムを母胎として、キリスト教が出てくる。

ギリシアでは哲人によって、都市国家を支える理想の人間像が追求された。ソクラテス（前四七〇頃—前三九九年）・プラトン（前四二七—前三四七年）・アリストテレス（前三八四—前三二二年）、そしてストア派の系譜は、神話的な世界観を脱し、生きる意味と真理を求め、理性によって物事を考える学問、すなわち哲学を成立させる。この人間解放のヒューマニズムは、同時に自然と人間を対立させ、征服者としての人間中心の思考回路に陥りやすい欠陥を併せ持っていた。博愛は、このギリシア哲学から生まれた。

博愛の言葉の二面性　博愛の言葉は、ギリシア悲劇作家のアイスキュロス（前五二五―前四五六年）の『縛られたプロメテウス』で初めて現れる。これはギリシアでは、民主政を支える良き市民精神を意味するものと一般に理解された。

都市国家ポリスは、エーゲ海の地理的条件から強力な血縁共同体を必要としなかった。民主政の統治が尊重され、アテネでは中層市民にも政治参加の途が開かれた。これは経済発展と軍事力を培い、ポリスの市民共同体的性格は、地中海世界の先進的モデル社会とみなされた。自由で活発な討論の機会は、ギリシア哲学の土壌となった。その人間観も同胞中心の視野から、世界国家・世界市民主義へと拡大されていった。いわゆるヘレニズムの誕生である。しかし、ヒューマニズムの源流となるこの人間観は、奴隷解放や貧困者の施与には繋がらなかった。後年のキリスト教のような隣人愛に基づく自発的で組織的な慈善は、ギリシアやローマにはみられることはなかった。権力者や富裕市民の博愛事業は、図書館やエリート養成の教育機関に集中する。

語源的に博愛は、アリストテレスによって、友愛（フィリア、philia）と解釈され、対象を限定する傾向を持った。アリストテレスの代表作『ニコマコス倫理学』は、ポリスの善き市民の生き方を論じ、正義と友愛を重んじる。自分と他者との人間性の善さによる結合、相手を肯定し合う人間関係を友愛とする。善き人々の間にのみ成立する友愛は、「このような愛の生まれることが稀なのは当然である」とされ、「……互いに一人がもう一人のひとにとって愛するに値するものとして映り、また、そのように信じられるまでは、ひとびとが互いに相手を友として受け容れることもないし、また、互いに友であることもない。……もしも、かれらが愛されるに値するものでないとすれば、あるいは、愛されるに値するものであることを知っていないとすれば、友ではない。実に、愛を願う気持ちはすみやかに生まれるが、愛はそうではないのである」（加藤信郎訳『ニコマコス倫理学』アリストテレス全集13、岩波書店、一五八頁）と、解釈される。同じくデモステネス（前三八四―前三二二年）も、「市民間には博愛が支配すべし。敵には怒りが向けられるように」と述べる。

ギリシアでは、上昇志向的で自己中心的な求める愛、即ちエロースが支配的である。アリストテレス的な友愛の影響を受けて博愛もまた、他者への憐憫や差別、自己中心的な個人主義、自然の支配者という驕慢さを同時に持つようになっていった。この発想法が、やがて十字軍や魔女狩り、植民地政策、フランス革命・ロシア革命等に見られる敵を排除する人間観にも繫がっていく。これはイエスの敵をも愛せとする隣人愛とは、決定的に異なっていた。

3　ユダヤ教の慈善思想

ユダヤ教と旧約聖書――公正・正義の強調

ギリシアの博愛に対し、ユダヤ教・キリスト教では、「初めに神は天地を創造された」とする世界観が前提にある。万物の創造主である神と、神によって造られた被造物は、同列ではない。神―人間―自然という縦の創造の秩序は、厳然と存在する。この縦の秩序から、人は人間以上にはなれないし、同時に人間以下になってもいけない。神のかたち（神の似姿）を持つものとして造られた人間は、したがって世界の第一の支配者ではありえない。

ユダヤ教の聖典は、旧約聖書である。最初の書『創世記』によれば、ユダヤ教徒・キリスト教徒・イスラム教徒の共通の始祖アブラハムは、紀元前一八世紀の人物であったとされている。キリスト教はユダヤ教から派生し、旧約・新約を併せて聖書とする。

ユダヤ教では旧約の最初の五書が重視され、律法（トーラー）に基づく公正・正義を強調する。初期ユダヤ教で慈善が優先される例は稀であったが、慈善の行為が教義と一体化している点で、他宗派の一貫性の少ない慈善とは異なる。他方でユダヤ教は選民思想の人間観を持ち、契約により神から与えられた掟、即ち律法を何よりも重視するが、この排他的で形式的な律法の厳守が、ユダヤ教の限界ともなる。こうして裁きの神ヤーウェに代わり、愛の神イエス・キリストが登場することで、普遍的な世界宗教への転換が始まるのである。

ユダヤ教慈善　モーセは「羊を飼う者」であったが、「わたくしは、エジプトにいるわたくしの民の苦しみをつぶさに見、……その痛みを知った」（出エジプト記三・七）ことで、神ヤーウェからの使命の委託者としての行動を開始する。十分の一税は責務であり（申命記一四・二二）、「この国から貧しい者がいなくなることはないであろう。それゆえ、わたくしはあなたに命じる。この国に住む同胞のうち、生活に苦しむ貧しい者に手を大きく開きなさい」（申命記一五・一一）とする。神の子である仲間を愛し、貧者を家に招き、自らのパンを飢えた同胞と分かつことは正義であり、慈善であった。

こうしてユダヤ教は徐々に礼拝の会堂であるシナゴーグを拠点に、慈善を行う。シナゴーグは、ヘブライ的な共同体の地域センターである。早くから組織的な慈善事業が成立するのは、流浪の民であり、閉鎖的集団にこもりがちなユダヤ人の運命と深く関わっていた。西暦七〇年のエルサレム神殿崩壊を境に、ユダヤ人社会の離散が恒常化していく。祭儀のために食物・生産物を捧げていた神殿崩壊の衝撃は大きく、以後トーラーに基づく施しの形も変容していくものの、このユダヤ教慈善の思想的影響は、一九世紀半ばの画家ミレーの「刈り入れ人たちの休息（ルツとボアズ）」「落ち穂拾い」にも継承される。そこでは聖書ルツ記を素材に、ルツのために地主ボアズが畑の収穫の一部を残し、落ち穂拾いで寡婦達の生活を保障するフランス農村の慣習が描かれている。

中世に入るとM・マイモニデス（一一三五―一二〇四年）が、ユダヤ聖典の集大成タルムードの戒律を、慈善・愛の八つの段階に法典化する。最高の慈善は防貧である。「資金を前渡しするか、あるいは何らかの収入のある仕事を世話することによって、貧困者が自立できるように扶助する者は、それ以上のものがないような最高度の慈善をなし遂げた者である」とされる。彼の思想は、カトリックのトマス・アクィナス（一二二五―七四年）にも影響を与えることとなった。

ちなみにイスラム圏でも、バグダード等に病院・施設が建造されるが、これはセム族、即ちヘブライ人とユダヤ教の影響と見なされる。コーランは旧約を下地にし、信徒は兄弟として平等であると説き、孤児・寡婦・貧者のための喜捨を勧める。しかし、予言者ムハンマド（五七〇頃―六三二年）の時代から近代に至るまで、ユダヤの慈善に匹敵する思想も運動も、イスラムには存在することはなかった。

4　キリスト教の隣人愛と慈善思想

新興宗教としてローマ人を魅了するのが、原始キリスト教の愛に根ざす信仰の覚醒の呼びかけであり、信徒間の相互扶助・慈善であった。原始キリスト教とは、イエスの死から七〇年間の時期をさす。使徒を中心にイエスの復活を信じ、教団組織の基礎と新約聖書の編纂の準備をした。旧約聖書に対する新約聖書の特色は、全編を通じて愛の宗教であることが明確にされた点である。ユダヤ教はキリスト教の母であるが、多くの欠陥を持っていた。イエスはこれに新たな生命を吹き込む。閉鎖的な律法の義による愛から脱して、アガペーの実践が始まる。相手を尊重し生命を守る意味での隣人愛の慈善思想が誕生する。

原始キリスト教の平等の人間観――隣人愛　「初めに言があった。言は神と共にあった。言は神であった」(ヨハネによる福音書一・一)。思想とは言葉である。イエスは、語ることで思想を伝えた。

イエスは「飢えていたときに食べさせ、のどが渇いていたときに飲ませ、旅をしていたときに宿を貸し、裸のときに着せ、病気のときに見舞い、牢にいたときに訪ね」(マタイによる福音書二五・三五―三六)、貧困者・ハンセン病患者・障害者・売春婦といった差別されていた社会的弱者に、救いの手をさしのべた。初期のキリスト教会の洗礼式の決まり文句は、「あなたがたは皆、信仰により、キリスト・イエスに結ばれて神の子なのです。……そこではもはや、ユダヤ人もギリシア人もなく、奴隷も自由な身分の者もなく、男も女もありません。あなたがたは皆、キリスト・イエスにおいて一つだからです」（ガラテヤの信徒への手紙三・二六―二八）であった。神の似姿である人間のすばらしさを説き、民族も国も階級も男女の差別もない平等の人間観を示した。イエスの時代、これは革命的な思想であった。

「敵を愛し、自分を迫害する者のために祈りなさい」（マタイによる福音書五・四四）は、ユダヤ教にもギリシア哲学にもない人間観である。旧約聖書の「自分自身を愛するように隣人を愛しなさい」（レビ記一九・一八）は、新約聖書では「敵を愛し、迫害する者のために祈れ」と、無差別平等の愛になる。偽善や楽観的なヒューマニズムではない、自己と他者を越えた、神の中にともに生きる愛を意味するようになる。隣人愛は、まず最高の隣人である神を「心をつくし、精神をつくし、思いをつくし、力をつくして、主なるあなたの神を愛せよ」を第一とする。ギリシア的なエロースの愛は、相手の価値に依る愛である。これとは対照的に、アガペーは敵であれ罪人であれ、「にもかかわらず」相手に愛を注ぐ。「だから、人にしてもらいたいと思うことは何でも、あなたがたも人にしなさい」（マタイによる福音書七・一二）。

同時に隣人愛は、隣人に生命を得させることで己が生きるとする生命の思想にもなる。現在に至るまで隣人愛は、西欧福祉思想の根幹をなしている。

原始キリスト教の個と共同体の関係――キリストの体と連帯　原始キリスト教の個と共同体の関係は、人間はキリストに結ばれて一つの体を形づくるという、パウロの考えに由来する。「体の中でほかよりも弱く見える部分が、かえって必要なのです。わたくしたちは、体の中でほかよりも格好が悪いと思われる部分を覆って、もっと格好よくしようとし、見苦しい部分をもっと見栄えよくしようとします。見栄えのよい部分には、そうする必要はありません。神は、見劣りのする部分をいっそう引き立たせて、体を組み立てられました。それで、体に分裂が起こらず、各部分が互いに配慮し合っています。一つの部分が苦しめば、すべての部分が共に苦しみ、一つの部分が尊ばれれば、すべての部分がともに喜ぶのです。あなたがたはキリストの体であり、また一人一人はその部分です」（コリントの信徒への手紙Ⅰ一二・二二―二七）。

キリストの体とは、共同体であり家族を意味する。部分と全体とは優劣の関係ではない。弱さや欠陥や、障害を持つひとりひとりが、キリストの体の一部を構成する。この身体観こそが生命倫理の基礎になる。中世トマス神学は、これを有機体的な職分論として体系化する。すべての人間がキリストの体（ぶどうの木）につながる枝であり、そこを離れては実を結ばない（ヨハネによる福音書一五・五）との認識は、労働運動・社会民主主義の標語となる連帯や、世代間契約に基づく社会保険原理にも影響を与えていく。こうしてパウロの説くキリストの体と連帯とは、一九世紀末のフランスの社会連帯（solidarité）の思想――社会連帯が慈善（charité）を克服する新語となるにもかかわらず――に、あるいはナチス障害者安楽死計画に反対したカトリック教会に継承される、また数名とはいえ、立場の不利を顧みず、安楽死命令を拒否したナチス将校・医師団の良心の支えにもなった。

実践思想としての原始キリスト教の慈善――ディアコニア

イエスは、「喜ぶ人と共に喜び、泣く人と共に泣き」（ローマの信徒への手紙一二・一五）、社会的弱者、病人・障害者の一群の中に、常に立っていた。これがキリスト教慈善の原点である。同時に、欧米ソーシャルワークにも通底する実践思想でもある。

ともに仕え合うこころ、すなわち奉仕に生きること、これをディアコニアという。ギリシア語では食卓に給仕する者の意味であるが、新約聖書ではおおむね教会の執事職（Diacorn）のような奉仕・奉仕者を指す（畑祐喜「ドイツ連邦共和国のディアコニー」『基督教社会福祉学研究』14、日本基督教社会福祉学会、一九八一年、二六―二七頁）。神の似姿として、人が生きるには、イエスが生きたようにディアコニアの生を生きることであり、祈りと神の言葉である聖書を学び、他者に伝えることでもある。そして、ディアコニアの対象は、「はっきり言っておく。わたしの兄弟であるこの最も小さい者の一人にしたのは、わたしにしてくれたことなのである」（マタイによる福音書二五・四〇）に集約されるように、身近にいる助けを必要とする人に無償の奉仕をと、説くのである。

隣人愛の実践としては、以下の譬えがよく知られている。当時ユダヤでは、サマリヤ人は差別されていた。追い剝ぎによって傷ついた人を、同胞のレビも祭司も助けようとしない。それなのに通りかかった見知らぬサマリヤ人が、道端のユダヤ人の旅人を助け、介抱し、宿の世話までする。この譬えから、イエスは弟子に問いかける。「だれが追いはぎに襲われた人の隣人になったと思うか」（ルカによる福音書一〇・三六）と。そして「行って、あなたも同じようにしなさい」（ルカによる福音書一〇・三七）と命じる。ここに他者と隣人になる意味が説かれている。

しかし、敵をも愛せとする隣人愛を、生涯にわたり貫くことは容易ではない。「求めなさい。そうすれば、与えられる。探しなさい。そうすれば、見つかる。門をたたきなさい。そうすれば、開かれる。だれでも、求める者は受け、探す者は見つけ、門をたたく者には開かれる」（マタイによる福音書七・七—八)。「だから、人にしてもらいたいと思うことは何でも、あなたがたも人にしなさい」(マタイによる福音書七・一二)。「だから」の言葉は、「捜し求めても、門をいくらたたいても」解決の途が見えにくい生活困窮や、弱くあきらめやすい人間を励ますものである。ちなみにサマリヤ人の譬えは、ルターによれば、傷つき道端に倒れ助けもない旅人が実は自分であり、援助してくれたサマリヤ人がキリストと解釈される。「隣人愛の実践とは何か」を、自己の内面洞察に直接向けるルターの解釈は、福祉の援助関係が一方通行ではなく、援助される者と援助する者との相互の支え合いであるとのソーシャルワークの原理にも繋がるのである。

ローマでのキリスト教の布教　さて、イエスの十字架刑の後も、ローマ帝国の弾圧は相次ぐものの、かえって殉教は、パウロの説くイエスの復活と結び付き、信徒の結束を強化する。富者は富の管理者にすぎないというユダヤ教・ヘブライズムを継承するキリスト教は、慈善にも熱心であった。平等の人間観に魅せられて女性の信徒数も急増する。裕福な寡婦による寄付が組織を支え、中下層の女性は家庭訪問や病人看護によって信徒との交流を深めた。女性の社会活動の場が閉ざされていた時代であるだけに、彼女らの献身的な活動は、弾圧に抗するキリスト教信徒のモデルとなっていった。

しかし、キリスト教はローマ帝国の公認宗教になるにつれて、ローマ的な多神教に対峙してきたラディカルさや質素な生活信条を喪失していく。三三〇年にコンスタンティヌス帝がビザンティンに遷都した時、司祭は市民の義務を免除され、宗教活動に専念できる生活条件を付与される。こうして大々的な布教の条件が整えられ、ここに皇帝と司祭の協力関係が成立する。神の国とローマ帝国は一つになり、ナザレのイエスは今や救い主イエス・キリストとなり、教会がこの世の権威として登場する。

むろんローマの文化はギリシアを越えるものではなかったものの、土木建築と法律に優れ、かつローマ法大全が五六四年に集大成を完了する。この軍事力・キリスト教・法によるローマの支配構造が、以後の西欧社会のモデルとなり、ナポレオン法典にも継承されていくことになる。

5　歴史的社会的概念としてのカリタス

カリタスやボランタリズムの歴史を概観すれば、「慈善から博愛へ」の解釈の恣意性や、民から公への福祉事業の移行を正当化する運動論が、二〇世紀を通して主流であることに気づく。それ故、語源を辞書で調べるだけでは、概念を正しく紹介しているとはいえない。慈善・カリタス・チャリティ、博愛・友愛・フィランソロピー、ボランタリズム・ボランティア、奉仕あるいは名誉職等の言葉は、現在に至るまで混在して使用されている。例えば、一八世紀のイギリスは「博愛の時代」と自国を称した。しかし、当時の博愛事業団体の多くは、慈善ないしは信託を意味するチャリティの名を冠していた。そこで次に、歴史的社会的概念としてのカリタスを整理する。

カリタスの「変形」はいつ始まるのか　カリタスはギリシア語聖書のアガペーのラテン語訳で、ギリシア語の神の賜物を指す χάρις と、ラテン語 caritas に由来する。当初は高い価値を意味し、古代の贈与にも用いられた。それが抽象化され、人格や他者との関係性を表す言葉となり、A・アウグスティヌス（三五四―四三〇年）によって普及する。ここでは、『新カトリック大事典　第一巻』（新カトリック大事典編纂委員会編、研究社、一九九六年）に依拠してカリタス（愛徳）の概念を示そう。

「キリスト教信仰にとって神は愛である。キリスト教神学の徳論において、愛は信仰、希望、愛という、恩恵によって与えられる三つの注入徳（対神徳）のうちの中心とみなされてきた。この愛（徳）は神の愛に結びつけられ、それに応える状態にあることを一般的に指し、神に対する全面的な献身とそのなかに含まれる隣人に対する愛を意味する。……教会伝統のなかで愛（徳）は信者間の関係ばかりでなく、広く全人類に向けられたものとして、信仰の実践の原動力、すべてに先行する徳として最高の要請であった」。

「『神は愛である』ことの結論として、キリスト教は愛の宗教であると考えられている。しかし世間一般に使われている愛の意味から、これはしばしば誤解を呼び起こす。ヨーロッパ近代諸語における love, Liebe, amour は人間的（感覚的）愛の意味と同時に対神徳をも含めて使われている。しかし、対神徳としての愛（徳）だけに限る場合、特に英語、フランス語においては、charity, charité（ドイツ語 Karitas）が使われるが、これはラテン語 caritas に由来する。残念ながらこれらの言葉は、一九世紀資本主義の台頭とともに社会的弱者に対しての慈善事業との関連で使われるか、または社会的ないし心理的に重荷になるような相手に対して、善意と寛容を示す態度に変形してしまった」。

『新カトリック大事典』が指摘するカリタス概念の「変形」の過程こそ、第I部の記述の中核になる。このように、カリタスとは歴史的社会的概念なのである。慈善・博愛は、国・地域毎にあるいは時期的に異なる強調点をもって普及する。にもかかわらず、欧米社会福祉史の従来のテキスト類では、普遍的概念として紹介される傾向があった。時には慈善カリタスを、中世的な遺物と否定する記述さえあった。

先の『新カトリック大事典』が指摘するように、社会福祉思想史の研究では一九世紀から二〇世紀にかけて慈善思想が他の思想と融合し、社会事業・社会福祉思想へと「変形」する過程が最も重要となる。しかし、カリタスの「変形」は、一九世紀に突然生じるわけではない。カリタスの「変形」を検討する際には、まずカリタスとギリシア思想との出会いに留意するべきである。また宗教改革前夜のカトリック神学のカリタス論の体系化と、宗教改革後の両宗派の対立と和解の過程でのカリタス解釈の「変形」にも注目する必要がある。

カリタスのギリシア化の始まり——ビザンティンでの博愛と慈善の思想融合

ヘレニズム時代は、ギリシアとユダヤという本来は異質で相いれがたい思想の交流を促した。なかでもヘブライ語聖書からギリシア語訳の七十人訳聖書が編集されたことの意味は大きい。これがギリシアの人間中心主義の博愛・友愛と、キリスト教のアガペーとの最初の架橋となるからである。またギリシア思想とヘブライズムとの融合は、ユダ王国が亡びユダヤ教が成立する過程で、ユダヤ人哲学者フィロン（前二五／二〇頃—後四五／五〇年）によってまず体系化が試みられるが、慈善事業との関連での最初の思想融合は、ビザンティンで生じる。三二一年にコンスタンティヌス帝が富者の喜捨を推奨したこと、さらに三三〇年にローマ帝国の都が遷都し、コンスタンティノープルと改称されたことが契機となって、二つの文化の接触が加速され、カリタスとギリシアの博愛の融合が始まる。三九五年、ローマ帝国が東西分裂し、東ローマ帝国としてビザンティン帝国が成立する。他方で西ローマ帝国は、四七六年のゲルマン人による侵入で崩壊する。

東ローマのビザンティン帝国では、七世紀まで政治的安定と豊かな財源を背景に、貧しい旅人や孤児・高齢者の施設もよく維持された。しかし、キリスト教とギリシアの博愛の影響を受けたビザンティンの慈善には、貧困を防止する発想は欠けていた。寛大で無計画な施しは、逆に貧困の問題を恒常化させた。七二六年聖画像崇拝禁止令によって、ローマ教会と対立を深め、皇帝教皇主義をとる東ローマのギリシア正教会は、ギリシア文化を保護し、一〇世紀末からはスラヴ民族への布教にも成功する。東ローマは、一四五三年まで存続する。

つまり八世紀以降、カリタスのギリシア化が著しいビザンティンと西ヨーロッパとの間で、宗教慈善の組織形態、特に修道院活動に大きな相違が出てくる。この間、西ヨーロッパでは国家権力の空白を埋める統治者として、ローマ・カトリック教会の支配が強まる。教皇を頂点に大司教・司教・司祭の階層制が形成され、十分の一税や土地の寄進によって、一大勢力となる。六世紀末頃からは、教皇グレゴリウス一世によるゲルマンへの布教が拡大される。八〇〇年にカール大帝が戴冠し、形の上で西ローマ帝国が復活する。キリスト教とローマとゲルマンの融合は、東ローマとは異なる西欧世界の誕生を意味する。これが、中世キリスト教の一元的支配下において、アングロサクソン系や南欧ラテン系とは異なる中欧文化圏の母胎となるのである。

キリスト教神学の発展　ギリシア思想との融合あるいは反発は、キリスト教神学の発展を促した。キリスト教の世界宗教への契機は、異邦人への布教を試み、対話によって信仰の正しさを証明しようとする過程で生まれた。この点では、イエスの弟子パウロの役割が大きい。ギリシア思想にも精通するパウロは、十字架上のイエスの死が人間に代わって罪をあがなう愛の行為であり、人間は原罪を背負うとともに、イエス・キリストの復活が永遠の生命の範型となると主張した。神は等しく人間を愛され、かけがえのない人格を私達が持つことを、パウロは述べた。

アウグスティヌスはこれを、ヘブライズムの終末論思想にもとづき、教義として体系化する。彼は神の似姿というキリスト教の自覚的な意志を備えた人間観を示した。人間が神の創造の業に参加し、より高い価値を創出するペルソナ（persona）とよばれる存在であり、全宇宙の中で特別に神の完全性に参与するとの教義は、良心や宗教の自由という基本的人権や、キリスト教的ヒューマニズムの原点となるものである。また教父哲学といわれる彼の救済予定説は、神の国に到る目的論的な歴史の進歩を前提に、神の救いは神の意志によって予め決定され、救いは神の肢体である教会を介して可能であると説く。そしてギリシアの徳が神に基づかない点を限界と指摘し、真の徳は自己の内に存在する神に対する信仰・希望・愛にあるとした。この時期に、父と子と聖霊の三位一体論争が起こり、最終的には神がイエスとなって人間として誕生し、受難し、十字架の上で死すが、三日目に復活する、そして昇天に際して、人間に聖霊を賜物として与え、この聖霊が信仰と教会（エクレシア）という共同体をもたらすとする教義が確定する。ローマ・カトリック教会の最初の権威が、三位一体によって確立する。

以来、八世紀末まで教父哲学がキリスト教思想をリードする。やがて修道院や大学の環境が整う中世最盛期、神学の研究水準は著しく向上する。特に一三世紀に、トマス・アクィナスが、アリストテレスの哲学を基礎に神学を樹立した意義は大きい。というのも、慈善の理論と実践は、トマス神学の補完性の原理に依拠して、家族と地域福祉を基盤に置く救済の順次性を体系化するからである。

ところで、異なる宗教が接触する時、混乱が生じる。イエスの死後二百年間の初代キリスト教会の時代からローマで布教が定着する段階までは、キリスト教は異端を抑圧することはなかった。ローマや古代ゲルマンの土着宗教は、組織も教義も未熟なままであった。それだけに平等と隣人愛を説くキリスト教は魅力的であった。またイエス自身は、旧約聖書の超越的な神に対し、父なる神を説き、自らもその子としての姿勢を貫いた。それにもかかわらず、三二五年のニカイア公会議で異端排除の路線が始まり、教会がこの世の権威となる中世に至って、異端の抑圧が正当化される。こうして西ヨーロッパでは、キリスト教支配の枠組みに民衆の信仰活動も、慈善も組み込まれることとなる。次章ではヨーロッパ世界の成立によって、組織的な活動を展開する中世慈善救済事業を見ることにしよう。

第二章　中世の慈善救済事業思想
——宗教改革と都市救貧事業

中世ヨーロッパとは、ローマ・カトリック教会のキリスト教圏とほぼ同義語であり、五世紀から一五世紀末の時期をいう。ヨーロッパ文化圏とは、一三世紀半ばのモンゴル侵入以後、ポーランドを東中欧の辺境と定めることで成立するキリスト教共同体を指す。しかし、教皇権の普遍性が揺らぐ一四、一五世紀から、キリスト教圏に代わり、ヨーロッパという概念も普及し始める。ルネッサンスのギリシア・ローマの文芸復興や、宗教改革前後の公的救貧思想や都市救貧制度の登場は、このヨーロッパ概念をさらに強化する。福祉国家の概念もヨーロッパの産物であるが、その原型はまず中世末の都市で姿を現すのである。

1　ヨーロッパ世界の成立と教会慈善事業の興隆

教会慈善事業が興隆した理由　中世において何故に、組織的な教会慈善事業が興隆したのであろうか。その第一の理由は、西ヨーロッパでの世俗国家権力の喪失にあった。そこでローマ・カトリック教会が、地域の貧困救済や、修道院・病院施設での巡礼者や弱者の世話を担うようになる。宗教の本来の役割は、共同体や生活世界の中に自らを関係づけ、自立と共生の均衡とアイデンティティの確立を助けることにあった。しかし、今や教会が国家に代わる保護者となり、隣人愛を制度化し、ヨーロッパ世界に新秩序を打ち立てる権威者として君臨しはじめる。

中世ヨーロッパの政治と領土は、流動的であり多様であった。王侯・封建領主の婚姻・相続によって、領土は複雑にモザイク状に入り組み、近代的な統一国家にはほど遠かった。その中で一一世紀以降コミューンと呼ばれる自治都市が発展する北部フランスと、一三世紀に十字軍の異端排撃を契機に中部から南部にも王権を拡げるフランスが、統一国家を形成していく。イギリスでは、一四世紀半ばから一五世紀半ばまでのフランスとの百年戦争に敗北したことで、逆に島国として中央集権的な国家統合を早める。また、ローマ教皇とその配下にある各地の司祭や修道院も、一定のまとまりを持っていた。一方、ドイツは神聖ローマ帝国という緩やかな枠組みの下に、多数の領邦国家や都市が属しながら、神聖ローマ皇帝も騎士団も相対的に独立を保っていた。さらに北イタリア諸都市からライン川沿いのハンザ同盟都市までの領域には、一大経済圏が成立し、経済力を背景に自治都市の性格を強めていた。したがって封建制の主従関係の帰属意識も複雑で、裁判権や徴税の仕方も地域差があり、公私の領域も国内外の境界線さえも曖昧さが目立つのが中世社会の特徴であった。それだけに語源的に時代や地域・民族を超える意味をもつカトリックの普遍主義と精神主義が、個々人を共同体に結び付け、同時にヨーロッパ世界の傘の下に、緩やかな帰属意識を人々に持たせることになった。

中世前期の貧困観　貧困や疫病は、古代・中世を通じて人々の暮らしを脅かし続けた。都市には常時かなりの貧民がいたが、貧困が社会問題となることは稀であった。地位・職業の強固な階層化による封建制は、下層民に対して最低限の生活を保障していた。農奴・小作人には土地所有者が、徒弟・職人には親方が、家父長制的な意味合いでの保護者の役目を担っていた。

一方、キリスト教の精神主義は、最下層の貧困とは区別された形で、清貧を尊んだ。貧困はそこではスティグマを伴わず、集団から疎外されるものでもなかった。清貧の誓願をたてる者、修道院や大学で書生のような形で勉学に勤しむ者、あるいはキリストの貧者と呼ばれる障害者・高齢者・寡婦・孤児等は、施しの格好の対象であった。施しは美徳であり、神に近づく道であった。施しを受ける人の存在価値はここにあり、ミサには入口に立つ乞食が不可欠であった。教会はまた巡礼者の世話や托鉢教団の物乞いに対しても、栄誉を与えた。しかし、施しの額や種類は施す側の恣意に任されていた。ビザンティンの慈善と同じく、そこでは貧困の査定やニーズ把握、あるいは貧困の予防という発想は存在しなかった。つまり、中世前期の貧困者像は極めて多義的であり、それだけに貧しさにあえぐ人々の実態に即した援助は根付きにくかった。やがてこうした貧困観は、一一世紀後半から一二世紀末にかけて転換を迫られることとなった。

隣人愛の制度化としての教会慈善事業の始まり　キリスト教思想の一元的支配と、ヨーロッパ世界の安定した秩序の枠組は、恒常的な教会慈善事業を興隆させるだけでなく、信仰や職業毎に組織される相互扶助の制度化をも進めた。幾つか例をあげてみよう。

(1)　修道院と教会刷新運動　一一、一二世紀から人口増加と商品経済・貨幣流通により、中世都市が興隆し始めると、周辺農村から日雇い層が流入し、浮浪者・乞食が治安上の論議の対象となる。また貨幣の普及は、清貧や霊的生活を尊重する中世初期の意識を変え、生活が奢侈《しゃし》に流れる傾向が聖俗ともに進む。その一方で、教皇庁・教会の腐敗が目立つようになる一〇、一一世紀から、清貧の誓願のような自発的貧困を賞賛する教会刷新運動が起こる。そのモデルは、五二九年に設立されたベネディクト修道院である。清貧・貞潔・服従を徳目に、「祈りかつ働け」の思想は、一〇世紀にクリュニュー修道院に継承される。一二〇九年にフランチェスコ修道会、一二一五年にドミニコ修道会が創設され、托鉢修道会方式も確立する。信仰の共同体としての修道院で、修道士は隣人愛の実践を課題に、農地の開墾や手作業に従事し、貧者・病人・障害者・寡婦・孤児等を保護した。

(2)　巡礼と兄弟団　　この時期、巡礼が流行するに及び、各地に巡礼者の宿泊設備や病院が設立される。また修道院・教会慈善事業と並んで、都市部に幾つもの兄弟団が組織され、旅人の世話や、病人の看護、埋葬の仕事を自主的に引き受けている。中世において民衆は、復活の思想を素朴に解釈し、死者の埋葬を彼岸における救済に不可欠の善行と信じていた。霊の救済のために、善行と祈禱は重要な意義を持っていた。また、兄弟団は仲間の病気や生活困窮を支えるだけでなく、日曜日にはミサとその後の飲食をともにする人間関係を持っていた。家族に似たこうした小集団の中で、中世の倫理や人間観が育まれ、同時に共同体の安寧にも役立っていた。

(3)　商人ギルド・同職ギルド——共済組合の原型　　一一世紀頃から商人が都市に定住し、商人ギルドを組織して市場を支配する一方で、一三、一四世紀には都市行政にも関わるようになる。さらには組合員の病人や貧困の救済、葬儀等も行った。一三世紀後半には手工業者を中心に同職ギルドが、別に結成されてくる。徒弟制度による結び付きは共済組合の原型であり、相互扶助的な機能を持っていた。この頃は、北海・バルト海周辺、南ドイツ、北イタリアに至る三地域が、ひとまとまりの大きな経済圏を形成していた。またトマス・モア（一四七八―一五三五年）の「羊が人間を食う」の批判通りに、羊毛工業が盛んなイギリスやフランドルでは、貧富の格差が社会問題になり始めていた。中世後期の救貧事業はこれらの地域で開始されるが、ギルドや兄弟団の長年の相互扶助の援助の形は、多元的な貧民救済の方法を可能にした。

慈善思想と教会慈善事業との隔たり　神学の懐疑論の興隆は、中世の慈善論争にも影響を与えた。施与の意義、慈善対象者の優先順位、強健な乞食・浮浪者への施しの問題、施与を与える人と受ける人との関係性等が論議された。当時、大半の施与が無計画で恣意的に行われていたためである。原始キリスト教以来、施与は信徒の義務であったが、貨幣経済の定着は、古代の贈与慣行の生活慣習を一掃した。こうして中世キリスト教会は、施与の自己中心的な動機をより広く認めるようになる。教会法では長らく教会への贈与に際して、不当なやり方で獲得した財には歯止めがかけられていたものの、一三世紀にもなると、慈善の贈与は原則として全面的に認可される。たとえ不当な利益によって教会に贈与された財であっても、教会を支える献金は善行と解釈された。十字軍従事者と同様に、贈与・寄進は免罪に繋がると説かれるようになる。特に一二世紀後半に導入される煉獄の考えは、救済解釈を著しく歪めた。一四七六年には煉獄での死者のための贖宥状が新たに設けられ、教会財源の補填にされる。贖宥状を購入すれば親兄弟まで罪が許されるとするいわゆる免罪符の発行はカトリック内部でも批判を招き、やがてルターの宗教改革への引き金となっていく。

その一方で、一三世紀からは、贈与者・教会・貧困者の関係性と地域共同体の利益とが一体化され、施設・施療院の増設や拡大が進む。混合収容から高齢者・寡婦・孤児等の専門施設への機能分化や、教区住民の居宅保護が少しずつ試みられる。散発的ではあれ教会慈善の一部を市当局が担当する形態も出てくる。ここに教会慈善事業と、施与の行為に地域共同体の安寧と霊的な調和を凝縮させる慈善思想とが、最初の合体を果たす。こうして隣人愛の制度化が、各地に定着していくのである。

2　カトリック慈善事業思想と救貧論の登場

慈善事業思想の定着には、それを支える理論体系の役割が大きい。中世最大の神学者トマス・アクィナスの『神学大全』は、中世慈善を代表する理論書である。アリストテレスの正義論を継承して、人々の善き生活を目ざす共通善・公共善の実現と慈善とを統合させる彼の福祉思想は、E・P・バイステックの『ケースワークの原則』等が示すように、現在までカトリック・ソーシャルワークに影響を与え続けている。

トマス・アクィナスの補完性の原理　トマスは、神や自然に対する考えや人と人との結び付きの意識がヨーロッパ独自の形成を始める時代に生きた。十字軍遠征などの危機を克服し、一三世紀に入り中世社会は新たな世界秩序を求めていた。それは、「新しい思想が伝統思想の内部からの変容に依拠しつつ形成され、やがてその母胎である保守的伝統を否定していく」（吉田久一著作集1、一三頁）始期に当たる。

スコラ哲学者トマスのカリタスは、神にたいする人間の友愛である。友愛はまた、「相互的な好意の何らかの分ち合い・交わりの上に基礎をおいている」(稲垣良典訳『神学大全XVI』創文社、一九八七年、一二一頁)。カリタスの行為が、至福の根源である始源への関係における秩序・順序と関連する点が明確にされ(同前二三九頁)、共通善・公共善としての神へとむかう愛が強調される。その際、トマス・カリタス論では、カリタスの分類・順序が示される。身体的施しとして、「訪れ、飲ませ、食べさせ、身受けし、着せ、集め、葬る」ことを、霊的施しとして「助言し、叱正し、慰め、許し、我慢し、祈る」(同前三七四―三七五頁)ことを挙げ、「神から人間に与えられている現生的財貨は、たしかに所有に関してはその人のものであるが、使用に関してはたんにその人だけのものたるべきではなく、その人にとっては余分のものでもって扶助されうるような他の人々にも属する、としなければならない」(同前三八九頁)と、説く。したがって施しには順序があり、「われわれにより近い者に優先的に施しをなすべき」かぎりにおいて、功徳を有すると解釈する。「この順序によると、他の条件が等しいかぎり、われわれはわれわれにより近い者を優先的に配慮しなければならないのである」(同前四〇六頁)。

このカリタスの順次性が、補完性の原理であり、語源としては「下へ下へと課題を分ける」ことを意味する。中世社会では、部分と全体とが有機体的な筍のような構成を持つ。一体化された筍の皮を順番にめくっていけば、最後に家族という単位が収まっている。しかし、補完性の原理を個の自立の視点から見れば、個人から社会へ、部分から全体へと方向が変わる。生活困窮に対して近親者が、次いで共同体・教区が、最後に州・国が介入するとの順次性は、同時に私的生活への権力介入の不可侵性を意味する。補完性の原理とは、救済への国家責任の欠如ではなく、生活者の主体性を尊重し、自己決定による自立を最優先する救済原理なのである。

現代カトリック・ソーシャルワークとトマス・カリタス論　トマスの補完性の原理は、一九三一年のローマ教皇回勅クアドラジェジモ・アノン（Quadragesimo anno）によって、現代カトリックの社会倫理として再興される。これは現在の欧州連合社会政策の原理でもあり、下位から順次、救済の優先権がある。即ち、個人・家族→ゲマインデ・市町村→州→国→欧州連合の順に、生活困窮にある人の救済に補完的に介入するとするものである。カトリック国やドイツでは、この補完性の原理が公私関係の基礎概念とされ、市町村・国家に対する民間福祉団体の組織的な優位を支えている。

「四〇年目」と称される一九三一年回勅は、一八九一年の回勅レールム・ノヴァールムを継承している。一九世紀末から教会は、国家責任と個の自立との関係性をどう秩序づけるのかの課題に直面しており、これが共通善・公共善の規範を実践する人間の人格性と社会性とを共時的に強調したトマスの思想の復活をもたらした。

つまり中欧の福祉援助方法は、伝統的に生活問題を背負う人間像の洞察を重視する。と同時に、その内面洞察は時代の社会性に繋がり、福祉国家思想を基底で支える。人は善と悪を選ぶ自由意志を持ち、内面洞察は自律と原罪の意識化、懺悔への主体性を育み、かつ社会連帯のための公正・正義の原点となる。こうした福祉援助方法を基底で支える思考回路は、カトリックだけに限定されず、プロテスタントにも共通するものである。

ただカトリック・ソーシャルワークの場合には、家族・私的生活への権力介入を防ぎ、個の内面の自律を保障する補完性の原理が、最も重視される。カトリック・ソーシャルワークは慈善理論の体系を持つが故に、プロテスタント派が主流を占めるアメリカのケースワーク理論にも継承される。その代表者、バイステックやマッコーミックらは、トマスのカリタス論に影響を受けている。バイステックは言う。「クライアントを受けとめるというケースワーカーの態度は、人は誰も神との関係において生まれながらの尊厳と価値を備えており、その尊厳は、個人の弱点や失敗によって決して損なわれるものではないという哲学的な確信から生まれたものである。……クライアントを受けとめるためには、ある種の愛が必要である。この真の愛の中でこそ、二人の人間は互いに知り合うことができる。つまり二人は、この愛のなかでこそ、それぞれの弱さと健康、成功と失敗など、互いにありのままの姿を理解し合うことが出来る。そして、弱さや失敗を知り合ったとしても、互いの尊敬の念は維持されるばかりでなく、むしろ高められのである。……援助の専門家は、この内的態度をもつよう求められている。この内的態度は、自己理解と人生哲学を追求するケースワーカーの努力を通して獲得されるものである」（E・P・バイステック（尾崎新他訳）『ケースワークの原則――援助関係を形成する技法』誠信書房、一九九六年、一三七―一三八頁）と。

スコラ学の新潮流とカトリック内部の改革者達　一三世紀以降、スコラ学の教授方法が大学・神学校に定着するなかで、教師がテキストの解釈と注解を行い、解明するべき課題に対して賛成と反対の典拠を討論を通して考察する方法が、論理的思考の訓練になった。同時期、ギリシアとアラビアの科学・哲学が流入し、聖書釈義中心の従来の神学は新たな挑戦を受けていた。この時期にトマスは、弁証論的な学的方法の最高傑作、『神学大全』を著す。アリストテレス哲学を神学に適用し、信仰と理性、神学と哲学は区別されるが対立するものではなく、補い合うものと説く。

　しかし、一四世紀に入るとスコラ学の信と知の統合は崩れ、トマスらの旧い道に対して、イギリスのW・オッカム（一二八五頃―一三四七／四九年）の唯名論の系譜が台頭する。学問を神学の隷属から解き放ち、経験的事実を重視するこの新潮流こそ、近代国家論や人権思想を形成する一里塚となる。普遍はただ一般的な記号である概念・名前にすぎないものとする唯名論は実験的方法による自然科学に道を開き、かつ信を意志的な知に基づく営みとする人間観を導く。と同時に、教皇権と世俗権を区別し、教皇と教会の優位を説くスコラ学に対して、国家の政治団体的性格を提唱した。

　こうした新潮流の動向に対して、中世最盛期に生きたトマスの共通善・公共善や補完性の原理は、理論体系にとどまらざるをえない宿命を背負っていた。その実践は、次代の教会改革者達に引き継がれる。すでに一五一七年のルターの宗教改革に先行して、一二、一三世紀頃から民衆運動といえる信仰の集まりが各地で生起しはじめ、宗教的共同体からの自立志向が出てきていた。例えば一四世紀末オランダでは、修道院ではなく一般社会の中で、祈りと労働の共同生活を営み、隣人愛を実践する新しい信仰運動が起こる。これは、N・クザーヌス（一四〇一―六四年）やD・エラスムス（一四六六―一五三六年）の思想に影響を与える。一五世紀になると民衆の信仰活動は、一段と多様な形を取り始める。各地で優れた説教師が聴衆の人気を集め、巡礼、兄弟団・信心会によるミサや祭壇の寄進、キリスト教受難劇の都市市民による上演等も、相変わらず活発で、一種の行事にさえなっていた。これらは飲食をともにしたり、語り合う娯楽的活動である反面、既存の教会や司牧の堅苦しい教えに飽きたらぬ人々の批判も込められていた。またクザーヌスのように、異端者として、時には生命の危機にさらされながらも、民衆とともに思索し、晩年には私財を老人施設に費やす実践も、カトリック内部で静かに始まっていた。総じて、宗教改革前夜の民衆の信仰活動や内部改革者の動きは、プロテスタント的な思想の芽生えを予感させるものであった。

3　ルターの宗教改革と市民的公共性の芽生え

第一次情報革命としての宗教改革

宗教改革は市民的公共性の芽生えという意味で、福祉思想のコペルニクス的転回となった。宗教改革によって共生のあり方を求める社会運動と、自己認識を育てる思想とが噛み合わされ、しかも欧米全域に浸透するからである。ルターの以下の言葉に、それは要約されよう。「信仰とは真に、生きた、勤勉な、活動的な、強力なものであって、絶えまなしによいことをすることができるものである……神が働きかけて、信仰をあなたのうちに起こしてくださるように祈るがよい」（「ローマ書への序言」徳善義和編『世界の思想家5ルター』平凡社、一九七六年、五一頁）。内面洞察だけでなく、生きた実践の思想を示し、聖書を通して「信仰とは私たちのうちにおける神の業である」（同前五〇頁）とする神と自己との関係性を示唆した点が、ルターの最大の功績である。西欧近代の幕開けは、この思考回路を個々人が自覚することから始まった。

中世末期の中欧の諸都市は、市民的共同体と宗教的共同体を、表裏一体とみなす傾向があった。しかし同時に、貧富の格差、公共の福祉への責任感の弱さ、共同体成員の連帯の弛み等が意識され始めており、少数の商人が巨大な富を独占するハンザ都市やアウグスブルクでは、宗教改革を目前にして富者への憎悪が社会不安の火種となっていた。多くの都市がルターの救貧思想に賛同を示すのも、ギルドや宗教的共同体が、市民の生活共同体と一枚岩ではなくなっている現実に、人々が気づいていたからである。

しかし、類似の教会批判が一五世紀から幾つも出されていたにもかかわらず、何故にルターの宗教改革だけが、本人も驚くほどの規模で拡大したのであろうか。思想は、人的・物的な成熟条件があることで、運動の組織化を有利にする。印刷機の発明によって聖書の購入が容易になったこと、各地に人文学者の情報ネットワークがあり、説教壇を通じての運動が可能であったことが、ルターの成功要因とされる。いわゆる第一次情報革命である。むろん遠方のローマへの税の支払いに疑問をもつ富裕市民やドイツ貴族が、経済的利害から宗教改革を支持した面も看過できない。ルターが教皇庁と対決の姿勢を固めた時期に出された『キリスト教界の改善に関して、ドイツのキリスト教貴族に与える書』は、ドイツの全貴族に宛てた公開質問状であった。カトリック教会内部の腐敗、免罪符の販売による布教と金・権力との癒着への批判は、ローマ教皇からのドイツ貴族の独立宣言でもあった。

ルターの救貧思想　ルターの批判は、何よりも免罪符と一体化された喜捨の慈善思想に向けられた。教会は彼岸における救いと祈禱を喜捨と結びつけることに成功し、膨大な富を蓄積していた。ルターは、喜捨という現世と彼岸とを不分離にする教会慈善事業を弾劾し、世俗と宗教との分離を促したのである。

前掲書でルターは、全信徒祭司性（万人祭司）による市民平等の理念を説き、教会の本来の意味（民の集まり）に依拠して、初代キリスト教会における財産の共有を述べる。また乞食・托鉢に反対し、ゲマインデでの救貧事業を提案する。その具体案が共同金庫である。それは教会への献金であると同時に、教区の学校・病院の設立維持費や、救貧や貸出しの資金として使われるものであった。従来の善意の献金に依拠する体質を脱して、制度としての共同金庫を税の徴収によって運営する方式が、宗教改革を契機に中世都市に導入される。

救貧関連のルター著作は、『キリストの聖なる真のからだの尊いサクラメントについて、及び兄弟団についての説教』（一五一九年）、『キリスト者の自由』（一五二〇年）、『共同基金の規定』（一五二三年）、『ドイツ全市の参事会員にあてて』（一五二四年）等がある。宗教改革期に芽生える市民的公共性と、農民戦争に代表される社会変革運動に影響を受け、この時期に各都市で救貧規定が相次いで公布される。ルターの序言を付したライスニヒの「共同金庫規定」（一五二三年）や、ニュルンベルクの「大慈悲規定」（一五二二年）が代表的である。これとは別に、ヴィッテンベルクでは、教会財産をも統合する形で、共同金庫を設ける救貧規定「ヴィッテンベルク教会規定」（一五二二年）が公布される。宗教改革急進派のH・ツヴィングリ（一四八四―一五三一年）の思想を反映していた。

やがて人口変動に即した教区編成や財源確保を試みるザクセンが、ルター派の領邦単位の救貧事業のモデルとなる。喜捨・托鉢修道会のような中世の貧困救済を脱し、乞食を禁止し、代わりに強制課税による金庫の設置を推奨する。これは市民的共同体と宗教的共同体とを合体させ、地域政策として生活保障を実施する試みである。後年の中欧・北欧の地域福祉政策の原型は、この時期に形成されたといえよう。

4　都市救貧事業の思想と実践

中世後期の貧困観と救貧政策の始まり

宗教改革期に各地で救貧事業思想が受容されるのは、封建制の危機と連動している。一四世紀から一五世紀にかけてのペストの流行と、天候不順による飢饉の頻発、さらに相次ぐ戦乱によって、農村部を中心に地域共同体は荒廃する。ヨーロッパの全人口の三分の一が、ペストで亡くなっている。労働力不足が農業労働者の賃金を高騰させ、戦乱が廃村を増やし、人口激減による消費構造の変化が経済を停滞させる。これが人々に以前にもまして危機意識を植えつけ、社会問題として貧困を認識させ、救済事業があちこちで試みられ始める。とはいえ、当初は治安維持が主目的であり、身体壮健な乞食・浮浪者の取り締まりが中心であった。

こうしてイギリス・スペイン・ポルトガル・フランス・ドイツ等で、一四世紀半ばに相次いで労働を拒否する乞食を共同体から放逐することや、彼らに対する強制労働の処置が規定される。これらの勅令は、乞食・浮浪者の撲滅には効果を挙げなかったものの、キリストの貧者という中世の聖なる貧困観を転換させた。良い貧民と悪い貧民の識別が、救済事業に導入される。さらに一五世紀に入ると、人口流入が目立つ都市部で、乞食の人数や滞在許可を統制する条例が出される。その先駆となる一三七〇年頃のニュルンベルクの貧民条例では、乞食の許可状の証として記章をつけることが義務とされた。これが百年後の一四七八年の同市の規定では、より一層厳格な取り締まりの性格を露わにする。すでに宗教改革前夜に、教会慈善事業の貧民観に代わって、社会政策の視点から労働能力を基準にした救済に値する貧民と値しない貧民という勤労倫理が、人々の思考回路に浸透しつつあったのである。

ヴィーヴェスのカトリック救貧論　宗教改革期、後年の欧米救貧法に大きな影響を与える救貧論が出される。ブリュージュ市長の依頼で、一五二六年に起草されたJ・L・ヴィーヴェス（一四九二—一五四〇年）の『貧民救済について』がそれである。その趣旨は、以下のようにまとめられる。「市当局の救済責任を明確にし、課税による財源を主として、施与は自発的なものに限定する。個別処遇の前提となる貧民分類と、困窮に至る調査を重視する。教区毎に市参事会員を選出し、貧民の家庭訪問を担当させる。労働と生活の規律を重んじる救済方法をとる。したがって、労働能力のある者には、救貧院内でも労働に従事させる。児童には、キリスト者としてふさわしい学習をさせる。捨て子や障害児者の施設も設置する。乞食が一掃されることは、都市にとっては名誉なことである。これは計画に終わらずに、実行されねばならない。実践なき善意は無意味である」。つまり救貧税の課税、貧民の雇用・職業教育や貧児教育、居宅保護等の救済方法が、補完性の原理に即して提言されている。

ヴィーヴェスの構想はカトリック救貧論を代表するが、救貧の公的責任で明らかなように、プロテスタント救貧思想と重複する箇所が多い。事実、フランスのカトリック側からは当初批判を受けた。スペインで実施が検討されるものの、カトリックから異議が出され、ヴィーヴェス案と並行して個人の施与も奨励したために、結局は失敗に終わっている。一方、『貧民救済について』は幾つかの翻訳が出され、低地地方一帯を越えて、フランスやハンザ都市へ、さらにスイスに至るライン川沿岸で、彼の救貧論は知られる所となる。ヴィーヴェスは、イギリスの『ユートピア』（一五一六年）の著者モアや、オランダのエラスムスと面識があった。ともに、イタリア・ルネッサンスに始まる人文主義（ヒューマニズム）の系譜に属する。ヴィーヴェスはまた、イギリスのヘンリー八世の娘メアリーの家庭教師も勤めており、イギリス救貧法にも少なからぬ影響を与えたとされている。

なぜ都市救貧事業は低地地方に普及するのか　ベネルクス三国（ベルギー・オランダ・ルクセンブルク）に北フランスの一部を合わせた地域は、低地地方と呼ばれる。オランダの別称ネーデルラントとは、水位の低い自然環境を言い表すもので、そうした環境が伝統的にこの地域の共同体の結束を強化していた。一一世紀から一三世紀にかけて、北西部の海岸の開墾地で入植者の自治組織が生まれ、自由農民は自治の特権が与えられた。低地地方の都市市民も一一世紀以降、他地域に先んじて自由と自治の権限を獲得する。中世後期には交通網の発展によって、低地地方は交易の中心地として栄える。イタリアの人文主義は一六世紀に入ると形骸化するものの、アルプスの北では、なお人文学者の活動は大きな役割を果たし、低地地方では早くからルネッサンス的な個人主義と、初期資本主義の合理的な思考回路が結合され、市民意識が形成されていた。この地域での都市救貧事業の先駆性は、こうした経済・文化的な背景から生まれた。

一五三〇、四〇年頃のオランダは、初期資本主義的な工場経営が台頭し、ギルド・繊維製造業が衰退しつつあった。減少する賃金を補うために、織物職人の一部は空き時間に乞食をすることを恥とは思わなかったし、浮浪者になる職人も多数いた。中世手工業の労働モラルを身に付けた彼らは、産業構造の転換期の犠牲者であった。仕事を求めて都市に流入する者も、需要と雇用形態の不均衡の狭間で貧民に転落しやすかった。一六世紀にヨーロッパ各地で都市救貧事業が普及するのは、まさにこの封建制の危機と連動していた。

すでに一五二〇年代から、急増する貧民への対策が低地地方南部で検討され、一五二五年にはイープル市で貧民救済の条例が公布される。市当局は、浮浪者や働かない貧民を取り締まる方針を出す一方で、ユダヤ人金融業者への反発から一四、一五世紀に低利貸付金制度を設けた北イタリアの例に倣い、公益質屋が一五七〇年代以降のフランドルやブラーバントの各都市で制度化される。合理的な防貧政策の必要性を、市は認識していたのである。

宗教改革は、ハンザ都市の商人に経済圏を牛耳られていたデンマークとスウェーデンにも波及し、一五二〇年代末にはルター派が支配的になる。王侯貴族の婚姻関係とドイツ文化の影響によって、官吏・軍人にはドイツ人が多かった北欧ではあるが、やがて三〇年戦争（一六一八—四八年）を境に、ドイツから独立していく。こうして北欧でも、教会の市有化と市民宗教への脱皮を果たしていく。

新天地への飛躍と個の自立の芽生え　一七世紀前半、世界経済の中心はオランダに移る。貿易港アントワープをスペインに占領され、有力商人がアムステルダムに移住したことから、オランダの繁栄が始まる。カトリック国スペインに対する独立戦争が国内の結束を強めた。港街には旧体制の抑圧から逃れた難民が、渡航準備や自活のための商業活動を始めていた。カトリックの隠れ聖堂や、ユダヤ教徒のシナゴーグ建設にも寛容であったアムステルダムは、当時ヨーロッパで最も自由な雰囲気に満ちた都市であった。一六四八年にヨーロッパで最初のユダヤ系孤児院の開所も許可された。J・ロック（一六三二―一七〇四年）も、イギリスではなく、まずアムステルダムで思想を練る。当時のオランダは、宗教的寛容の精神と個の自立を育てる最適の場であった。ロックの自由で平等な個の契約による国家論・市民社会論は、ここで育まれた。

ルターの宗教改革は、カルヴァンのスイスにおける改革によって、国際運動へと拡大する。ルターの性格がドイツ的閉鎖性を持つのに対し、カルヴァンの方はルネッサンスの影響を受けており、それだけに受容されやすかった。スイスからオランダ・イギリス、そしてアメリカへと、カルヴァンの思想は国際的な広がりで普及する。宗教戦争の対立と迫害の最中で、それは苦痛に満ちた産声をあげつつも、西欧を近代に向ける力強い羅針盤となったのである。

カルヴァン派の下で、一五七〇年代初頭から教会執事が専従となって、信徒・難民の救済事業が始まる。オランダ都市部に当時設立される児童施設や救貧施設では、通常は理事は男女半々の構成であった。この頃オランダで大流行していた集団肖像画には、これらの慈善団体や同業組合の理事が頻繁に登場する。絵画からは市民女性の潑剌とした雰囲気が読み取れる。貴族ではなく市民が統治する街、それが市民家族を描く新しい人物画の自己主張であった。

地理上の発見とキリスト教の布教は、西欧を軸とする海外進出・労働力の移動を意味した。活気に満ちたオランダ北部でのカルヴァン派の運動は、一六二〇年代にニューイングランドの植民地化への使命感を喚起し、一六四五年のクロムウェル支配下でのイギリス・ピューリタン革命を遂行させる。ルター派の影響が、ドイツと北欧に限られたのとは対照的であった。そしてこの時代にアメリカに渡る初期移民こそ、後年の「ソーシャルワークの創出」の中心概念となる自立・自己決定を、身を以て子孫に伝授する一群となるのである。

中欧の半官半民型救済システムの由来——都市型と領邦国家型の並存　中世の喜捨には貧困者の個別処遇の原理は存在しえず、教会慈善事業も貧困の除去を目的とはしていなかった。これに対し、中世末の都市救貧事業は、貧民の自立に計画的に行政が介入する最初の試みであった。このプロテスタント的救貧事業の概要は、以下の通りである。「救貧関連施設は原則として市当局の管理に委ねられ、計画的な救貧事業が目ざされる。救貧費は市当局が一括して管理する。市を区域に分け、数人の自発的な委員を任命し、救貧対象者の困窮原因の調査を担当させる。労働能力のある貧民には就業させる。乞食は原則として禁止される」。この救貧規則と援助方法の原理は、三〇年戦争により財政が悪化する地域では中断されるものの、概ね中欧・北欧の都市全域に継承されていく。日本の民生委員制度や在宅福祉サービスのモデルとされるハンブルク・システム（一七八八年）やエルバーフェルト・システム（一八五二年）も、その源は中世都市救貧事業にある。

中世末、ギルド的労働モラルが崩壊しつつあるとはいえ、なお中世都市は face to face の人間関係が強固な共同体であった。他方、モザイク状の領土を寄せ集めた当時の中欧の領邦国家においては、こうした都市型救済システムの実施は困難であった。むろん後年、領邦国家は救貧法を制定するが、それは乞食・浮浪者取り締まりの警察機能を重視するものであった。

一六四八年のウェストファリア条約以降に中欧の国際秩序となるのが、領主の宗派に領民は属するという原則である。それだけに中欧の教区・ゲマインデの境界も、共同体の構成員も領主の交替に応じて流動的であった。この流動的な一種の権威の不在の故に、市民の生活問題の解決に際しては、都市の有力市民が宗教団体と行政との仲立ちを務めざるをえなかった。市の救貧事業であっても、実際の運営は地域の各宗派の指導者と有力市民との連携を前提とする場合が多かった。こうして中欧独自の半官半民型の救済システムの伝統が、根づいていく。何故に中欧では一九世紀前半まで、民間団体の大規模な福祉組織が現れなかったのかの理由も、ここに求められる。それは、中央集権的な救貧法と国教会による安定した教区を行政単位として保持しつつ、別枠で博愛事業が並存して主導権を握るイギリスの福祉の多元的構造とは、異質の救済システムであった。

また中欧では、中世末の神聖ローマ帝国会議でローマ法に依拠する本籍地法の原則が、繰り返し確認事項とされており、その法的拘束力は長期にわたり共同体に残存し続けた。したがって、中欧では近代に入っても一貫して、ゲマインデ・自治体に救貧事業の実施は委ねられていた。

5　カトリックとプロテスタントの共存への模索——宗派共同の慈善事業

寛容の精神の学習と信仰の私事化

宗教改革は、宗派の対立を明確にした。しかし、二つの宗教には類似点が多かった。トリエント公会議（一五四五―六三年）以降は、カトリック神学も自然科学的な方法を取りいれる。カトリック教会の刷新運動の中心となるイエズス会の創始者イグナティウス・デ・ロヨラ（一四九一―一五五六年）は、神の啓示を個の自立と結び付けるプロテスタント的な見解を持っていた。イエズス会士の自己洞察のために書かれた『霊操』（一五四八年教皇認可）は、禅問答に似た指導者との対話による霊的習練である。

一六世紀から一七世紀初頭、プロテスタント化した地域の中で、カトリックに戻る地域の出現が相次いだ。この時期、イギリス国教会でもカトリックと教義・儀式において区別がつきにくい状況にあった。中欧では三〇年戦争の妥協策として、ウェストファリア条約によって領主の宗派が領民の宗派とされた。以来、カルヴァン派とは異なりドイツのルター派は、国家との癒着体質を強める。政治の道具に、商取引に有利なように、改宗する領主や貴族を間近に見れば、領民の素朴な宗教への思い入れも醒めてこよう。領主の都合で宗派間を行き来すれば、教義の類似性に嫌でも気づく。これは寛容の精神の学習に繋がる一方で、宗教から距離を置く姿勢や、人間中心主義に依拠する信仰の私事化を芽生えさせる。つまり逆説的ではあるが、宗教改革は信仰の覚醒だけにとどまらず、世俗化・脱宗教化の萌芽にもなったのである。

宗派共同の慈善事業の試み　多数の宗派が混在し、リベラルな風土であったオランダでは、早くから宗派を問わない救済活動の共同が実施された。ラインラントでも、宗派を越えて同一の教区で、救済を行う方針が出されている。これに対しカトリック系都市では、一七世紀においても通常プロテスタントの貧民に食物を与えたり、施設・病院を利用させることは稀であった。むろん例外もある。フランスでは、一五九八年のナントの勅令（一六八五年廃止）で、プロテスタント派との最初の和解が進む。一六二七年から一六三二年、短期間ではあるがフランスのグレノーブルのカトリック系病院で両宗派の病人・高齢者を一緒に保護し、カルヴァン派牧師の出入りも認めていた。

この時期フランスでは、慈善の使徒といわれるヴァンサン・ド・ポール（一五八一―一六六〇年）の活動が著名である。一六一七年に訪問看護の慈善団体の設置に着手し、一六二〇年には男子会員制を組織して教区聖職者の監督下で、会員達が貧困家庭や刑務所・病院を訪問し、救済に当たった。

これが二世紀後の一八三三年に組織される聖ヴァンサン・ド・ポール教会連盟のモデルとなった。カリタスの再生を目ざす連盟は、海外での組織化を進め、アメリカやカナダではカトリック系移民の救済組織の中心になる。

カトリックが慈善を自己の魂の救済と位置づけて、他者を援助するのに対し、プロテスタントは自助を信仰とした。カトリックのように教会での儀式を重視しない。カルヴァン派では、神との対話による信仰の内面の強化を目的とした。イギリス国教会と非国教会の争い、フランスのカトリックによるユグノーの排斥（一五六二―一九八年）、ドイツの三〇年戦争等は、一神教・聖書という共通の背景を持つ宗派間の教義解釈をめぐる熾烈な論争でもあった。しかし、それは同時に個々人の思考を深化させる好機となった。特に中欧で顕著に見られる倫理と論理を結合させる思考回路は、こうした論争から生まれた。信仰の自由と神の前での平等、都市の自治と市民的公共性の尊重などが、分立主義・連邦制と宗派同権の考えとなって、一国型国民国家形成への遅い歩みとは別に徐々に中欧に根づいていくのである。

ルネッサンスと宗教改革の意義　ルネッサンスも宗教改革も、自己を覚醒させる点では共通する。特に都市には自由な行動の余地があった。これは経済発展に不可欠な労働力を提供し、西欧が優位に立つ条件を整える。一七世紀、思想は新たな力強さをもって、ヨーロッパ世界から外へと拡がっていく。以下、その意義を四点にわたり整理してみよう。

(1)　一七世紀科学革命への掛け橋　ニカイア公会議以来、キリスト教は異端排除を通して正統性を確保してきた。しかし、それは正統神学の専横を意味するものではない。東ローマの衰退・滅亡により、一四、一五世紀に多くの学者が西ヨーロッパに移住してきていた。彼らのイスラム的な科学思考とギリシア思想は、精神主義的な中世キリスト教神学に新風を吹き込む。こうして中世末から、久しく異端とされていたギリシアの人間中心主義や分析的な科学思考が、地下水脈から浮上する。

では、イスラム圏や中世のラテン語圏では近代科学が生まれず、なぜ西欧でまず始められたのであろうか。科学研究への方途は、ルネッサンス工芸を支えた高級職人の工房での仕事が、大学と提携する時期に開かれている。またすでにキリスト教神学全盛の一三世紀から弁証法的な思考回路が西欧に存在していたことも、近代科学には幸いであった。自然哲学に関心を持つ数学者を中心に、ルネッサンスの高級職人の工房に久しく蓄積されていた工学・医学・薬学等の知識が、名人芸の一代限りのものから、継続される研究対象になっていく。ガリレオやニュートンといった近代科学の祖は、この万能の知を愛する学的土壌から生まれた。片やイスラム圏では、専制政治が学者の自由な発言を封じ込め、権威への恭順を強制した。こうして先駆的位置にあったはずのアラビア科学・医療は、西欧近代科学の前に屈服していくことになる。

(2)　思想をぶつけ合う対話の機会の拡充　　トマスに代表されるスコラ学は、討論で正統性を主張する方式を、大学のカリキュラムに持ち込む。たとえその大半が異端排除や、思弁的な自己正当化の討論に終始していたとしても、対話の機会が封印されていたアジアやイスラム圏よりは、思想・信条の自由は確保された。

対話という文脈では、ルネッサンスもまた宗教改革と同じ意味合いを持つ。思想をぶつけ合う民主的な対話の土壌、他の文化圏にはないヘレニズムの遺産は、ルネッサンス都市貴族が博愛事業として、資金提供をして育てた新プラトン主義・人文主義者の文献学研究によって蘇る。さらにその研究成果は近代の大学に継承され、対話こそ自己を見つめる道具であり、啓蒙思想の母胎であるとの認識を普及させていく。論争の果てに懐疑に陥るアウグスティヌスは、「私は疑う。それゆえに私は存在する」との自己を発見するが、同様の思考回路がクザーヌスを経て、R・デカルト（一五九六―一六五〇年）の「われ思う、ゆえにわれ在り」へと続いていく。

(3)　大航海時代のカトリック慈善事業――慈善と排除のヤヌスの顔　しかし、近代に向けての寛容の学習は、域外では全く別の顔を持っていた。中世の魔女狩りや異端の排除は、あるいはユダヤ人やハンセン病患者への迫害は、外の世界では植民地政策として現れる。宗教戦争前夜から、カトリックは関心を他地域に拡げていた。大航海時代の地理上の発見は、イベリア半島を世界の中心に押し上げる。イスラム支配下にあったイベリア半島では、カトリック教義では抑圧されていた科学思考が広まっていた。ポルトガルでは、イスラム支配をカトリックの結束で打破したこともあって、国外での商業と布教とは一体化され、植民地政策に連結する。「宣教師の後に商人あり、商人の後ろに軍艦あり」と。今や国際伝道は新たな十字軍となった。カトリックの世界布教を担うイエズス会（一五四〇年設立）は、南アメリカやアジアで着々と後の植民地政策の下地となる慈善事業を築いていくのである。

(4)　神への懐疑と世俗化の始まり　宗教戦争は寛容を学ぶ機会でもあったが、神への懐疑も増幅させた。後の西欧近代はまだ始まらないものの、一六世紀の終わりまでに多くの人々は、神への恐れやかつての全幅の信頼をなくす。中世は誕生・洗礼に始まり、学校や職場のギルドの宗教施設化、そして死・墓場までと、まさに「揺りかごから墓場まで」の全生活が宗教の支配下にあった。宗教を完全に否定して共同体で生きることは不可能であった。西欧で無神論者の見解が公論として認められるのは、一八世紀後半からのことにすぎない。それだけに、伝統的な共同体に対峙する形で、聖書に照らして生き方を考えさせた宗教改革の衝撃は計り知れない。子から孫へ、孫から曾孫へ、農民戦争時の市民的公共性の芽生えが、記憶となって民衆に語り継がれていく。

第三章　市民革命と自由・平等の人権思想

――国民国家のための福祉思想

一六世紀末までに、西欧は文化的近代化の最初の条件を整えた。神からの自立を意味する世俗化は、地中海・中東のイスラム圏の科学的な知識の導入を促し、さらに一八世紀までに農業依存の文明を脱し、気候・土壌・収穫高に左右されない経済基盤に転換していく。こうして自然の脅威によって生活が崩壊するという恐怖から、人々は徐々に解放されていくのである。

生活が少しずつ良くなるにつれて、自立を模索する人々は、中世の個と神との関係を見つめる代わりに、啓蒙思想に魅せられていく。啓蒙、それは「私」という自己認識を育てる思想である。この時期に歴史の表舞台に登場するのは、市民革命の国イギリスとフランスである。人間中心主義のギリシア思想が人権思想に継承され、市民革命によって「国家とは、社会とは、個とは何か」の公論の場が市民に解放される。こうして一九世紀半ばには、中欧・北欧を越えて、東欧にまで社会運動が拡大していく。それは自由・平等の思想が、国民国家という「想像の共同体」に回収される思考回路の形成過程でもあった。

1　啓蒙思想とイギリス革命・イギリス救貧法の影響

絶対王政と啓蒙思想の普及

クザーヌス・ヴィーヴェス・ルター等が架けた中世から近代へ向かう思想の橋を最初に渡るのは、イギリスである。イングランド主導による絶対王政は中央集権的な統一を進め、行政機構と常備軍を整備する。T・ホッブズ（一五八八―一六七九年）やロックの思想が、それを支えた。ピューリタン革命を体験したホッブズが、『リヴァイアサン』（一六五一年）で説く国家の役割は、決してユートピア的な発想ではない。彼は「人は生まれつき自由と他人への支配を愛する」との本性を見抜き、それ故に絶対主義主権を法治国家に、自由な人の支配願望を私的所有権に置き換え、生きるという不可侵の自然権を守る組織としての国家の役割を発見する。

ホッブズの自然法思想を継承し、イギリス名誉革命（一六八九年）・市民社会の論理を体系的に叙述するのは、ロックの『統治二論』（一六八九年）である。これは、フランス啓蒙思想・アメリカ独立革命に影響を及ぼすことになる。やがて対岸のフランスでのヴォルテール（一六九四―一七七八年）による宗教の偽善性批判からの相互影響を経て、啓蒙思想はイギリスからフランス・プロイセン、さらにはロシアにまで普及する。C・モンテスキュー（一六八九―一七五五年）の『法の精神』（一七四八年）は、アメリカ独立革命の政体に反映され、J・J・ルソー（一七一二―一七七八年）の『人間不平等起源論』（一七五五年）や『社会契約論』（一七六二年）、はフランス革命のバイブルとなる。同じくルソーの『エミール』（一七六二年）は、公教育思想の原典になる。こうして主権在民と革命を肯定する啓蒙思想の刊行物は、識字率の向上にも支えられて、一八世紀後半から各国で急増する。

これは宗教改革期に次ぐ第二期の情報革命であり、特に新聞・雑誌のメディアとしての役割が大きかった。

理性を尊重する啓蒙思想は、思想・行動を抑圧する権威を否定し、現世での幸福の追求や、技術進歩と社会改革への楽観的な思い入れの人間中心主義の思考回路を促した。ここから教育への関心が高まり、公教育制度を求める動きも現れる。また啓蒙思想の普及に際しては、パリ・ロンドン・ウィーン等で流行し始めるサロン・カフェー・文芸協会・読書サークルの場が、重要な役割を担った。それは、貴族・市民の身分差をあまり問わず、個の意見を尊重する新しい出会いと対話の場であった。理性と神を調和させる理神論と、ホッブズ・ロック・ルソーの社会契約説が、公論の主流となる。そしてここで論じられた近代国家の基礎理論こそが、市民革命へと人々を誘う運動論になり、かつ社会科学を誕生させる布石となるのである。

絶対王政下の家父長的・権威主義的な福祉思想　絶対王政の救貧事業は、国・地域別のタコ壺が基本である。各国の王政の権力配置、行政機構・官僚制の整備、貴族と議会制の関係、大土地所有者の比率、中層市民・農民の政治力等の強弱が、国家政策の貫徹度を左右する。また国と地域共同体とを媒介する中間団体が、一八世紀後半から一部は法人化し、自律的団体秩序に公的な性格が付与される社団になることで、政策決定過程に強い影響を及ぼす。統一国家の形成が遅かった中欧では、中世都市以来の救済システムを保持する所が多かった。現在のベネルクス三国からスイスまでの地域が、それに該当する。したがって、国に対する中間団体の独立を強調するアングロサクソン系の自由放任とは異なり、中欧では宗派・中間団体と国・自治体との補完関係は、今もなお高い。

さて、制度・政策とは別に思想は国境を容易に越える。王室・貴族は高名な思想家を召し抱え、かつ婚姻関係によってヨーロッパ各国の文化を共有しており、啓蒙思想も救貧思想も、帝王学として教養の一部になっていた。慈恵は支配者の徳であり、「福祉」の言説を各種勅令に用いることは、国家安寧の手段であった。それだけに、ドイツでもオーストリアでも、絶対王政の家父長的・権威主義的な福祉思想には多くの類似点がある。このような国境を越える形での上層階層の思想の摂取の仕方は、次章の「博愛の時代」の市民モラルにも反映されていく。しかも、絶対王政下の上からの福祉思想は、時代思潮である啓蒙思想の洗礼を受けていたことで、結果的には、国民国家のための福祉思想への転轍機にもなるのである。

イギリス革命とイギリス救貧法　国家主導の救貧制度としては、イギリスが最初である。イギリス救貧法も、大陸と同様に中世慈善に起源を持ち、共同体の秩序維持施策の一つであった。救貧法は、乞食・浮浪者取り締まりの警察機能と、弱者への慈恵的な救済機能の二つを併せ持つ。一三四九年の労働政策の勅令を起点にし、一三八八年法で労働不能者に乞食の許可を与え、強健な者の乞食・浮浪を禁じる規定が出てくる。救済義務やモラル・エコノミー的な食料品等の物価統制も盛り込まれていた。その背景には、一三四八年頃から繰り返し黒死病と恐れられたペストが流行し、労働力不足が深刻化していたことがある。また一三八一年に農民一揆が勃発し、放浪の聖職者Ｊ・ボール（？－一三八一年）の「アダムが耕し、イヴが紡いだ時に、一体誰がジェントルマンであったのか」が、一時期流布したことへの脅威も伏在していた。

やがてヘンリー八世の離婚問題を理由に一五三六年に修道院廃止が強行され、中央集権的な救貧政策が始まる。一五六三年法では、対象者を労働能力によって明確に分類し、慈善拠出方式から租税に切り替えられた。日曜の礼拝時に拠出金の申告をさせ、登録簿に記帳し、集めた金を貧困者に分配する方法である。履行されない場合には、教区の治安判事が課税額を査定したり、罰則を科したりした。救貧法との関連で、徒弟法や浮浪者処罰法も相次いで制定される。これらを集大成するのが一五九七年法であるが、事実上の施行は一六〇一年エリザベス救貧法による。教区を行政単位に、教区で選出された貧民監督官と治安判事の課税権による広域救貧行政を打ち出す。これは、一八三四年に新救貧法が登場するまで、二世紀にわたるイギリス救貧事業の原理となった。

最初の市民革命とされるイギリス革命は、一六世紀前半のピューリタン革命と一六世紀後半の名誉革命をさす。しかし、イギリス革命はフランス革命とは異なり、私的所有権の自由に限定されていた。羊毛生産の輸出が盛んになり商品経済が進展する時期に起こるイギリス革命は、地方の名士ジェントリが地方政治を担う名望家支配体制を強化した。軍役奉仕の義務から解放されたジェントリは、無給の行政官として治安や裁判の業務に携わることを、ステイタス・シンボルとした。この名望家支配体制こそ、イギリスのボランタリズムの基盤であり、一八世紀の博愛事業の興隆を支える人脈・金脈となるのである。

貧困者像の認識の変化――雇用政策・市場原理との関連で　思想史における貧困者像には、ある種の重苦しさがつきまとう。貧困が社会問題と見なされなかった古代・中世も含めて、富者の非人間的な貧困者像が、彼らを差別・抑圧してきたからである。

中世の貧民は、おおよそ自然災害による貧困、疾病・障害・老齢・遺棄等による貧困、そして怠惰・浮浪の三種に分類される。雇用政策・市場原理との関連で、労働力として貧民を認識することはなかった。しかし、イギリスではすでに一二一五年マグナ・カルタの頃から、封建的土地の売買の慣習があり、賃労働の形態で農業に従事する人の自由をある程度守り、商品としての労働力と市場を重視する思考が早い時期に確立する。さらにイギリスでは、「羊が人間を食う」といわれた第一次エンクロージャーや、生産性向上のために農場が大規模化されたことで、農民が大量に賃労働者に転落する。エリザベス朝の救貧法の原則、即ち有能・無能の労働能力による貧民分類の基準は、すでに一七世紀末のイギリス社会では普遍的な人間観になっていた。

大陸では、アングロサクソン系の経済倫理の影響の強いハンブルクや、一八三〇年代に早くも工業化に入るベルギーで、規律化された労働者の確保が課題となる。一七六五年「ハンブルク工業・技芸及び優良事業振興協会」が結成される。この協会は市参事会の行政を補完する半ば公共的な性格を持つ団体であり、市の生活環境改善を目ざす最初の社会計画に関する試案を出す。これが一七八八年のハンブルク・システムと呼ばれる救貧院改革に繋がっていく。ハンブルク・システムは、一九世紀半ばに工業化の進むエルバーフェルト市で新たに採用され、以来各国が注目する在宅サービスのモデルとなる。これらの地域では国民国家の形成に先だって、市場原理に基づく自由な雇用関係が浸透していた。それは一九世紀のフランスやデンマークが中農を保護し、農村共同体が社会の安定装置となるのとは対照的であった。

イギリスではこの間、フランス革命の急進主義ジャコバン派への脅威から、農村貧困問題に対して、賃金補助と家族手当を開始する。これが一七九五年のスピーナムランド制度である。むろん雇用機会の提供、治安判事による貧困者の管理監督の強化、教区毎に高齢者・障害者・母子などの労働不能とされる貧困者の登録義務、権限を付与された治安判事・市長による教区内での課税による救済財源の確保などの施策は維持される。スピーナムランド制度は、地主・治安判事らの保守的な博愛思想の表明でもあった。しかし、働いていなくてもほぼ同じ所得になる手当制度や、働いているにもかかわらず当局の監督下に置かれることで、労働モラルの低下が当初から懸念された。当然のことながら救貧費は膨張し続ける。さらにナポレオン戦争による物価騰貴は、貧困者を急増させた。こうして一八二〇年代から、まず保守主義の系譜によって、抜本的な救貧法改革への取り組みが始まるのである。

新救貧法のイデオロギー的役割　時あたかも、アダム・スミス（一七二三―九〇年）の人間相互の共感に発する道徳感情・行為に依拠しながらも、「神の見えざる手」によって個人の私益を求める利己心が公益に繋がると説く『道徳感情論』（一七五九年）や『諸国民の富』（一七七六年）が、自由貿易・自由放任主義に適する思想と評価されていた。『諸国民の富』は、自由主義経済理論の端緒となる。また人口増と食糧供給の不均衡が貧困問題の主因であると論じるT・R・マルサス（一七六六―一八三四年）の『人口論』（一七九八年）が、支配階層の心理的不安を煽った。J・ベンサム（一七四八―一八三二年）の「最大多数の最大幸福」を追求する功利主義も、時代思潮であった。これらの思想が救貧関連の租税負担の軽減を使命とする行政改革と結び付き、新救貧法への運動を加速する。一八三二年選挙法改正と並行して、救貧法調査委員が任命される。スピーナムランド制度の廃止は、一種の所得保障さえ容認した従来の貧民救済の思想を覆した。その象徴となるのが、貧困の個人責任を強調し、劣等処遇の原則による救貧費削減を目的とする一八三四年新救貧法であった。宗教改革後のイギリスで、なお農村部では影響力があった中世カトリックの補完性の原理に基づく救済権の思想を、新救貧法は一掃したのである。処遇の均一化と救貧行政の中央集権化の新政策は、今や自由放任主義の雇用政策・市場原理に適合する形で論議され、スティグマと公的扶助とを合体させるイデオロギーが定着する。イギリスの工業化を模倣する相対的後進国――ドイツやオーストリア等の中欧――でも、一九世紀半ばに新救貧法の貧困者の処遇に関心を寄せるが、だからといってこれらの国の社会政策が、イギリス流の劣等処遇の原則を貫徹したわけではない。実態はむしろ逆であった。イギリスでもまた、一九世紀末には新救貧法解体・福祉国家への道を明確にしていく。他方、新救貧法のイデオロギーの嫡子となって二〇世紀にその伝播に務めるのは、自助の国を自負するアメリカにおいてであった。

2　フランス革命と「自由・平等・友愛」の人権思想

国家と社会の関係――平等の実現とルソーの一般意志の矛盾　イギリス産業革命とフランス市民革命、これは西欧近代化のシンボルであり、かつ両国の自由・平等の証とされてきた。しかし、平民の平等を掲げたはずのピューリタン革命の指導者クロムウェルは、アイルランド植民地化の始祖でもあった。それに続く名誉革命も、大土地所有者に有利な結果に終わる。これに対しフランス革命の自由・平等は、自然権としての政治参加の制度・政策の要求に直結する。この世は不条理に満ちている。銀のスプーンをくわえて生まれてくる幸運児もいれば、一生懸命に働いても貧しい暮らしを強いられる人もいる。貧富の格差の解消は可能なのか。多くの思想家がこれに取り組んできた。この問題を突き詰めれば、革命という強行手段に行きつく。平等な社会を実現するという発想である。旧体制アンシャン・レジームの打倒に成功し、自由・平等の思想を、運動・制度（政策）に導入する最初の国、それがフランスであった。

フランスの近代国家思想は、ルソーの『社会契約論』に基づく。ルソーはホッブズの感化を受けるが、国家と人民との関係で両者は食い違う。ホッブズは国家を、市民法・司法を脊髄とし、市場を身体とする人工的な人、「リヴァイアサン」と見なす。即ち、各人の自然権の一部を託し、全員に強制力を持つ権力を設けるとの合意から国家が成立するのであり、それは自由な人の相互契約によるもので、国に対する個の自由の余地を前提とするとしている。これはアングロサクソン系の自由主義の特性をよく示している。国が私的生活に介入するよりも、自由な諸組織を国と個の中間に作ることが優先される。そして「リヴァイアサン」の筋肉に当たるこの「人民の諸組織」こそが、一八世紀イギリスの博愛事業の理論基盤となるのである。

これに対してルソーの個人と一般意志は、一体化の関係にある。自由な人民が一般意志を形成し、一般意志が人民に平等な市民権を与える。個と個の横の関係は否定され、個々人は一般意志の縦の関係でのみ連帯しうる。各人が意志によって自己の力を用いる自由は、ここにおいて大幅に制限される。ルソーの一般意志は、国家の中に部分的社会が存在することを否定したのである。一般意志が常に正しく公共の福祉を目ざすというこのドグマの故に、同業組合の復活を禁じた一七九一年ル・シャプリエ法によって、一八六四年までフランスは中間団体を公認しなかった。そして同法は労働運動の弾圧に適用され、労働者の協会・結社が禁止される。しかし、それは自主的な組織活動を封じ込める手段には決してならなかった。こうして個の自立と共生をめぐる緊張関係は、フランス革命を支持する人々の脳裏に定着する。以来、「機会の平等か、結果の平等か」をめぐるルソーの一般意志への答えは、現在まで見つかっていない。

生存権の人権思想の強調とその実態　一七九三年、生存権保障を盛り込んだ人権宣言草案が出される。M・ロベスピエール（一七五八―九四年）率いるジャコバン派によるもので、生存権が教育権・労働権とともに人権思想として位置づけられた。一七九一年九月憲法でも、公的救済の対象に捨て子や貧しい病人、失業救済が規定されたが、生存権との関係は明確ではなかっただけに注目に値する。ちなみにジャコバン派の生存権の人権思想は、一八三四年パリで「人権及び市民権宣言」の文書に再現され、ドイツ・中欧の労働者協会・結社で回覧され、一八四八年の市民革命の露払い役を務める。また一七九二年に、M・コンドルセ（一七四三―九四年）が作成する無償の公教育計画や、その翌年採択されるジロンド党憲法草案は、その後の欧米教育思想に大きな影響を与えている。

人権宣言草案の背後には、一七九三年一月のルイ一六世の処刑による絶対王政の象徴の消滅があった。革命前、カトリックの信心会・兄弟団の数は、全土に一万五〇〇〇もあり、一五〇〇万人が加盟していたし、他にもギルドや市町村の官職者集団が、相互扶助的な組織を形成していた。これら中間団体は、国王を聖なる中心とする支配秩序に組み込まれ、地域共同体の安寧と人々のアイデンティティを支えていた。今や教会は否定され、聖なる秩序の象徴であった王政も消滅した。この思想的空白は、国民国家をめざす革命政府にとって脅威であった。こうして自由・平等は、国民統合のための聖なる思想に格上げされる。公教育案が新しい子供像を希求し、非カトリック教化運動は新しい大人像を求めた。また革命政府は、平等思想を「より良き暮らし向き」に具体的に反映させるために、急進的な社会改革案を矢継ぎ早に提示する。それは失業対策・雇用創出のための国立作業所の設置という論議にまで突き進むものの、結局は失敗するし、公的救貧政策も地域の条件を考慮せず、かつ行政機関の不備と財源不足のために、計画倒れに終わる。

しかも、パリやフランス中部では受容された社会改革案は、西部や農村地域では、カトリシズムへの復帰を求める公然たる抵抗にあう。以来、左翼対カトリックの対立図式が、二〇世紀半ばまで続くことになる。一方、隣国ドイツでは現在に至るまで、教会に代わって十分の一税を国が一括徴収し、その後に宗派・非宗派系の民間福祉団体に分配する方式を採っている。宗教改革の結果、領邦国家との緊密な関係を維持し続けたルター派のドイツと、一般意志によって教会も含む中間団体の権力の介在を排除する革命後のフランスとでは、教会慈善への国家の関与の仕方にも、対照的な違いが出てくるのである。

行政権力の集権化への危惧——トクヴィルの懐疑　自由・平等を掲げる民主主義の多数派の専横の危険性と、行政権力の集権化の矛盾に、いち早く気づくのが、A・トクヴィル（一八〇五―五九年）である。代表作『アメリカの民主政治』（一八三五年、一八四〇年）では、自助とタウン・ミーティングを基盤とする共同体を例に挙げて、国家の私的生活の介入に警告を発する。万全の生活保障を確約する国家に対する、彼の答えは明快である。「市民たちに快適な生活を保証し彼らの消息を監督することだけに専念している巨大な後見役的な権力が、すべての市民の上にそびえ立っている。それは絶対的であり、微にいり細をうがち、規則正しく、すべてを見通し、かつ温和である。もしも成人への教育が目標であるとしたら、それは父権にもなぞらえることができよう。しかしそれは反対に、人間をどこまでも幼児の状態につないでおこうとするのである。もしも市民たちが何もほかのことを考えないなら、それは市民達が自由に羽をのばしても喜んでみている。政府はよろこんで市民の福祉に奉仕するが、そのためにはあくまでも政府だけが作業し判断することを要求する。政府は市民の安全を配慮し、彼らの欲求を予見して必需品を確保し、彼らだけの娯楽を奨励し、彼らの用件を指導し仕事を監督し、相続を規制し遺産を分配する。政府は市民たちから、思考することの負担と生活することの苦労をすっかり免除してやれないものか、と考えている」（J・ハーバーマス（細谷貞雄・山田正行訳）『公共性の構造転換』未来社、一九九四年、第2版、一八二頁と、ドイツ語訳の S. Landshut : Alexis de Tocqueville, Das Zeitalter der Gleichheit. Köln/Opladen, 1967, s. 98 を参照）。管理社会への彼の危惧は、G・オーウェルの小説『一九八四年』（一九四九年）と重複する。

ここには、フランス革命で政争の道具となった人権思想への警告が込められている。トクヴィルは、民主主義の最先端を行くアメリカを素材に、生活保障・人権思想の可能性と限界を鋭く観察する。強大な国家権力は、自由主義全盛期の一九世紀に作られ、二〇世紀を通して市民的公共性と私的生活圏への介入国家に変貌する。社会主義も全体主義も、擬似的な福祉国家を提起し、集権化された管理社会を試みた。一九三〇年代後半から四〇年頃に、各国で福祉国家構想の宣伝が展開されるが、その負の側面――アメリカには当てはまらなかったものの――をトクヴィルはすでに百年も前に予測していた。行政権力の集権化への醒めた観察眼は、革命期のトラウマを背負うフランス知識人の一面でもあった。ここにまず、フランスの福祉中進国化の理由が存在する。

フランス福祉中進国への道　フランス革命は平等の思想を重視し、しかもそれを他地域に広めた点に特色がある。既存宗教を否定し非キリスト教化運動を進める革命政府は、教会に代わって世俗の公的救済の政策を用意する。しかし、イギリスが世界の工場に飛躍する一九世紀にほぼ一〇年毎に政権交代を繰り返したフランスでは、社会政策や教育政策で一致点が見出せなかった。逆に公的救済をめぐる革命期の公私関係論争の不毛さが、福祉国家への歩みを停滞させる。

この実態を反映して、土地を得たことで防衛的になる中農や、伝統産業を擁護する同職組合の中間層は、かつての社団の枠組みを温存する。現在でもフランスは行政区の細分化が著しく、二〇〇〇人以下の所が多い。工業化の速度も緩慢であり、face to face の関係が維持されやすい社会であった。一九六〇年代初頭まで、特に南仏では街区・近隣の緊密な人的結合が持続し、地域福祉を支えていた。また温暖で肥沃な土地は、食卓を豊かにする。それ故に、性急に福祉国家への道を邁進する近隣諸国に比べて、福祉中進国の位置にとどまるにもかかわらず、今世紀半ばまでの生活の質は高かった。この点では国家統一が遅れ、家族・地域共同体での相互扶助が安全網となるカトリック国イタリア北部と似ていた。

人権思想の普及におけるナポレオン法典の影響　B・ナポレオンの大陸占領は、「自由・平等・友愛」の思想を一挙に普及させた。ライン川左岸地域ではナポレオン法典が施行される。貴族の特権と農民の封建的義務が廃され、限定的ではあれ法の前の平等が規定され、ベルギー・イタリア・スペインの民法典にも影響を与えた。この間、保守主義と自由主義勢力が拮抗する中で、一八四八年市民革命が巻き起こる。パリの二月革命はベルリン・ウィーンの三月革命に波及し、さらにイタリア・ハンガリー・ポーランド・ボヘミアの民族運動へ、イギリスのチャーティスト運動の再燃へと拡大していく。

「諸国民の春」といわれるこの運動は、各地に自発的な結社・協会をつくる気運を育てた。財と教養のある市民だけでなく、後年の労働運動の担い手達にも、読書・討論や論説記事の執筆を通して、思考を鍛える機会が保証された。また、教育機会や政治参加の平等を求めるフェミニズム運動も生まれ、女性が家庭・教会の私的空間から、社会という表舞台に初めて登場することになる。

3　社会実験・教育実験の流行と社会科学の誕生

ユートピア社会主義の潮流——友愛に基づくアソシアシオンの社会実験　個の自由を最大限に認めるイギリスとは対照的に、フランスの人権思想は自由の平等化を主眼とした。革命初期の各種の憲法草案にも、三番目のスローガン「友愛」は、ほとんど出てこない。前文に友愛の言葉を掲げる一八四八年共和国憲法に至るまで、友愛は自由・平等と同列の格式にはなかった。では、友愛はどのように普及し、博愛とはいかなる関係を持つのであろうか。中西洋『〈自由・平等〉と〈友愛〉——〝市民社会〟その超克の試みと挫折』（ミネルヴァ書房、一九九四年）は、サン＝シモン（一七六〇—一八二五年）の普遍的友愛を例に、国家と個を媒介するアソシアシオン型社会の設計を紹介している。ここでの友愛は、決して慈善（愛徳）の範疇での兄弟愛や隣人愛ではない。むしろギリシア思想の人間中心主義・人類愛の意味での博愛と解されている。即ち、一般意志の表明とされる法による垂直的な命令に代わって、各人の友愛を絆とする水平的な連帯が重視される。各人の自発的な自由意志を前提に、結社・協会のアソシアシオンをつくり、産業の発展による豊かな国をつくる。革命初期の一般意志に基づく国家権力の集権化の長所・短所に学んだフランス知識人は、友愛を重視するアソシアシオンに、新生国民国家の文化革命の可能性を賭けたといえる。それは、B・アンダーソン『想像の共同体――ナショナリズムの起源と流行』（一九八三年）（白石さや・白石隆訳、NTT出版、一九九七年）が指摘する「国民はイメージとして心の中に想像されたものである。……ひとりひとりの心の中には、共同の聖餐のイメージが生きている」（二四頁）、「国民は一つの共同体として想像される。……国民のなかにたとえ現実には不平等と搾取があるにせよ、国民は、常に、水平的な深い同志愛として心に思い描かれる」（二六頁）に符号するものであった。

こうして一八三〇年革命を契機に、C・H・サン＝シモン（一七六〇―一八二五年）やF・M・C・フーリエ（一七七二―一八三七年）の思想が台頭する。以来、一八四八年頃までのフランスは、友愛を強調する初期社会主義者達の多様な社会実験の場となる。サン＝シモン派は、産業家・都市官僚・医師等のエリート層に信奉者を得る。フーリエ派の共同体運動は、アメリカ大陸や東欧へと拡がる。また「私的所有権とは盗みである」と主張するP・J・プルードン（一八〇九―六五年）から、サンディカリズムの労働運動の源流が発生する。ルイ・ブラン（一八一一―八二年）の失業救済策である国立作業所の設置（一八四八年）や、アソシアシオンの典型といえる労働者の生産協同組合、さらには「働かざる者は食うべからず」のパウロの言葉を掲げるカトリック社会主義等も生まれる。

初期社会主義に共通するのは、平等の追求の果てに原始キリスト教に回帰する傾向である。同時期のイギリスでも、R・オーウェン（一七七一―一八五八年）の共同の労働と平等な消費生活を営む共同体建設の構想が労働者に支持され、後のチャーティスト運動や協同組合運動等の担い手を輩出する。しかし、いずれの社会実験も資金不足に悩み、かつ仲間の意見の食い違いが続出して、短期で幕を閉じている。芸術や技術の進展に優れた能力を発揮する人類も、政治や社会問題の解決策になると試行錯誤を繰り返し、同じ過ちを重ねやすい。初期社会主義の共生を求める社会実験の挫折は、二〇世紀型社会主義国家の命運を、すでに予感させるものでもあった。

教育実験の開始――新しい人間像・障害者像を求めて　市民革命は社会実験に留まらず、教育実験の場にもなった。医学・生理学等の自然科学の方法を人間の心と行動の研究に適用し、人間科学を開拓する契機が出てくる。社会問題の政治的解決とは別に、ルソーの『エミール』に触発されて、新しい人間像を希求する一群が登場する。その先陣を切るのは医師達であった。医師の資格を持つロックは、『人間知性論』（一六八九年）で、「私達のうちにともされた灯火」への信頼と、「私達の観察こそ、私達の知性へ思考の全材料を供給する」とした、観察を重視する人間科学の方法論を示唆する。これはフランスで、精神障害・知的障害の治療教育の原典となる。サン＝シモン派が一世を風靡する時期に、精神障害者を病棟の鎖から解放するP・ピネル（一七四五―一八二六年）、J・E・D・エスキロール（一七七二―一八四〇年）の試みが高く評価される。最も虐げられていた障害者の人権への関心が芽生える。

とりわけ注目すべき事例は、アヴェロンの野生児の発見（一八〇〇年）であり、その教育可能性へのフランス人の高い関心であろう。血なまぐさい革命に代わって、理性を持つ人間を育てることで、未来に希望を託そうとする時代思潮の表れであった。パリの人間観察協会の許可を得て野生児を引き取る医師J・イタール（一七七四―一八三八年）の教育実験は、やがてサン＝シモン派のE・セガン（一八一二―八〇年）を介してアメリカで開花する。二〇世紀の代表的な治療教育者M・モンテッソーリ（一八七〇―一九五二年）の感覚訓練・幼児教育や、ヘレン・ケラー（一八八〇―一九六八年）とA・M・サリヴァン（一八六六―一九三六年）の重複障害児の教育方法は、セガンの系譜に属するものであった。

同じ頃、ルソーの思索の故郷であるスイスでも、フランス革命を契機に教育実験が始まる。カルヴァン派のJ・H・ペスタロッチ（一七四六―一八二七年）の孤児教育がそれである。フランスの攻撃を受けて多数の孤児が出たシュタンスで、彼は施設を再開する。しかし、そこがカトリック地域であり、かつ経営手腕に欠ける彼の実践は、またもや短期で幕を閉じる。貧児学校や孤児院を共生の場と考えるペスタロッチは、この点では初期社会主義と共通するユートピア思想を持っていた。

友愛を志向する社会実験と、個人を重視する傾向がある教育実験とは、一見するとアプローチに差があるように思われよう。しかし、人権思想を運動論を越えて実践に移し、共生の場の開拓を目ざすという点では、両実験は同一の軌道にあったといえるのではあるまいか。

社会科学の誕生と福祉思想の理論化の端緒　国民国家という発想と人権思想を目標に掲げる動員型の市民運動は、一七八九年フランス革命を機に始まり、その後のナポレオンによる大陸占領と一八四八年市民革命に触発されて、ヨーロッパ中に広まる。フランス革命という世紀の大事件を見聞し、ヨーロッパ大陸を揺れ動かす社会変動の地響きを予感しつつ、人々は「社会とは何か、市民とは何か」を、自らの生き方と重ね合わせて思考し始めていた。一連の市民革命によって、権力と自由とを対置させる図式や、国家と社会という二元論の枠組が定着し、それに依拠して保守主義・自由主義・社会主義の三つの思想と運動の系譜が鮮明になった。

旧支配勢力の保守主義に抗して一定の成果を勝ち取った新興市民階層は、工業化に有利な自由主義の政治・経済政策の一層の推進を目ざす。一方、社会主義の系譜でも、保守主義と自由主義に対抗して、社会変革を生活改善要求に直結させる運動方針を掲げるようになる。議会制民主主義の進展もあって、運動を短中期的な政治日程に組み込むことが可能な時代を迎えていた。運動への動員を煽る思想と、説得の論理のための理論が求められていた。ここに社会問題の解決策を求めて、国家と個を媒介する社会組織の研究が開始される。目的と動機をもって「社会を発見」し、「その社会を科学的に捉える」という思考回路が登場する。社会科学の誕生である。やがて思想・運動を社会組織に関連づけるこの社会科学の方法論は、二〇世紀前半には人間諸科学にも浸透し、社会工学的発想を持つ都市専門官僚・テクノクラート達の政策科学の下地となっていった。

一九世紀末の帝国主義時代から、冷戦体制崩壊までの百年間の社会科学の方法論は、保守主義対自由主義、自由主義対社会主義、民主主義対全体主義の対立図式を前提にして、理論構築される傾向があった。この間に福祉思想も、慈善・博愛で説く内面洞察よりも、むしろ国民国家の運動・制度(政策)に資する方向で「発見された社会」の理論を求めることになる。他の新興学問の社会科学の方法論を見習って、福祉思想の社会的視野ないしは「科学的慈善」が、強調されるようになる。

そこで逆説的ではあるが、平等と友愛の追求の果てに、原始キリスト教の聖餐に近い共生に回帰する初期社会主義の思想・運動が、その素朴さの故になお多くの人を魅了し続けた。パリ・コミューンは、この一九世紀型ユートピア社会主義の最後の砦であった。以後はロシアとドイツが、二〇世紀の社会主義思想の正統派を自認することになる。

4　国民国家形成へのそれぞれの道――人権思想と排除の論理の並存

自由・平等の「先進国」の排除の論理　フランス革命は、国民国家という新たな共同体を提出した。今やこの「想像の共同体」が人々の帰属する場と定められ、アイデンティティ確立の拠点となる時代が始まった。宗教的共同体からの個の自立を促す宗教改革を体験した欧米では、すでに国民国家に先行して、信仰の私事化といえる思考回路が浸透していた。そこで国民国家の時代になるや、一種の疑似宗教――ルソーは『社会契約論』で市民宗教と表現する――を希求する動きが加速される。こうして新生国民国家は制度・政策として、市民に愛国心を植え付け、国家への忠誠と義務を、それも自発的に喚起させるイデオロギー装置の開発に力を注ぐようになる。

一九世紀にあっては、国民国家の由緒正しいモデルは、市民革命と産業革命をやり遂げた国、つまりイギリスやフランスにあるとされた。市民革命で挫折し、工業化が遅れた国々であるドイツ・イタリア・東欧等は、自由・平等の「先進国」モデルに反対であれ、受け入れるのであれ、呪縛される。西欧化イコール文明化であり、それなくしては近代化も進歩もありえないとの思考回路が、相対的後進国の人々――特にドイツ人と日本人――の脳裏に刻まれる。フランス革命は、またラテンアメリカ諸国やエジプトにも影響を与える。しかし、ハイチの黒人革命の勃発と欧米列強による鎮圧、その後のラテンアメリカ諸国への資本導入による経済開発政策の実施は、自由・平等の「先進国」の人権思想の限界を露呈するものであった。

典型的な例が、国民の均質化を他国に先んじて形成する島国イギリスに見られる。後年に保守党の大政治家となるB・ディズレーリ（一八〇四―八一年）は、一八四五年『シビル――あるいは二つの国民』という小説で、イギリス国民について的確な評価を下している。「二つの国民、その間には何の往来も共感もない。彼らはあたかも寒帯と熱帯に住むかのごとく、また全く別の遊星人であるかのごとく、お互いの習慣・思想・感情を理解しない。それぞれ違ったしつけで育てられ、全く違う食物を食べている。お互いに別のしきたりがあり、別の定めの中に生きている。この富める者と貧しき者」と。自由・平等の「先進国」イギリスの国民国家形成もまた、一八四五―四七年のジャガイモ飢饉に苦しむ同胞アイルランド人を見捨てる形で、他国への穀物輸出を続行する、そのようなものに過ぎなかった。

相対的後進国の国民国家形成と社会政策の特徴(1)――ドイツ　相対的後進国の場合、国民国家形成の過程において社会と個との間の緊張度は高まりやすい。その典型的な例となるのが、一八七一年成立するドイツ帝国である。イギリスが自由放任主義と自助を強調する時代に、ドイツは国家介入型の社会政策を採用する。領邦国家の臣民への家父長的・権威主義的な福祉思想の伝統を持つドイツでは、公共領域への介入にイギリスのような歯止めはなく、警察・官僚機構と同列に社会政策が配置されたのである。市民革命に挫折するドイツでは、啓蒙思想もイギリスやフランスとは異なる解釈で普及した。ホッブズとルソーに学びつつも、G・W・ヘーゲル（一七七〇―一八三一年）は有機体的国家論を説き、ドイツ官僚達はそれに基づいて権威主義的な国家モデルを設計する。それだけにアンチ・テーゼとして、マルクス主義に期待を寄せる人も、工業化の進展に伴って急増し、一九世紀末にはドイツ労働運動はヨーロッパ社会主義を代表する組織力を持つに至る。

プロイセンは、一八〇六年にナポレオン軍に敗北したことで、開明官僚は近代化路線の改革を提起する。都市の自治と職業の自由の保証、税制や大学の機構改革、ユダヤ人の解放令などの政策が相次いだ。ナポレオン失脚後、一八一四、一五年のウィーン会議で、ドイツ連邦が発足し、プロイセン主導でドイツ関税同盟が結成される。初代宰相O・ビスマルク（一八一五―九八年）の課題は、国家統合の強化であった。帝国内部の敵は、カトリックと社会主義・労働運動であった。プロテスタントのプロイセン主導で一八七一年ドイツ帝国が成立した経緯から、教会・宗教教育の独自性を主張し、反近代化路線をとっていた帝国内のカトリックの統合は当初はかなり困難であった。一八七八年の社会主義者鎮圧法制定以降は、社会主義・労働運動対策が重点課題とされた。とはいえ、一八九〇年に社会主義者鎮圧法が議会で否決されたことによって、ビスマルクの時代は終わりを告げる。

一八八〇年代、社会保険制度が史上初めてドイツに登場する。疾病保険（一八八三年）と労働災害保険（一八八四年）、年金に相当する障害・老齢保険（一八八九年）である。「飴と鞭」と評されるビスマルクの社会保険制度は、中世ギルドの相互扶助・共済組合に起源を持ち、同時に半官半民型救済システムによる地域共同体のリスク分散の伝統を、国家版に拡大して施行したものであった。

ビスマルクの意図は、領邦国家の家父長的・権威主義的な福祉政策に近かった。しかし、やがて当初の意図を超えて、社会保険制度は社会政策に新たに契約概念を持ち込む。それが拠出と給付の原理である。劣等処遇の原理の救貧法や、公民権停止のスティグマを脱しきれない公的扶助に対して、社会保険は労働者を――後には一般国民にまで拡がる――対象とする社会契約の一種であった。その後の普遍主義的な福祉サービスや生存権の思想展開を考えるならば、社会契約の概念の導入は極めて重要な意義を持つ。一八九〇年代の社会民主党の躍進期に、社会保険のメリットを労働組合側も気づく。給付額も対象者もまだ限定されてはいたが、疾病・障害や老後の生活不安からの解放を約束する社会保険は、夢のような朗報であった。この社会保険への認識の変化は、国民国家の一員としての自覚が育つ契機でもあった。階級意識に目覚め、反体制を標榜する労働者を自主的に国家に帰属させる点で、均質な国民創出のための公教育制度と同じ効果を、社会保険制度は持ったのである。

相対的後進国の国民国家形成と社会政策の特徴(2)――中欧・北欧の小国　中欧・北欧の小国に共通するのは、国家と社会が明確に分離していない点であろう。安全保障と社会保障をコインの裏表と捉える伝統も、小国では強い。国境や宗派の区別が曖昧な小国では、特に一時期は国の存在さえなくなったオランダや、宗教戦争の教訓から永世中立国を宣言するスイスでは、地域優先の政策決定が民衆の支持を得ていた。

地域市民権といえる政策決定への住民参加の容易さは、コーポラティズムの組織編成にも反映された。むろん政策決定過程での政党と運動団体の協力体制には、様々な組み合わせがありうるため、コーポラティズムの定義は簡単ではない。デンマークとスイスでは伝統的に自作農の存在が大きく、農民の政党との連携で社会政策・教育政策が進んだ。特に、バター・チーズ・ベーコンの「イギリス人の朝食」に的を絞った酪農・畜産農業で成功を収めるデンマーク農民は、国民高等学校教育運動や協同組合運動でも主導権を握った。また国際的な政治闘争から距離をおいた北欧では、国民の関心は国内の諸改革に向けられ、個々人の諸権利への関心は一九世紀後半の段階ですでに高かった。これとは対照的に、早期に工業化に入るベルギーでは、イギリスと同様に自由貿易・自由放任主義が優勢であった。ベルギーの一八三一年憲法は、アメリカ独立革命とフランス革命の影響を受け、自由主義・民主主義を掲げていた。しかし、ベルギーではカトリックと自由主義派の対立は余り激化せず、一八八四年選挙で勝利するカトリック党は、以来三〇年間も政権を担当する。この間、教会と労働運動との連携も恒常的になり、児童・女性の労働保護政策や老齢年金（一九〇〇年）の実施等、カトリック政党の主導で社会政策を実施する土壌が定着する。

アメリカの国民国家形成と社会政策の特徴――アメリカの市民宗教　南北戦争後のアメリカも、時期的には国民国家形成の第二期群に属する。アメリカ独立宣言とフランス人権宣言は、人権思想を代表する。しかし、フランスの「自由・平等・友愛」の思想は、多分に抽象的な理念にとどまらざるをえなかった。これとは対照的に、中世の伝統を持たず保守支配の基盤も弱いアメリカでは、独立後は人権思想をすぐさま政党の政治倫理に掲げ、制度・政策において結実させることができた。一九世紀前半の男子普通選挙の高い比率は、アメリカが群を抜く。ヨーロッパが数世紀にわたり求め続けた政治的諸権利と個の自立を、一八二〇、三〇年代には完了しており、この段階ですでに、アメリカ政治を特徴づける二大政党制が、革命に代わる最良の政治選択として認識されていた。「より良き暮らし向き」を求める市民運動も、アメリカでは革命に結びつくことはない。選挙による政党交代の手法が優先される。これがまた現実的で楽観的な国民性を強化し、一九世紀末には早くも大量生産・大量消費の生産様式が、彼らの生活の支配原理となる。

消費社会に傾斜する一方で、アメリカ市民は宗教に強い帰属意識を持っている。フランス革命が反カトリック教化運動を経て、脱宗教化やイデオロギーを特化させるのに対し、アメリカ市民は聖書に基づく愛国心の喚起や、地域のボランタリー・アソシエーションに使命感を抱く。トクヴィルがニュー・イングランドの共同体で観察したタウン・ミーティングは、アメリカ市民の運動の原点となる。建国以来、権利と義務の遂行は神から授かった使命と解されており、宗派を超越して共有されうる一種のアメリカ教ともいえる市民宗教が生成しつつあった。むろん次章で述べるが、二〇世紀に台頭する大規模な博愛事業・非営利団体の存在は、自由な国に厳としてある社会政策的な規律化をよく物語っているが、移民の国アメリカが独立時に選択した賢明な連邦制こそ、ルソーが『社会契約論』で説く市民宗教の土壌を培ったといえる。それは当時ヨーロッパが躍起となって求めた一国型国民国家の統合とは異なる選択肢であった。

第四章　博愛事業思想と市民主導型ボランタリズム

本章では、市民革命後に時代思潮となる博愛を取り上げる。特に、一九世紀末の社会事業の成立をもたらす思想・運動としての市民主導型ボランタリズムに注目する。

「福祉思想とは何か」を、ズバリと一言で定義することは難しい。序章で述べたように、福祉思想は社会思想・政治思想・経済思想や宗教等に依拠しながらも、思想・運動・制度（政策）の循環作用を通じて福祉実践の思想となるのであり、それが生活者に認識され論理的に思想化されることで普遍性を持つ。したがって本章以降の時代の記述では、博愛事業や社会事業・ソーシャルワーク、さらに福祉国家に至る制度・政策との連関の中で、福祉思想を取り上げる。

1　何故に博愛は時代思潮となったのか

「慈善から博愛へ」の時代区分の強調　通常の社会福祉史のテキストでは、一八世紀後半から一九世紀を「慈善から博愛へ」の段階と位置づけ、人道主義イコール博愛が慈善から独立していくと記述されている。博愛が慈善とは違うとの主張が繰り返されるのは、何故なのであろうか。

バラバラな人を社会契約によって結びつける「想像の共同体」国民国家は、一九世紀半ばはアイデンティティ装置をまだ完備していなかった。そして国民国家も共同体である限りは、居住区での擬似家族的な face to face の関係性を利用する統合策を取らざるをえない。ナショナリズムが広く人々の意識を絡め取るのは、二〇世紀に入る頃からであるが、この一種のアイデンティティの空白期に、社会統合の羅針盤の設計者に加わるのが上層・中層市民である。生物である人間のアイデンティティ形成には、情動に訴えるのが効果的である。信仰の私事化と個の自立を合体させた一種の疑似宗教やイデオロギーが、倫理や価値を制覇する時代が訪れる。一八世紀半ばのイギリスは「博愛の時代」と自称し、ほぼ同時期にドイツでも、財と教養のある教養市民層が中核になって「協会ネットワークの世紀」と表現される協会設立ブームが起こる。

博愛が思想レベルでなくて恒常的な事業であり続けるには、「物・人・金」の資源なくしては活動できないが、この博愛事業思想の人脈・金脈の拠点が、市民革命期に市民の公論の場となった協会・結社である。ハーバーマスのいう市民的公共圏の政治的公論の場の役割を終える頃に、代わって協会・結社を足場に市民主導型ボランタリズムが開花する。

イギリスの博愛事業の興隆とチャリティ・カリタス概念の共用　博愛事業は一八世紀のイギリスで大々的に始まり、次いで欧米各国に広まっていった。この普及過程で、言葉や概念の混同が頻発する。イギリスの「博愛の時代」の指導者自身が、しばしば慈善と博愛の言葉を混同して著作等で用いている。現在も欧米では博愛事業であっても、チャリティの名称を冠する「慈善学校・慈善病院」は多い。欧米ではそもそも博愛事業と慈善事業との区別がつきにくい上に、カリタスのギリシア化の思想融合も長い歴史を持つ。宗教改革期の都市救貧事業では聖俗の協働や役割分担が生じ、カトリックとプロテスタントの教区を越えた相互乗り入れの慈善事業の例もある。「博愛の時代」を先導する一七世紀末からの慈善学校運動は国教会が着手し、すぐに非国教会が後に続いた。つまり何が慈善思想に基づき、どこからが博愛思想による事業なのかの識別は困難な場合が多い。市民主導の博愛事業であり、建前として宗教色を出さない場合でも、寄付の人脈や家屋・土地の提供、ボランティアの確保のために教会との接触を持ちやすい。名望家や上層市民が、教会慈善と博愛事業の双方に理事として名を連ねる等は、日常茶飯事であった。

イギリスのジェントルマンの価値・倫理を反映する博愛が欧米の時代思潮となるのは、労働運動や信仰覚醒運動が活発になる一九世紀半ばからである。当時なお近代化路線に抵抗するカトリック教会と国家との対立を横目に見つつ、博愛事業は教会と国家との中間に自らを位置づけ、教会慈善の「崇高な使命」を継承しながら教会に代わる救済主体になる。聖俗の双方と距離を置きながら、博愛事業を組織するこの手法こそ、世俗化対応に積極的なプロテスタントに慈善再編の理論的拠り所を提供する。聖俗の各々の延長線上で博愛思想を育て、「レディの使命」ともてはやされて博愛事業への女性の大量動員が図られた。

市民運動論としての市民主導型ボランタリズムの誕生

その一方で「博愛の時代」の指標となるのが、市民運動論としてのボランタリズムである。ボランタリズムやボランティアの語源は、ラテン語の「欲する」を意味する'volo'から派生した'voluntas'に由来する。これは「意志、願望、要求、決意」と並んで、「自発、喜んでする覚悟、熱意、好意、親切」の意味もある。そこから'voluntarii'「志願兵」の用語も生まれる。ボランタリズムとは、自発的でかつ公共的な活動を言う。市民革命後の市民は要求運動の手応えを知り、運動拡大の方法を知っていた。慈善とは違う新しい福祉思想を、市民・労働者に訴える必要を実感していた。こうしてイギリスとアメリカで、次いで中欧で市民宗教と博愛事業との結合が顕著になっていった。この「博愛の時代」に生まれ、やがて一九世紀末に「ソーシャルワークの創出」の推進力となるボランタリズムの特徴は、思想が同時に運動論になる点であろう。

イギリス国教会やルター派のような国家主導型の組織は、人口流入の激しい都市貧困問題に対して迅速に対処できなかった。市民主導のボランタリズムが興隆する第一の理由は、ここにある。宗教離れの産物として市民主導型ボランタリズムは理解されやすいが、博愛事業の理事や大口寄付はプロテスタント派の支援を受けている場合が多い。それは、キリスト教の内部改革と密接な関連がある。世俗化の進展はキリスト教の敗退ではなかった。一八三〇、四〇年代からプロテスタントは慈善再編に着手し、対人援助――看護・児童保護・教育の従事者養成と病院・専門施設の設立――の専門化を進めた。宗教教育や慈善が非科学的と指摘されて表舞台から退場し、代わって公教育や社会事業が制度化される過渡期に、従来のような政治的権利を求める運動ではなく、「より良き暮らし向き」を地域で創る市民運動論としての市民主導のボランタリズムの基盤がこうしてできてくる。次節では、市民主導型ボランタリズムの実践の先駆例を見ていこう。

2　福音主義運動の影響と「レディの使命」

イギリス国教会の実態と福音主義運動――メソディストやクエーカーの役割

信仰の私事化は

一八、一九世紀を通して各宗派の悩みの種であった。農村共同体の人的結合を逃れ都市に流入した孤立する人々を、どのように自主的に宗派に組み入れるのかが課題になっていた。休日に堅苦しいミサに出席する気などない人でも、生き生きと発言できる楽しい場ならば喜んで参加するであろう。市民宗教は既存の形式を捨て、主体的な活動を組み込んだ布教を都市部で展開し始めた。

イギリスがその先鞭を付けた。その理由は、イギリス国教会の実態にあった。プロテスタンティズムというよりはカトリック的である国教会は、一六八九年寛容法を制定し、礼拝集会に非国教徒の参加を許可した。これは官職や都市自治体の行政への関与から排除されていた非国教徒への差別撤廃の第一歩であった。つまりイギリスでは、非国教徒がプロテスタントとして抗議する図式が成立していたのである。回心や内面的な信仰を重んじ、それをバネに社会変革を目ざすメソディストやクエーカーは、他国よりは政治的権利が認められ、保守主義の抵抗も少ないイギリスやアメリカで、まず福音主義運動を展開していった（以下の記述は、特に野田宣雄『教養市民層からナチズムへ――比較宗教社会史のこころみ』名古屋大学出版会、一九八八年の第5章を参照）。

(1)　メソディストの実践　　福音主義運動の先駆となるのは、イギリス国教会内部のJ・ウェズリ（一七〇三―九一年）の巡回説教である。全土を教区に見立てて巡回し、各地で野外集会を開いて説教を行った。国教会のように教区を越える活動ができない組織ではなかった点で、人口流入の激しい新興都市では成果を収めた。一七世紀末から一八世紀にかけて、中欧でも信仰覚醒運動の潮流が現れるが、ドイツの敬虔主義はプロイセン官僚に懐柔され、閉鎖的で内向的な活動にとどまる傾向があった。これに対してメソディストの伝導は柔軟であった。二〇名程度の平信徒の小集団が活動の基礎単位であり、家庭訪問・生活指導を相互に担当した。都市に流入してきた身よりの少ない労働者には、これが疑似家族の一種となった。この小集団の上に巡回説教師が置かれ、さらに監督が立ち、ウェズリへと至るピラミッド型組織を構成していた。普通の市民や労働者である平信徒が、説教師や監督に選ばれ集団を指導する方式は、大衆のパターナリズムの欲求を充足させた。同時に、教義の学習準備に時間を割いたり、新メンバーを激励したりする役割によって、リーダーらしさを短期間で身に付けた。これこそ既存の市民モラルや伝統的なエリートに抗して、大衆がアイデンティティを確立し自立する手段であった。ウェズリの死後、一七九三年にメソディストは国教会から独立し、「産業革命の宗教」として下層労働者の魂の救済に一段と力を注ぐ。ところでメソディスト運動史は、また分派の歴史でもあった。同一人物が各派を渡り歩く傾向も多々あった。信仰の私事化の典型といえるが、それだけにユニークな実践が展開されている。一八七八年に組織されるW・ブース（一八二九―一九一二年）の救世軍は、その典型である。ブラス・バンドで街路を練り歩き労働者に福音を伝える運動の形態は、「レディの使命」として市民モラルを広める「お上品な」慈善組織協会（COS）の指導者への反感も込められていた。

メソディストは、市民社会における大衆的宗教運動の最初のモデルであった。これに刺激を受け、他宗派もエリート主義を脱して街路に飛び出していった。国教会も変革を迫られた。福音主義勢力が形成され、かつてのジェントリ的なタイプとは異なる聖職者が現れ、彼らは教会に座っているだけではなく、教区の戸別訪問を積極的に行い、一九世紀初頭の沈滞した国教会の活性剤になっていった。一九世紀後半にはロンドンのイースト・エンドの教区で活動をするE・デニソン（一八四〇―

七〇年)、A・S・バーネット(一八四四―一九一三年)の国教会の系譜から、大学拡張運動やセツルメント協会が誕生するのである。一八七五年以来、オックスフォード大学の学生が休暇時にバーネットのいるイースト・ロンドンを訪ね、貧困問題を直に見聞する機会を得る。この学生ボランティアのリーダー格が、A・トインビー(一八五二―一八三年)であった。彼の死後、一八八四年に設立されたセツルメントはトインビー・ホールと名づけられ、セツルメント運動の嚆矢となる。J・アダムズ(一八六〇―一九三五年)によるシカゴのハル・ハウス(一八八九年設立)のモデルにもなった。ただし、イギリスが下層労働者を対象とするのに対して、アメリカでは移民の同化のための教育機関の性格を強める点で、二〇世紀以降のセツルメント運動の性格は異なってくる。

(2)　クエーカーの実践　福音主義運動の宗教的覚醒は、市民階層に義務と使命感を植えつけた。フランス革命・ナポレオン民法典は家庭・教会に閉じこもる市民女性を解放する契機となるが、初期フェミニズムが運動として弱い段階では、クエーカーの女性の役割が注目に値する。平信徒の、それも女性が活動の主力になる点では、一三、一四世紀に低地地方一帯に広がったベギン女子修道会の慈善と似ている。女性はいつも救済活動の現場にいた。しかし、常に影の存在であった。一八世紀半ばの福音主義運動の高揚の中で、女性は個の自立を意識し始める。

クエーカーの特徴は教会の制度・儀式にとらわれず、宗教的自由を尊重する点である。また他のピューリタンにありがちな聖書中心の教義ではなく、社会的公正が優先された。教員やホワイトカラーが多く、有能な人材を抱えていたことで、少数派であるにもかかわらずクエーカーの博愛事業での実践は目立つ。国教会から逃れてアメリカに渡ったクエーカーは、一七三二年に本拠地ペンシルベニアの州都フィラデルフィアで救貧院を設立し、一七五一年にはペンシルベニア病院を開設する。ここからさらに医学・科学研究の拠点造りへと活動を発展させる。ちなみにフィラデルフィアは、友愛を語源に持つ。

イギリスでもクエーカーの実践は目立つ。先駆者であるE・フライ（一七八〇―一八四五年）は、監獄内に学校を作り、子供や女性の職業的自立を援助した。晩年には看護婦養成を始め、卒業生達がクリミア戦争でN・ナイチンゲール（一八二〇―一九一〇年）と共に働いている。これは、国際赤十字活動の前史である。同じくクエーカーのキリスト友会の指導者J・W・ラウントリー（一八六八―一九〇五年）は、ヨークのチョコレート会社の跡継ぎで、経営理念や社会問題の識見に優れていた。S・ラウントリー（一八七一―一九五四年）のヨークの貧困調査の動機も、信仰から発している。

「レディの使命」としてのイギリス・モデルの優位性と虚像

ともあれイギリスは一八世紀前半までの宗教活動の停滞とは対照的に、一八世紀半ばから一九世紀を通じて宗教色の濃厚な社会であった。特に、一八三〇年代から各宗派で大衆獲得の運動が活発になった。しかし、通説となっているジェントルマンや上層市民の「レディの使命」によるボランタリズムが主流であったのではない。労働者をも巻き込む宗教的熱狂の中で、イギリス・モデルといわれるボランティア活動が根付いていくのである。スラムに家庭訪問員として入り、下層労働者家族との相談に応じる活動の手足は、中層市民や熟練労働者の子女が多かった。香水をつけたハンカチを口に当て、着飾った衣装で年に数回ほどの視察をする「レディ」達だけでは、博愛事業の成功などはありえなかった。

こうしてボランタリズムの思想・運動は、イギリス・モデルが優位との通説が確立する。確かに他国と比べて、現在でもボランティアの比率はイギリスが際だって高い。しかし、中欧やフランスでも中世から名誉職として、ボランティアは半ば社会通念になっていた。何故にイギリスだけが、大々的にモデル視されるのか。もう少し理由を探ってみよう。

一八世紀後半から一九世紀にかけて、イギリスではジェントルマンの生活様式が上層市民にも浸透する。イギリス・モデルと称されるボランタリズムは、このジェントルマンの生活信条「高貴な生まれの者は義務を負う」に由来する。食事・作法のエレガンスさの模倣のみならず、余暇・社交の場の拡大によって、市民女性も「レディ」の博愛事業への参加が可能となった。フライ、救貧院訪問協会の改革で知られるL・トワイニング（一八二〇―一九一一年）、看護婦教育のナイチンゲール、住宅改良運動のO・ヒル（一八三八―一九一二年）等の博愛事業の著名な開拓者は、この時代の理想の女性像となっていった。しかし、博愛事業は革新性と保守性の二つの顔を持っていた。身体を清潔にし、深酒は避け、こざっぱりした衣服を身に付け、家を整頓し、キチンと料理をし、子供の養育に注意を注ぎ、街路では大声でわめかず、ジェントルマンやレディのように「良き市民らしく」行動することといった、これらの市民モラルを下層市民や貧民達にも遵守させることが、博愛事業の価値であり倫理とされた。「レディの使命」として、ボランティアは市民モラルの規律化の先兵を勤めたのである。

W・ベヴァリッジ（一八七九―一九六三年）が『ボランタリー・アクション』（一九四八年）で挙げたボランティアの三条件「教養・閑暇・金ないしは人脈」は、ジェントルマン層の女性を想定している。実際、地方の名士であるジェントルマンの寄付が、博愛事業を支えていた。一九世紀になると博愛事業は女性の手でも運営されるようになる。その際、彼女達は「レディの使命」として慈善バザーを開催し、父・兄・夫の人脈を使って寄付を募る集金マシーンの役割を果たす。同様のパターンはアメリカにも移植される。南部ではイギリスのジェントルマンの生活様式を模倣したがる成功者が多かったからである。中欧・北欧でも、上層市民女性の間でボランタリズムの実践は広まりつつあった。しかし、イギリス・オランダ・アメリカ以外では、ボランティア活動の手足となる普通の庶民感覚を持つ女性の参加は少なかった。例えば新興宗教のるつぼと化すロンドンで一九世紀半ばにかくもボランタリズムが高揚するのは、公的救貧費に匹敵する程の信託による豊富なチャリティの財源と、気さくに貧困家庭を訪問して助言を与える女性の大量動員なくしてはありえなかった。

工業化を進める近隣諸国は、世界の工場イギリスの一九世紀の豊かな生活を憧れにも似た気持ちで模倣した。この過程でジェントルマン女性の理想像「教養があり気高く慈愛ある」と、「レディの使命」のボランティア像は合体し独り歩きを始め、豊かな中産階層の女性を主力とするボランティア活動というステレオタイプのイメージが、一九六〇年代まで欧米で通用することとなった。虚像の過剰なまでの、それも長期にわたる思想的影響は、「レディ症候群」といえる女性のアイデンティティ形成の問題行動と密着していたといえる。

3　イギリスの貧困問題の転換と排除の論理の強化

貧困の発見――貧困調査の導入

貧困を飢餓状態とイメージする人は、今も昔も多い。したがって生活水準が向上する段階では、貧困問題は意識されにくい。しかし、一九世紀後半の新旧の産業構造の転換の最中に、最も豊かな国であるはずのイギリスで大量の貧困が発見され、社会問題となる。相対的剥奪ないしは不平等の概念を用いて貧困を定義する段階ではなかったものの、「貧困とは何か」の論議が巻き起こった。「貧困は何故生じるのか」「貧困者とは誰なのか」の問いに答える研究は、ここから始まる。こうして貧困を科学的に解明する姿勢と、生活者の苦悩として貧困を捉える思考が結びつく。怠惰でも不道徳でもない貧困の実態を、各種の調査は数値で示すことができたからである。

社会科学の進展、特に社会調査の技術の向上が貧困の発見に寄与した。口火は公衆衛生が切る。一八四二年にE・チャドウィック（一八〇〇―九〇年）は、『イギリスの労働人口の衛生状態に関する報告書』を議会に提出する。労働者の寿命の低さや、都市における上下水道等の整備の遅れを指摘し、劣悪な都市環境が疾病・貧困をもたらすとの結論を出す。当初は評価されず、一八四八年の公衆保健法も欠陥だらけであった。しかし、一八六六年公衆衛生法では予防医学の専門職化が導入され、救貧医療の劣等処遇から普遍主義的な医療サービスへの第一歩が始まった。

一八六〇、七〇年代に労働立法が相次いで制定され、一八七〇年初等教育法も登場するが、なおイギリスの主流は自由放任主義の思想であった。S・スマイルズ（一八一二―一九〇四年）の『セルフヘルプ（自助）』（一八五九年）が、熟練労働者の間でもベストセラーとなる。「天は自ら助くる者を助く」という勤勉の勧めは、一九世紀後半の繁栄を謳歌するイギリスの市民・熟練労働者の生活信条にピタリとくるものであった。日本でも、一八七一年の中村正直《まさなお》（一八三二―九一年）『西国立志編』の翻訳で広く読まれた。

しかし、一八七三年からの長期不況を機に、抜本的な貧困観の転換が起こる。貧困調査による貧困の発見である。まずC・ブース（一八四〇―一九一六年）のロンドン調査が、ついでS・ラウントリーのヨーク調査が、世界で有数の豊かな国イギリスでの多数の低所得者の存在を明らかにし、貧困の深刻さを世に訴えた。従来の調査と違って、彼らは貧困問題の原因そのものを追求する。ブースの『ロンドン市民の生活と労働』は、貧困調査を骨格に（一八八九―九一年刊行）、最終版（一九〇二―〇三年）に至るまでの全一七巻からなる。生活困窮の尺度として貧困線を設け、貧困線以下が三〇％もいることを示した。ブースはトインビー・ホールを拠点に、社会改革の意欲にあふれる若者を調査員に使った。後年ウェッブ夫人となるビアトリス（一八五八―一九四三年）もその一人である。同じく自由党員ラウントリーの『貧困――都市生活の一研究』（一九〇一年）は、貧困を第一次貧困と第二次貧困に分け、家計簿を通して低所得者層の生活の実態を明確にした。

彼らの調査はロンドン大学での統計学研究に継承され、倹約して生きてきた高齢者の貧困の深刻さを明らかにし、年金制度の論議に際しての資料を提供した。そもそもブース自身が、イギリスのマルクス主義者による労働者の二五％が貧困であるとの「大げさな宣伝」に対抗して、ロンドン調査を開始するのであり、実態が三〇％を越えるとの結論を出すに至る。つまりイギリスの貧困調査の意義は、それが市民革命期の三大思想——社会主義の貧困理論に抗して保守党のブースが調査を開始し、ラウントリーの自由主義に繋がる——を包摂しつつ、一九〇六年以降の自由党の社会改革を推進した点にあるといえよう。それは過剰なイデオロギー論争を回避し、事実に即して社会政策を決定するこの時期のイギリスの特色を示す例でもあった。

イギリスの排除の論理の一例——阿片戦争後の中国を若き明治高官はどう見たのか　世界の工場イギリスは、ヴィクトリア時代に貿易立国となる。自由貿易こそがイギリス帝国の命運を決するとの認識が、ついには阿片戦争を引き起こした。長年イギリスは対中国貿易の差額に苦慮していた。そこで中国での阿片の需要に着目し、インドで栽培した阿片を中国に大量輸出する戦略をとる。一八三〇年代になると清朝の財政を覆す程の銀の大量流出に至り、ここに阿片貿易の禁止令が出されるが、これに対しイギリスは議会の民主的手続きにより、中国との戦争を決議をする。中国の半植民地化の始まりであった。

当時のジャーナリストは、阿片貿易の人的被害を奴隷貿易よりも残酷と伝えている。K・マルクス（一八一八―一八三年）は、一八四七年の週間新聞『エコノミスト』の阿片貿易に関する批判記事を引用して、「阿片貿易とくらべれば、奴隷貿易は情け深いものであった。われわれはアフリカ人の肉体を破壊するようなことはしなかった。……生かしておくことがわれわれの直接的な利益であったからである。われわれは彼らの本性を低下させたり、彼らの精神を堕落させたり、彼らの魂を破壊させたりするようなことはしなかった。しかし阿片販売者たちは、不幸な罪人たちの道徳的本性を堕落させ、退化させ、破滅させたのちにその肉体を殺害するのである」と、「イギリスの殺人者と中国の自殺者」を紹介している。

日本における明治維新後の近代化への道の羅針盤となったのは、岩倉使節団が収集した情報であろう。それは『米欧回覧実記』（岩波文庫）に詳しい。ここには日本と欧米の比較が随所に盛り込まれている。同書によると、繁栄を謳歌するロンドンの一画にあったスラム――セツルメント発祥の地である――を一八七三年大不況の直前、一八七二年一一月に欧米視察中の若き明治政府の高官、大久保利通と木戸孝允が訪れている。街路での賭博や、阿片を吸う中国人の姿を見て、「貧民窟というよりは悪漢の巣で、その状態は言語に絶す」「余はあれを見て、世の中が浅ましくなった」と、彼らはその時の衝撃を語っている。むろん当時の大久保や木戸は、阿片戦争後の中国の失墜を、他の誰よりも強く日本近代化の戦略と対比させていたに違いない。しかし、彼らはヴィクトリア朝の繁栄の背後に、「英国人属地ノ利ヲシボル」「英人ハ……一区ノ田ヲ印度ニ所有シ、年年ニ其民膏ヲ絞リテ自ラ肥ユ、猶レモンヲ搾ルカ如シ」（第二巻三四頁）という植民地の犠牲があることを知りつつも、「日本ヲ東洋ノ英国」と見なし、西欧文明の模倣と摂取に揺らぎを持たなかったことが記されている。使節団に同行し、九か月後に同じコースで西欧と東洋を比較しえた中江兆民《ちょうみん》（一八四七―一九〇一年）が、ヨーロッパ人のアジア人への行為を見て、「自ラ文明ト称シテ而シテ此行アルハ、之ヲ何ト謂ハン哉」（第五巻三七三頁）と、疑問をもつのとは対照的であった。

使節団は小国も含めて欧米諸国の経済や文化の成功が、国民の勤勉にあることを学び取った。「国ノ貧富ハ、……ヨク生理ニ勤勉スル力ノ、強弱イカンニアルノミ」（第五巻二七五頁）とする富国のための日本国民創出の思想は、この時に明治高官に意識されたのであった。

ちなみに一九世紀を通してイギリスは、本国の過剰資本・過剰人口のはけ口として、オーストラリア・ニュージーランド・カナダへの移住を勧める。ここでの自治を容認する緩やかな白人向けの植民地政策と、対アジア侵略の強硬路線とには大きな差があった。

4　自立の国アメリカの博愛——イギリスとの比較

「博愛の時代」、カリタスのギリシア化は加速度を増す。博愛事業団体を一種の会社とみなす効率的な運営が導入され、慈善事業からの意図的な決別が開始された。イギリスで始まり、アメリカで大々的に展開されるこの博愛事業団体の発想法が、現在の非営利組織の原型になる。

イギリスのチャリティの枠組みと福祉多元主義

近代的博愛事業は、チューダー・スチュアート王朝に始まる。イギリスのチャリティの財源は、一六、一七世紀の重商主義政策下での大商人の寄贈が下地になる。宗教的・社会的な使命感からの寄贈によるが、同時に成金族の彼らの中には、爵位や名声を求める者もいた。節税や遺産譲与の葛藤を回避する寄贈も多かった。この財源を基に、公益目的の遂行のための公益法人・公益信託によって管理運営がなされ、チャリテイの事業が展開されていった。信託には、公益信託と私人のための信託の二種類がある。イギリスでは非営利組織は公益信託が主流であり、その起源は一六〇一年のチャリティに関する法にまで遡る。公益信託は法人よりも設立しやすく規制も少なく、運営管理も簡明である。現在のアメリカではこれに対し、免税団体と認められる非営利組織は大半が法人格を取得している。

イギリスでは一八、一九世紀、貧児学校や慈善病院の公益活動が財政難に陥ったり、補助金や助成金の支援を仰ぐ度に、事業継続の可能性も含めて活発な公私関係の論議が展開された。このイギリスのチャリティの枠組みは、自由放任主義と対になって他国にも普及する。むろん公私関係論は、理論的には国民国家の公的救済の制度化を前提に、一八四八年市民革命を機にフランスで始まる。イギリスでは一八六〇年代末からCOSの平行棒理論、さらにウェッブの繰り出し梯子理論（一九一一年）が出され、ドイツでも一八八〇年代に類似の理論が提唱される。しかし公私関係論は、第一次大戦前はまだ大きな関心事とはならなかった。ヨーロッパ各国で、特に社会民主主義政党が福祉国家を政策目標に掲げる一九二〇年代から、繰り出し梯子理論を中心に公私関係の論議が巻き起こる。ドイツではヴァイマール憲法の生存権理念に基づく公私関係論争が生じ、一九二六年に公私協働・分離の原則が制定され、民間福祉団体の役割と存在価値が法的に確認された。イギリスでは一九三〇年代に、ニュー・フィランソロピーの概念が提唱され、福祉国家政策の推進と従来の福祉多元主義との調整の準備に入る。

ベヴァリッジの一九四八年の『ボランタリー・アクション』は、イギリスのボランタリズムを叙述した代表作であるが、博愛と相互扶助に加えて個々人の経済的自立を説く。倹約し健全な生活設計をたてる能力育成が、ボランタリー・アクションの項目に入っている。つまりアングロサクソン系の博愛・相互扶助・自助は競合する思想でありながら、自由放任・個人主義を前提とする重層構造的な構成をなしている。イギリス福祉国家政策が世界にその名声を轟かせる一九四八年の時点で、その立て役者であるベヴァリッジが、ボランタリズムをこれほど強調するのも、ホッブズの説く「人民の諸組織」であるイギリス社会の安定が福祉多元主義の伝統に発することを熟知していたからである。同じ文化圏から国民国家として独立したカナダ・オーストラリア・ニュージーランドのアングロサクソン系諸国では、イギリス流の福祉多元主義のモデルはなお健在である。

移民の国アメリカの博愛の特徴

アメリカの博愛思想の特徴として、その建国の経緯から一七世紀以降、対外支援・移民問題に高い関心を持っていた点が挙げられる。当初は宗教団体が中心で、規模も小さかったものの、一七九〇年代から都市で黒人の相互扶助協会や友愛団体の設立が始まる。黒人の自助組織は、アメリカの社会事業では長く等閑視されてきた領域である。一八一〇年代から、負債による収監や奴隷制の廃止が州レベルで制度化されていく。一八三一、三二年に刑務所制度の視察をフランス政府から託されたトクヴィルは、アメリカのニューイングランドの共同体に、市民主導型ボランタリズムの原型を見いだしている。ニューイングランド共同体での行政委員の選出の仕組みと、タウン・ミーティングでの救貧・教育業務や道路整備等の政策決定過程は、アメリカ北部のコミュニティ組織化のモデルであった。

その一方で、一九世紀半ばからカトリックやユダヤ系移民が増加するにつれて、独自の救済組織も広まる。カトリックの場合、ミサや印刷物で法王の回勅が普及しており、移民の安らぎの場である教会の役割は大きかった。この国民国家の国境を越えるカリタスの共通認識の定着という点では、ユダヤ系移民の慈善思想も同じ機能を保持していた。さらに一九五〇、六〇年代の公民権運動やラテンアメリカ諸国の開発政策の行きづまりから特化する解放の神学等も、キリスト教の福音の本質を被抑圧状態からの解放と捉えるカトリックの普遍主義の思想の直系といえよう。

大規模型贈与の博愛事業の登場——非営利組織の原型

南北戦争を終えたアメリカは、西部開

拓と産業振興策を中心に独自の国民国家への飛躍台に立つ。戦時需要は北部の企業家に事業拡大の機会を与え、また、鉄道の建設ブームに乗って、石油精製業のロックフェラーや鉄鋼業のカーネギーは世界有数の大企業家に成長する。優れた経営手腕を持つ技術革新の第一世代の成功者達は、やがて名士のステイタス・シンボルを求めて、医科大学・図書館・博物館・美術館・公園等の設置の寄贈者になる。さらに一八八〇、九〇年代になると得意の経営ノウハウを駆使して、より広範な関連事業を組織する。大規模型贈与の博愛事業の創始者は、ギリシア・ローマの古代文明やイタリア・ルネッサンスを支えた富豪と大差はない。つまりアメリカの博愛思想の原型は、王侯・貴族の芸術活動の庇護者の発想と近似している。現在アメリカの非営利組織の原型となるのは、この大規模贈与型の博愛事業である。そこにイギリスのボランタリズムや福祉多元主義とは異なる、アメリカ独自の博愛事業思想が生まれる。かつてトクヴィルが見たピューリタン的な相互扶助や博愛とは異なり、効率や効果の査定を重視するマネージメントの発想法をすでに内に含んでいた。

この時期、アメリカでは社会進化論が時代思潮であった。カーネギーは回想録で、C・R・ダーウィン（一八〇九―八二年）の『種の起源』（一八五九年）の自然淘汰と生存競争を社会問題に適用したH・スペンサー（一八二〇―一九〇三年）を褒めちぎっている。社会進化論は、自由競争を標榜するアメリカ経済界の言説になっていた。むろんニューヨーク等で都市貧困問題が顕在化する時期だけに、自由放任主義への批判の声も挙がり、一八七九年に刊行されるH・ジョージ（一八三九―九七年）の『進歩と貧困』は、アメリカだけでも二〇〇万部も売れた。ヨーロッパでも多大な反響を呼び、フェビアン協会の設立者にも影響を与えたとされる。

イギリスに代わり第一次大戦以降、アメリカが世界秩序の覇者となり、戦後復興事業や支援活動を通して博愛事業の国際化が進んだ。つまり、一九世紀イギリス植民地政策と対になる「博愛の時代」の宣伝と、二〇世紀アメリカのマーシャル・プランに代表される「博愛と文化帝国主義」とは、カリタスのギリシア化の近・現代版と解釈してよかろう。

5　中欧・北欧の教養市民層と市民主導型ボランタリズム

アングロサクソン系と中欧・北欧との違いは、前者が一貫してボランティア・非営利組織を前提としながら制度化をするのに対し、後者は社会事業成立期から国家介入を優先させる点である。中欧・北欧の地域では、特に官僚制が早期に整備されるドイツとスウェーデン――後者はより民主化の度合いは高い――では、福祉官僚制のパターナリズムと市民主導型ボランタリズムとの思想融合が進む。以下、イギリスとは異なる半官半民型救済システムが根付く理由を探りたい。

ドイツ・プロテスタントの社会改革運動の弱さと慈善再編　イギリスやアメリカの信仰覚醒運動が示すように、官僚・上層市民への対抗文化となるのは、回心や覚醒をテコにする民衆運動であった。しかし、ドイツでは一七世紀末ルター派内で起こる信徒中心の内面的な宗教経験を重んじる敬虔主義でさえも、啓蒙思想と同様にエリートの教養の道具に転じ、農民・下層市民は領主の庇護下でルター派に属し、堅信礼準備のために覚えた聖書の暗唱を繰り返すだけであった。

世俗化はまずプロテスタントに転換を促した。中欧では初代キリスト教会の女性助祭職に倣ってT・フリートナー（一八〇〇―六四年）のディアコニッセ養成所の開設（一八三六年）や、J・H・ヴィヘルン（一八〇八―八一年）の非行少年のための施設の設立が挙げられる。ヴィヘルンは一八三三年ハンブルク近郊でラウエスハウスの設立を皮切りに、各地で施設運動を展開し慈善再編を試みる。一八四八年には全ドイツのプロテスタント各派の召集会議を開き、同時に国内伝導中央委員会を組織して社会政策を進めるものの、大衆的基盤は作れなかった。プロイセン高級官僚や大土地所有者が、中央委員会の多数派を占めたからである。したがってヴィヘルンのキリスト教社会改革の評価も、現在に至るまで揺れ動く。保守反動の反市民革命派による非行少年の教化運動にすぎないとの解釈から、隣人愛の福音としての家族共同体の再生と評価する立場まで様々である。つまり、一九世紀半ばの慈善再編は一部の内部改革者の手によるものにすぎず、イギリスのプロテスタントのような一般大衆をも巻き込む社会改革志向はドイツにはなかった。ルター派以来の国家依存の体質は拭い難く、社会政策・労働問題は官僚の仕事と見なされていたのである。

一九世紀半ばになると、教養市民層や労働者の教会離れは増加の一途を辿る。教養市民層は統一後のドイツの支配者に治まり、労働者は他国に先駆けて階級政党を組織する。理想主義・人文主義的文化を標榜する教養市民層にしろ、マルクス主義の終末論的な教義を信奉する労働者にしろ、旧態依然とした宗教に対する軽蔑の念では一致する。市民宗教が階級対立の緩衝地帯になるイギリスやアメリカとは違った。ドイツでは対立する集団内での思考・行動様式の二極化が進み、労働者も教養市民層と同様に閉鎖的な独自の世界を構築し、疑似宗教的な思想・運動を強化しながら、社会民主党への求心性を高めていく。

これに対して、カトリックの大衆獲得の方法は優れていた。カトリック聖職者の場合、下層出身者からも相当数の後継者を育てており、貧困者・労働者との交流を通しての関係形成は困難ではなかった。一八四八年市民革命以降、保守主義・反近代化路線を標榜するが、若手の神学者によって六〇年代から労働問題への取り組みが始まり、労働者協会が設立される。一八七〇年代から八〇年代初頭、ビスマルクの文化闘争の標的であったカトリックは、それだけに迫害される少数派として下層大衆との関係もより緊密になった。しかし、一八八〇年代以降に各地で拡がる労働者協会は、カトリック特有のヒエラルキーによって聖職者が指導権を独占してしまい、結局は労働者の組織化は九〇年代の社会民主党が掌握することになる。

ドイツの教養市民層と半官半民型救済システム　(1)　エルバーフェルト・システムの普及条件

ドイツのプロテスタントは、官僚主導の社会政策を容認していた。イギリスやアメリカの博愛事業思想が市民宗教に支えられて、ボランタリズムの運動論を展開させる一八六〇—九〇年代に、ドイツ一帯でエルバーフェルト・システムが急速に普及する。このシステムは中世都市の名誉職による地域政策の伝統を継承し、一八五三年にエルバーフェルトで教養市民や工場主が、行政・教会と協同で作り上げた半官半民型救済システムである。

院内収容ではなく在宅支援中心の半官半民型救済システムを普及・定着させるには、都市専門官僚と名誉職との連携が前提となる。イギリスの地方行政の名望家支配の影響は、近代官僚制の発達を阻害し、地方では一九世紀末に至っても行政改革に着手できなかった。アメリカでは一九三〇年代になってようやく社会行政機構の整備を始める。これとは対照的にドイツでは、一九世紀前半には合理的な社会行政・官僚制機構を完備する。これが官と民とが役割分担し、かつ連携するという半官半民型救済システムの類型——官僚主導への傾斜はあるとしても——を、他国に先んじてドイツが作れた条件となっていた。

(2)　ドイツ社会政策学会・講壇社会主義と社会改良運動　労働者の階級的自立の指標となる結社やギルドという言葉は、一九世紀半ばにドイツに導入される。マルクスの労働者結社はフランスから、労働者ギルドはイギリスから入ってきた。ドイツでは手工業者の同職組合を残存させた営業条例が一八六九年に改正され、ようやく近代的な雇用関係と労働組合の考えが受け入れられるが、そもそもマンチェスター学派の自由貿易論やアングロサクソン的雇用関係は定着しにくい風土であった。例えばスミスの著した人間相互の共感を強調する『道徳感情論』と、人間の行為の大半が利己心によって動機づけられるとする『諸国民の富』との間に整合性があるのか否かの論争——いわゆるアダム・スミス問題——は、この時期ドイツを中心に展開され、自由放任主義の経済思想への反省と、国民経済の発展が相対的後進国の国民国家形成に資するとの確認がされている。

またドイツの初期労働運動には、市民宗教との接点は皆無であった。一九世紀後半のドイツには、イギリスやアメリカの市民宗教的な各宗派の相互乗り入れや、自由主義・キリスト教社会主義からフェビアン協会・労働組合にまで広がる活発な人的交流がなかったものの一八八〇、九〇年代に入ると、教養市民層が中心になって社会改良運動が始まった。特に一八七二年設立された社会政策学会・講壇社会主義のリベラル派は、主流派の官僚主導の政策集団に対抗して、倫理的経済学を運動に結びつける実験に乗り出した。

その第一人者と目されるM・ヴェーバー（一八六四—一九二〇年）は、『プロテスタンティズムの倫理と資本主義の精神』（一九二〇年）で、プロテスタンティズムと資本主義経済との融合の類型を示すが、これは二〇世紀初頭のヴェーバーと彼を取り巻く有能な市民女性達による「ソーシャルワークの創出」の職業倫理にピタリと当てはまる。次章で取り扱うが、ヴェーバーは女性のための女性による工場労働監督官のポストを開発し、ベルリン女子社会事業学校の前身に当たるボランティア・グループの有力な支援者でもあった。イギリスや、ましてはアメリカのような市民宗教とソーシャルワークの強固な結合はなかったが、ドイツでもプロテスタンティズムは、ソーシャルワーク創出の職業倫理になっていた。

ドイツとスウェーデンの教養市民と労働者の関係――ドイツ的教養市民層の存在

「協会ネットワークの世紀」の市民的公共性と信仰覚醒運動の系譜は、スウェーデンでは自由教会運動という形をとった。幼児洗礼を認めず、良心の自由を尊重する聖書中心主義のバプティストと、メソディストとが自由教会運動の中核となり、国民運動を展開する。絶対王政下で行政の集権化が進み、強力な官僚制を持つスウェーデンでは、市民革命はなかったものの、一八六〇年代半ばには近代官僚制への転換に成功する。そもそも貴族支配もドイツのような身分的閉鎖性は少なく、階層間の融合は早くから進んでいた。都市の発展が遅いだけに自立する中農の政治力は強く、ドイツ的な保守主義の基盤は弱かった。教育制度も相対的に遅れていたために、ドイツのような大学中心のアカデミズム支配が成立せず、デンマークと同じく市民・農民の自主的な国民高等学校運動が発展する。

ドイツ市民社会の後進性の指標とされる「国家と一体化した知識人」である官僚・大学教授等の教養市民層は、スウェーデンにも存在したことが近年明らかにされている。ただドイツと異なるのは、スウェーデンの教養市民は中層市民や労働運動家との接触が多く、労働者文化にも教養理念が批判的に継承される傾向があった点である。ドイツではA・ベーベル（一八四〇―一九一三年）等を介して一九世紀末までは、市民女性運動左派と社会民主党員とは、公衆衛生や住宅改良・児童保護等の運動を通して交流があった。しかし、二〇世紀初頭からのドイツ社会民主党の集権化に伴って固有の労働者文化の正統性が強調され、逆に教養市民層の文化を敵視する姿勢が助長される。対照的にスウェーデンでは、イデオロギーに囚われずに政策中心の国民運動を組み立てるという、柔軟で現実的なコンセンサスが育っていた。自由教会運動・労働運動・禁酒運動の三大国民運動は会員の重複が多い上に、全国民の三分の一が関与していたとされる。また社会民主主義者や農民との交流も活発であった。この国民統合の民主的な仕組みこそが、一九二〇年代の共産党との壮絶なイデオロギー闘争からいち早くスウェーデン社会民主党が抜け出し、三〇年代初頭に資本主義でも社会主義でもない第三の道、即ち福祉国家政策を樹立する条件となったのである（石原俊時『市民社会と労働者文化――スウェーデン福祉国家の社会的起源』木鐸社、一九九六年、三一二頁以下を参照）。

カトリック社会倫理としての一八九一年の回勅――国境を越える福祉思想　カトリック教会の労働問題の指針となるのは、一八九一年のレオ一三世（一八一〇―一九〇三年）の回勅レールム・ノヴァールムである。回勅はスイス・ドイツ・オーストリア・フランス・イタリア・ベルギーの研究者を招聘してまとめた資料によるもので、ヨーロッパ大陸のカトリック神学者の総意を反映していた。富の公正な分配、労働条件の是正、組合の承認、国家の労働者保護の義務が主張され、信者は愛の実践の慈善事業にとどまることなく、社会正義のための社会改革にも努力すべきことが明示された。社会民主主義に対するキリスト教民主主義の立場を明確にした一八九一年回勅は、教会慈善の刷新と博愛事業でのプロテスタントとの協力を説き、また国家の法による社会事業を要求している。ドイツでは一八九六年カリタス協会が結成され、カトリック慈善の中央組織化を完了する。

イギリスやアメリカのプロテスタントは、博愛事業を通して市民宗教化にも成功するが、理論に関してはカトリック教義に対し、聖書に基づくプロテスタントは審判の日の釈放は信仰によってのみ成就されるとする。それは現世での個の自己決定の姿勢を促す反面、信仰の私事化をもたらしやすい。ナチスに追われアメリカ亡命する神学者P・ティリッヒ（一八八六―一九六五年）も「プロテスタント神学にとって最も困難な問題の一つは、社会倫理の問題である」と指摘する。例えばナチスの断種・安楽死問題に譲歩の姿勢を示すプロテスタント多数派に対して、ナチス支配地域でカトリックが保守主義の立場から最後の抵抗の砦になる例が多かった。カトリック社会倫理は、一八九一年回勅の「国家とは善に仕える神の下僕である」によって、国境を越えてヨーロッパ全域の信徒を結びつけた。

6　博愛事業思想から社会事業思想への転換――工業化と国民創出の課題

一九世紀末、工業化が欧米社会を貫く共通の価値となる。国民国家間の競合は激化し、帝国主義列強の時代が始まる。工業化の大競争時代の各国の命運を左右するのは、国民の資質であるとの認識が出てくる。一九世紀末、世界の工場イギリスは、アメリカやドイツの工業化に脅威を抱き始める。社会主義勢力の台頭も目立っていた。もはや自由放任と双生児関係にある博愛事業思想だけでは、社会統合は不可能であった。

とはいえ市民革命の国フランスでさえも、自由・平等の思想レベルでの理解と生活実感との落差は大きかった。一九世紀後半、なおフランス語を日常語としない国民の多さに手を焼く政府は、母国語教育を徹底する。他民族を含むモザイク状の地域では、一国型国民国家の枠組みでの統合を目ざす場合、言語・文化の共有が決め手になると確信されたのである。こうして国民国家は公教育制度を軸に言語・文化の普遍的価値を掲げ、均質な国民創出を目ざす一方で、家庭・余暇の私的生活も社会政策の対象としていった。

市民革命後の主流思想は、保守主義と自由主義の合体であり、その担い手は上層市民であった。ジャーナリズムの勃興を利用して、彼らは雑誌・新聞に自らの家族像を理想とする宣伝を展開した。労働運動・社会主義への対抗意識は露骨であった。労働者文化を認めるのではなく、市民文化だけが国民国家の理想とされた。こうして程度の相違はあっても、一九世紀末から二〇世紀初頭にかけて、市民モラルの価値を反映する公教育・公衆衛生・社会事業が欧米で制度化され、同時に設立される教員・看護婦・保健婦・保母・施設従事者・ソーシャルワーカー等のための各種養成機関と互いに連動しながら、対人援助サービスの理論形成への第一歩が始まるのである。

ここに至り国民国家は、台頭する労働運動・社会主義に対しても、社会改良運動に対しても父親のような態度を見せつつ、私的生活への国家介入を進める。救貧法・救貧院の劣等処遇の脅しと比較すれば、それは民主的な洗練された支配装置であった。自立する個を社会統合に誘うには、社会システムとそこに配属される対人援助の専門家を通して、社会資源の利用を学習させ、資源の限界を納得させる方が効果的に管理できる。ニーズの充足ができない場合は、教会や博愛事業や、ボランティアの手に委ねる。それは抑圧的な警察機能の行使による浮浪者狩りのような排除の手段よりも、市民の支持を得やすい。この明るく肯定的な「面倒見の良い国家」像から、二〇世紀型福祉国家への道まであと一歩であった。

第五章　社会事業思想と「ソーシャルワークの創出」
――ジェンダー化された職業倫理

本章では社会事業の職業化、即ち「ソーシャルワークの創出」を推進する思想・運動とその具体的な成果を取り上げる。市民女性運動は、一八八〇、九〇年代に欧米各国で盛んになる。この中期フェミニズムは、初期フェミニズムが組織力を持たず、リーダーに至っては「変人」扱いをされて社会的に葬られる例が多かったのに対し、大々的な成功を収め、社会事業を成立させる運動主体となる。市民女性運動の旗手達は、他の対人援助の職業化と同じ戦術で、「女性の、女性による、女性のための」雇用政策としてソーシャルワーカーの職業を創出する。それは、ジェンダー化された職業倫理を定着させる運動でもあった。思想・運動・制度（政策）の循環作用が本格化するのは、二〇世紀に入ってからなのである。

1　市民女性の精神的・職業的自立とネットワーク

「ソーシャルワークの創出」世代のネットワーク　欧米の「ソーシャルワークの創出」は、女性がリードする。女性の進出は博愛事業でも目立つが、一九世紀末の女性は自らの手で設立した施設・セツルメント・学校を拠点に、公的施策と連携する活動を展開する点で、「レディ」達とは違った人生を選択した。経済力があり名声もある男性の妻・娘として博愛事業をするだけでは飽きたらず、大半がプロフェショナルとなって、一九二〇、三〇年代の社会事業や教育界を率いていった。彼女達は互いの仕事を情報網を駆使して支え合ったが、こうした個人の人脈・金脈が、女縁ネットワークと呼べる形で対人援助の分野でこれほど影響を与えた時期は、その前にもその後にも見られない。女性の活躍の場が限定されていた時代だけに、パイオニア世代は有能で野心に満ちた人が多かった。彼女達は何を目ざし、何を構築し、何に固執したのであろうか。現代フェミニズムの到達地点からは、ジェンダー化された対人援助の職業化の元凶として彼女達は批判される。しかし、中期フェミニズムは、その産物「ソーシャルワークの創出」が市民女性に個の自立を意識させた点で、西欧最良の遺産である市民的公共性・市民主導型ボランタリズムの系譜の直系であることも、また事実なのである。

プロテスタンティズムの倫理とユダヤ系慈善の結合　ヴェーバーはプロテスタンティズムと資本主義経済の融合による職業倫理を示したが、「ソーシャルワーク創出」世代の思想で注目すべき点は、その職業倫理とユダヤ系慈善との結びつきである。

ユダヤ系慈善は、プロテスタントと同じく世俗化への対応が早い。流浪の民であるが故に、自立志向や適応能力は高く、特に中欧の博愛事業の先駆者の多くがユダヤ系市民であった。ロシアでの迫害を逃れて難民が中欧に流入したこと、貧しい一族の子弟に教育を保障する親族の助け合いがあること、雇用差別を考慮して医師・法律家の専門職や自営業に就く者が多いこと、これらの諸条件が有能で高学歴のユダヤ系女性を児童教育や慈善事業に誘った。フランクフルトで、人身売買の被害者である東欧ユダヤ系女性の避難所を設立するB・パッペンハイム（一八五九—一九三六年）は、ドイツ語圏のユダヤ系社会事業家を代表する。社会事業教育では、ベルリンのA・ザロモン（一八七二—一九四八年）とS・ウロンスキー（一八八三—一九四七年）の活躍が挙げられる。プロテスタント主導の社会事業界で、ユダヤ系女性が主導権を握るのは、社会事業がまだ未開拓の分野であるからである。この他にフランクフルトの公的社会事業職の開拓者J・アポラント（一八七四—一九二五年）、社会民主党右派でフェビアン主義者と交流し、ウェッブの繰り出し梯子の公私関係論をドイツに紹介するH・シモン（一八六二—一九四七年）等をあげることができる。

ユダヤ教の公正・正義の浸透度は、他宗の、特にプロテスタント系への個々人の接近の度合いによって差異がある。パッペンハイムは典型的なユダヤ教徒であったし、ウロンスキーもユダヤ教に近かった。これに対してザロモンのように、第一次大戦中にイギリスの地でプロテスタントに改宗する者もいた。ザロモンやシモンは、イギリスのピューリタニズムの倫理の影響を受けていた。ともあれ既存の女子教育や児童保護分野はカトリックとプロテスタントが牛耳っており、若いユダヤ系女性の活躍の余地はなかった。しかし、新規参入のボランティア組織や社会事業教育、あるいはユダヤ人生活困窮者を対象とする分野では、ユダヤ人差別はなかった。こうして中欧の「ソーシャルワークの創出」は、ピューリタニズムの職業召命（天職、Beruf）に接近する形で、ユダヤ系慈善の思想と運動が先鞭を付ける。

市民女性は何故に職業的自立を求めたのか　当時の社会事業に関わる女性達は顔見知りが多い。遠距離でも人的繋がりは緊密であり、情報交換を頻繁に行っていた。成立期の社会事業思想に類似点が多いのは、この人脈による。人脈には資金や情報のネットワークだけなく、活動に疲れた時の癒しの機能もあった。アダムズやザロモンは海を越えて励まし合っていたが、ここに国境を越える市民的公共性・市民主導型ボランタリズムの息吹が感じられる。「人間は自ら歴史を創る、自らの人生を自由意志で決定する」との相互の人格（ペルソナ）への信頼を、彼女達は実感している。

この他に成立期のリーダーとしてイギリスのウェッブ夫人、アメリカのアダムズや、M・リッチモンド（一八六一―一九二八年）等がいる。興味深いことに各国の社会事業成立期の顔となる彼女達は、おしなべて若い頃に神経症ないしは鬱的な症状を経験する。後年の活躍ぶりと、若い頃の沈静期とは奇妙なコントラストをなす。S・フロイト（一八五六―一九三九年）の女性ヒステリー患者の著名な症例モデルとなるパッペンハイムは、その系譜を代表する。ヴィクトリア期のレディ・モデルに彼女達は悩み、活路を女性の伝統的職業とされる聖職者や女教師以外に求めた。一九世紀半ばからの人口急増は、女性が男性よりも多いという男女比率の不均衡をもたらし、さらにここに没落する中産階層の問題が重なって、父親の庇護下でかつてのような優雅な生活ができない市民女性が増えていた。「受け身の人生か、意にそぐわない結婚か、職業的自立か」の選択を強いられる女性の悩みは深かった。パッペンハイムもザロモンも、父親の死を契機にアイデンティティの危機を経験する。彼女達は内面の苦悩を通して、「自分とは何者なのか、どう生きたいのか」を確認する作業を行わざるをえなかった。それがボランティアから対人援助の職業を開拓する者へと、彼女達を進ませる動機にもなった。

お仕着せのレディの人生を捨て、個の自立を求めた彼女達の歩みは、「ソーシャルワークの創出」

の思想的核心を示す生きた事例でもある。ナイチンゲール、ウェッブ夫人、トワイニング、アダムズ等が、富裕な上層の出身であるのに対し、ヒル、ザロモン、リッチモンドは、早くから経済的自立を強いられている。ヒルとザロモンはともに高等教育の機会を断念する。リッチモンドに至っては、生活のために売り子や事務員をしている。イギリス・ドイツ・アメリカのソーシャルワーク教育の初期の中心者――ヒル、ザロモン、リッチモンド――は、若い頃に生活苦を体験し、経済感覚や組織運営力を早くから身に付けていた。養成校の経営に資産や親族の援助を望めなかった彼女らは、人脈・金脈づくりに励むしかなかった。ヒルやザロモンが強引な経営手腕で後年批判を受けるのも、こうした背景があった。親の遺産を使い仕事に没頭できたアダムズやウェッブ夫人とは対照的である。それだけにヒルやザロモンやリッチモンドは、女性の自立の決め手として職業開拓に熱意を注いだ。二〇世紀は「児童の世紀」とスウェーデンのエレン・ケイ（一八四九―一九二六年）は宣言したが、それは同時に女性の自立宣言の幕開けでもあった。「ソーシャルワークの創出」は時代思潮として――なお多くの反対者はいたが――、幸運なスタートを切ったのである。

2　社会事業成立の指標と社会事業学校の設立

社会事業成立の指標と理論形成の条件　社会事業成立の指標とは何か。各国毎の相違はあるものの共通の指標となるのは、生活困窮に対する予防性・社会性の政策視点の導入と、ボランティアではない専門家集団の登場であろう。具体的にはソーシャルワーカーという職業の存在と、社会事業あるいはソーシャルワークという言葉の普及が、社会事業の成立を一般に認知させる。その際に大きな役割を果たすのが、社会事業学校の設立であり、そこでの理論形成であった。

社会科学と人間科学の狭間で方法論を構築する宿命を背負う社会福祉学は、社会事業成立期から常に学の性格をめぐる論争を展開してきた。論争の場は専門誌や専門職集団の会合であった。この時期の理論形成の担い手は、カトリック神学者、プロテスタント派の慈善・博愛事業の指導者、社会政策学の大学教員、新設の社会事業学校教員等であった。

特に、理論の普及ルートとしての初期社会事業学校の役割は大きい。「誰が、どこで、何の目的で」理論を形成し、「誰が聞き、どのように普及させるのか」が、教員・卒業生を通してまず開発されたからである。学校を拠点とする教員集団の教育構想、テキストの影響力、実習先の博愛事業団体と学校との繋がり、既存の女子高等学校制度のあり方、何よりも資格付与や国家試験の決定権を持つ人脈の意向が、各国の社会事業の理論形成と教育内容を規定する要因となった。

社会事業学校は、一九世紀末からイギリス・アメリカ・ドイツでほぼ同時期に設立され、一九一〇年頃には専門学校あるいは大学に組み込まれていく。やがて第一次大戦を契機に、医療・看護も含めて対人援助サービス部門が拡大され、学校数も急増した。これは欧米で共通する現象である。ドイツとアメリカが学校数・教員数において、一九一〇、二〇年代をリードした。ドイツでは、第一次大戦中に総力戦を後衛から援護するために女子社会事業学校が増設された。当然のことながら教員も学生の質もまだ不均衡であったものの、一九二〇年代に入ると、社会事業教育のレベルダウンの是正を求めて、ザロモンが中心になってブリュッセルやパリで情報交換の国際交流を組織し、ヨーロッパの伝統を生かす教育内容が模索される。一方、アメリカでは大規模模型贈与による博愛事業団体や職能団体の意向が、初期社会事業学校の理論動向の決定因となった。

初期社会事業学校には、ドイツ・イギリス・アメリカの三つの流れがあるが、以下、それを見ていこう。

ドイツ・ベルリン女子社会事業学校（一九〇八年）——大陸型の社会事業学校　ドイツの社会事業教育は、女性の雇用政策と一体化していた。ドイツが共学を禁止していたことが初期社会事業学校の形態を決した。女子高等学校制度の枠組みに保護されて、ソーシャルワークの職業を女性が独占できる条件は、市民女性運動側にも魅力的であった。女性の大学進学が制限され、政治や経済分野での活躍の余地も皆無に近い状況では、若く有能な女性は教員か社会事業分野に集中する。これがドイツ特有の母性主義フェミニズムの思想を肥大化させ、女子社会事業学校が理論形成・教育内容の拠点となる原因となった。

ザロモン率いるベルリン女子社会事業学校は、一九〇八年に二年制専門学校に昇格するが、前身は一八九三年の市民女性ボランティア・グループで、ヴェーバーも講師を務めていた。一八九九年に一年制コースになって以来、いわゆる大陸型社会事業教育のモデルとなった。アムステルダム（一八九九年）・チューリッヒ（一九〇八年）・パリ（一九一一年）・ウィーン（一九一二年）・ブリュッセル（一九二〇年）等の大陸の最初のコースは、ドイツの社会事業学校の影響を受けている。ドイツは第二次大戦勃発まで、学校数・教員数においても、理論指導者の活躍ぶりでも、他のヨーロッパの国を圧していた。特にザロモンが国際社会事業学校連盟（一九二八、二九年）の創設に尽力した関係もあって、その女性雇用策と女子社会事業学校のジェンダー化された職業倫理が、大陸の社会事業学校にも広まった。ザロモン自身は一九二〇年代半ばからリッチモンドのケースワーク理論や家族社会学の研究を開始し、社会事業教育の向上に尽力する。しかし、ジェンダー化された職業倫理は彼女の意図を離れ、保守化した市民女性運動によって、女性の天職として対人援助の半専門職化を強化する論理に転化していった。こうして女性公務員ワーカーや施設職員の低賃金・長時間労働は、「女性の、女性による、女性のための」雇用政策によって容認されたのである。

第二次大戦後、ドイツではナチス時代の亡命ドイツ人が帰還して、アメリカの援助方法論の三本柱であるケースワーク、グループワーク、コミュニティ・オーガニゼーションを、社会福祉教育の中心に置いた。しかし、福祉国家への道を歩む中欧・北欧では、結局アメリカ流の援助方法の大半は借り物の理論に終わった。一九六〇年代末までにソーシャルワークのヨーロッパ化・非アメリカ化に転じる。以来、社会問題への洞察力を培い、ニーズと社会資源の関係を取りもつ能力を高めることの二点が、社会福祉教育の原理であるとの認識が定着していった。したがって中欧・北欧では、アメリカのような臨床アプローチの頻繁な変更や、福祉政策と社会福祉理論との間の著しい懸隔は見られない。福祉国家政策を前提にしながら各制度に対応する形で、ソーシャルワーカーや施設職員等の専門性が確保されているからである。また公務員・福祉官僚がワーカーの職業像の基本となる点でも、中欧・北欧は共通する。

イギリス・ロンドン社会学校（一九一二年）　イギリスでは一八九六年に、慈善組織協会（Charity Organization Society, COS）が社会事業教育を開始したとされる。住宅改良事業で評価を受けていたヒルの構想に基づいて、COSの家庭訪問員・ボランティアを訓練することが当初の目的であった。一九〇三年に学校となり、一九一二年にはロンドン社会学校（London School of Sociology）としてロンドン大学に属し、社会科学・社会行政学部へと発展する。これと並行して、ウェッブ夫妻の尽力で一八九五年開設されるロンドン経済学校（一九〇〇年にロンドン大学、London School of Economics）も、イギリスの社会政策の理論展開に重要な役割を果たす。

以後、ロンドン大学で、マクロからミクロまでの多角的な福祉教育が試みられる。精神衛生コース（一九三〇年）、児童福祉コース（一九四八年）、ジェネリック・ケースワークのコース設置（一九五四年）等が相次いでなされた。イギリスの福祉教育の中心人物と目されるE・ヤングハズバンド（一九〇二―八一年）の詳細な報告書（一九五九年）は、アメリカの個人主義的な援助方法論とは対照的な社会サービスの一貫としてのソーシャルワーカー教育の特色をよく示している。

また、フェビアン主義の社会福祉理論の牙城として、特にT・H・マーシャル（一八九三―一九八一年）からR・ティトマス（一九〇七―七三年）、そしてR・ピンカー（一九三一年―）に至る同学部の研究系譜は、日本の社会福祉理論に最も影響を持つ外国理論となる。

アメリカ・ニューヨーク博愛事業学校（一九一一年）　ニューヨーク博愛事業学校は、アングロアメリカン系の理論・実践を代表する。一八九八年のCOS夏期コースが端緒であり、リッチモンドやアダムズも講義を担当している。一九〇四年に一年制、一九一一年に二年制になる。一九一九年にニューヨーク・ソーシャルワーク学校に名称を変更し、一九四〇年にコロンビア大学ソーシャルワーク校となる。イギリスがロンドン校を拠点に社会政策からの社会事業理論形成を試みるのに対して、ニューヨーク校は職能団体と連携するソーシャルワーク援助方法の開拓の場と位置づけられる。アメリカでは哲学・神学を学んだ思索家タイプは主導権を持てず、実務家タイプや援助方法の実践理論が社会事業界をリードする。

そもそもアメリカでは、社会事業成立期以前の段階で、すでに「科学的慈善」や「科学的博愛」の言葉が頻繁に用いられていた。新語「科学的慈善・科学的博愛」は、宗教色を後景に退かせる市民宗教の布教ともマッチした。中世の伝統に束縛されないアメリカ市民は、教会慈善と一線を画するために「科学的慈善」の言葉を好んだ。同様に博愛事業から社会事業への移行段階においても、その指標として「科学的で合理的」な理論と実践が尊重された。

ここから、アメリカの社会事業学校の科目の独自性が現れてくる。ロビー団体化した職能団体と大規模型贈与の博愛事業団体の財政支援によって、医学・法学の人学院をモデルにする専門家養成システムができる。ソーシャルワークの対象者をクライアントと呼ぶのも、この時期に定着する。さらに一九三〇年代になると、大学院教育を受けることが指導的ワーカーに望まれる段階へと入る。精神分析や臨床心理学がケースワーク理論として重用されるのも、大学院教育にふさわしい学的権威を求める教員集団の意向が反映していた。医学・法学と同じような実習教育が行われ、診断・治療・評価の過程に即して事例を分析する指導が、ソーシャルワーク校の教育の中核となる。ワスプ（White Anglo-Saxon Protestant）というアメリカ独自の価値観と医療モデルの契約概念が濃厚な援助方法論が優先された。アダムズ等のリベラルな運動論やマイノリティ集団へのソーシャルな視点の強調が、社会事業教育から排除され始めるのもこの時期からである。ソーシャルワークが利用者と援助者の関係性と価値それ自体を厳しく問われるのは、一九六〇年代になってからにすぎない。

3　社会事業理論の思想からの乖離

福祉思想と理論は、トマス・カリタス論に示されるように本来は双生児関係にある。しかし、社会科学が一国型国民国家の枠組みに呪縛されやすい時代にあっては、各国の社会事業学校の理論形成にもそれが直に反映される。社会事業学校教員達の関心は、社会事業の思想を探求するよりも、社会事業という新興の学を正統化するための理論と援助方法の開拓に傾斜していく。社会事業理論が思想から乖離することとは、何を意味するのか。対人援助の職業倫理は、どういう人間像・社会像を持つのかが厳しく問われるはずである。現在もなお未解決の思想なき理論の突出や、思想と理論の論理的矛盾は、すでに社会事業成立期に生じている。そこで以下、その原因を探ることにしよう。

社会事業・ソーシャルワークの言葉の普及　慈善・博愛事業の用語が、社会（ソーシャル）を冠する社会事業に転換するのは、第一次大戦からである。むろんヨーロッパでは、中世以来の救済システムやチャリティの名称を組織活動に使用する所が多く、統一的な概念規定は困難であったし、ソーシャルワークの用語の発祥地であるアメリカでも、ソーシャルワークの対人援助の理論・方法は、明確さを欠いていた。「ソーシャルワークとは何か」は、一九二〇、三〇年代のアメリカ社会事業理論の課題であった。貧困・犯罪・コミュニティの環境改善などの生活問題を対象とするマクロ派と、人間関係の調整に焦点を置くことで専門職化を目ざすミクロ派の論争が、一九一〇、二〇年代の社会事業界の関心事になる。「社会事業という用語は、それ自体ふたつの非常に異なる意味をもって使われている。一つは、非常に一般的な意味で、すべての市民的な活動をさす。もう一つは、特別なある職業を意味するのである」（G. Warner, American Charities and Social Work, 1930 p. 4）と。ここには、社会事業成立期の理論の混乱が如実に示されている。ヨーロッパと違って対人援助に特化する専門職化をひたすら推進する一九三〇年時点のアメリカでも、学の対象や職業像はなお曖昧なままであった。

ソーシャルワーカーの専門職化とCOS神話の登場　ケースワークの古典とされるバイステックの著作でも明らかなように、対人援助方法は慈善思想の影響を受けている。社会事業制度と対応する現物給付や施設サービスは別として、癒しや感情表出という援助方法を公的機関にどのように組み込むかは、社会事業学校の教育課題であった。アメリカのケースワーク理論が突出するまで、対人援助の方法は欧米間で相違はなかった。エルバーフェルト・システムのような在宅の救済システムのある中欧では、個別処遇の方法はそれなりに確立していた。家庭訪問、調書の形式、報告と中央組織からの指示等の手続きは、基本的には初期アメリカのケースワークと同じものである。それなのに社会福祉史では、COSの「科学的慈善」から「ソーシャルワーク創出」の過程が声高に強調され、ケースワークに特化させた歴史記述が幅を利かせた。COS神話の誕生である。COSの援助方法が優れているから、ソーシャルワーク成立の指標とされるのか、それとも別の理由があるのだろうか。

実はCOS神話は、COS発祥の地イギリスで生まれたわけではない。後年アメリカでケースワーク理論が台頭する時期に、先例として高く評価され、かつ頻繁に紹介されたことで知名度をあげている。伝統に依拠する形で歴史に遡及し、COSを援助方法論の嫡子とする神話が形成されたのである。そこには、博愛事業との違いを強調することで、専門職としてのソーシャルワーカーの地位を確保したいアメリカの職能団体・社会事業学校の意図が込められていた。COSはイギリスのCOS指導者が、アメリカで一八七七年にCOSを創設する経緯からもわかるように姉妹組織であるが、アメリカ各地にCOSが相次いで設立される一九世紀末から、両国の組織は異なる展開をみせる。アメリカCOSは、一九一〇年代から三〇年代のケースワーク理論・実践の立て役者となるが、一方のイギリスCOSはフェビアン主義と自由主義の両陣営から否定的な存在と見なされ、理論的にも活動面でも凋落の一途を辿る。

中欧の援助方法は、ドイツのエルバーフェルト・システムをほぼ踏襲する。個別処遇の方法だけが抜きんでて、社会事業実践の主柱になるような現象はヨーロッパにはない。家庭訪問による聴取・調査、ニーズと社会資源の調整、関連機関との連携、そして記述・報告に至る伝統的な方法を黙々と実施していた。つまり初期COSの援助自体は、格別優れたものでも、新たな方法を開拓したわけでもなかった。したがって大陸の社会事業学校の教育が、個別処遇の方法に特化することは、第二次大戦前はなかった。ともに個の自立を尊重するとはいえ、大西洋を挟んで社会事業の理論形成と職業倫理は異なる道を歩み出す。次節でもさらに対人援助の方法論を中心に、思想と理論の乖離がもたらす問題を考えてみよう。

4　社会事業成立期のアメリカの専門職化と理論形成

アメリカが理論形成の主導権を握るのは何故か

人間諸科学が未分化の状況では、ソーシャルワークの理論形成は難しい。第一次大戦が転機になって、対人援助に関わる看護や心理学の新興学問が、出征兵士の家族支援を担当する赤十字によって広まった。また、アメリカで志願兵に対して実施された知能検査が、資質に「問題」のある人間が大量にいると警告を発したことも、人間諸科学の研究を刺激した。それ以来、各種の心理検査が軍・学校・工場で用いられていった。人間の能力を検査用紙で、それも集団の一斉方式で測定する乱暴なやり方が普及した。児童心理学や教育心理学の名称の科目が登場し、大学での講座開設が相次いだ。一八八〇年代まで、実験心理学や医学・生理学――後の人間諸科学の基盤――の留学先はドイツであった。アメリカ人はドイツ留学によって、論文の書き方やゼミの方式を学習したのである。しかし、大戦の数か年がドイツやイギリスの研究体制を決定的に弱めた。おりしもアメリカでは、大規模型贈与の博愛事業団体の寄付によって、法学・医学の研究体制を模倣した人間諸科学の講座開講ラッシュが始まる。豊富な研究資金とプラグマティズムの思考回路は、行動科学の研究を進展させ、第一次大戦から二〇年代にかけて、人間科学は第一次研究ブームを迎えた。アメリカがソーシャルワークの理論形成の主導権を握っていったのは、こうした条件があったからである。

対人援助の専門職化と医療モデル

対人援助の専門職化のモデルは、医師であった。デカルト流の人間機械論的な医療モデルは、創設期の人間諸科学の方法論に決定的な影響を与えた。第一次大戦の最中に最初のケースワーク理論書と評されるリッチモンドの『社会診断』（一九一七年）が刊行される。「ケースワークの母」リッチモンドは、ソーシャルな視点を強調する代表者とされるが、その彼女でさえもヘレン・ケラーの師として著名なサリヴァンの治療教育の医療モデルを模倣していた。主著『ソーシャル・ケースワークとは何か』（一九二二年）は、診断・治療という枠組みで、医学の「白衣の権威」の影響を受けている。ここに、後年のアメリカの対人援助の理論形成が医学・臨床心理学、あるいは工学をモデルにした診断に偏在する兆候がすでに読み取れる。

これに対してヨーロッパでは、イギリスも含めて社会事業が個別処遇の方法論に特化することはなかった。むしろ第一次大戦を契機に社会問題を解決する視点が重視され、社会事業は医学とは距離を置く。むろんドイツ語圏でもフロイトのいるウィーンは精神分析学の拠点であったし、障害児教育の理論は医学・心理学に偏重していた。一九二〇年代はハンガリーやチェコも含めて、ドイツ語圏で治療教育学（Heilpädagogik）は最盛期を迎える。しかも、その治療教育学でさえも、非行や虚弱児の児童保護も対象に含む広義の教育アプローチが理論の主流を占めた。しかし、二度の大戦の戦場となるヨーロッパでは、優秀な研究者が大学から追われたり戦場に駆り出されたことで研究系譜の形成が妨げられた。この間にアメリカの大学は博愛事業団体からの豊富な資金を駆使して、ヨーロッパから亡命してきたドイツ系・ユダヤ系の研究者や有能な実務家を雇用し、自然科学中心の研究体制を確立する。本格的な産学協同体制は、アメリカでも一九五〇年代に始まるとはいえ、戦後の人間諸科学がアメリカニズムの圧倒的な影響下で再編される基盤が、第二次大戦中に作られたのである。

ケースワークの自己決定の原則　自由主義と人格（ペルソナ）の尊重を前提とする自己決定は、市民革命の人権思想の賜物である。しかし、「自分の人生は自分のもの」という個の生き方を容認するアメリカでは、自己決定は強者の論理でもあった。自立や自己決定の基礎力――英語・学歴・

生活資金――が欠ける人は、ケースワーカーには逸脱したクライアント（患者）であった。例えば児童相談所や家族療法のクリニックで、簡便さの故に用いられる知能検査は、中産階層の生活を体験し、英語を母国語とする人に有利な質問で構成されていたのである。

中世の歴史を欠くアメリカでは、ギルドの徒弟制職業教育や職業別組合の伝統を引き継ぐ中欧・北欧とは異なる教育養成制度を持つ。アメリカで対人援助の専門職の養成が大学に集中するのも、ギルド的な職業教育の基盤がないからである。また、アメリカは絶対王政の行政機構・官僚制を欠いたまま連邦国家を構築した。国家と個が対立する心性――依存・服従・諦め・嫌悪・抵抗――を持つヨーロッパの国民と、タウン・ミーティングでの自治が建国精神となるアメリカ国民との間では、国家観は大きく食い違った。国家によって抑圧も保護もされないアメリカ国民は、それだけに自己管理能力を鍛えねばならず、各種対人援助サービスを効率よく利用する必要性も高かった。自助の奨励は、自己防衛のために法律や予防医学に敏感な国民性を作る。若く前向きで健康的な人間像が尊ばれるのも、アメリカが最初であった。死を隠蔽し、現世を精一杯に謳歌する、この見事な中世的人間からの脱皮こそ、やがて到来する大衆消費社会の理想の人間像となる。

二〇世紀に入り未曾有の経済繁栄を謳歌するアメリカでは、生活困窮を社会問題と捉える視野が弱まる。ここにさらに社会事業教育の専門化と職能団体の専門職化との意図が相互に絡み合い、アメリカの援助方法は自己決定をキーワードとする臨床に偏在していく。それは本来の福祉思想・人権思想からは隔たった個の自立であり、自助の勧めであった。

ケースワーク理論の新たな呪縛としての精神分析

ここから何故に、精神分析がアメリカであ

れ程もてはやされたのかの理由も明らかになろう。一九〇九年にフロイトとC・G・ユング（一八七五—一九六一年）が渡米し、かつ大戦中に戦争神経症の治療に精神分析が用いられたことで、臨床ケースワークに注目が寄せられた。一九二〇、三〇年代に次々と大学院レベルの社会事業教育が始まる。その結果、専門職としてのワーカーの地位・待遇は大幅に改善されるが、専門職化は同時にクライアントとされる対象者の階層を限定させた。一九二〇年代以降のアメリカの豊かな大衆消費社会は、ケースワークやカウンセリングの顧客としてストレスに悩む中産階層を発生させている。両大戦間期に失業問題と低成長に苦悩し続けるヨーロッパとは異なり、現代的な行動様式と思考方法が、この頃すでにアメリカ社会を代表する顔になっていた。

精神分析理論の呪縛は、長期にわたりアメリカの福祉教育と援助方法を歪めていった。一九二九年の大恐慌によって深刻な大量失業に直面したアメリカは、自助努力の限界と貧困の原因を初めて認識する。三〇年代半ばからの一時期は、公的扶助ワーカーを中心にソーシャルな視点が重視された。しかし、三五年の社会保障法をさらに拡大しようとする若手ニューディール官僚の社会保障構想は、保守派の巻き返しによって挫折する。大学院を出たケースワーカーの大半が、心理学や精神分析の技術を用いる専門家におさまった。三〇年代半ばの社会的弱者や貧困者の相談業務への関心は再び葬り去られ、居心地の良い診療室でクライアントと向き合いながら、自己決定を教示する精神分析家に似た高等技術者が、一九四〇、五〇年代に流行する。アメリカ固有のプロフェショナリズムの衣を着たソーシャルワーカーの職業像は、こうして定着したのである。

5　ヨーロッパの社会事業成立期の職業倫理――アメリカとの比較

福祉官僚制の問題発生――内勤と外勤の男女の役割分担の構図　第二次大戦までは、法学や医学を学んだ男性管理職の下で働くワーカーは、圧倒的に女性であった。低賃金・長時間労働イコール女性の仕事、それも結婚前の腰掛けというイメージは、各国で共通していた。ワーカーは看護婦・保母・保健婦とほぼ同じく半専門職の地位・賃金に置かれていた。二〇年代、戦勝国イギリスも敗戦国ドイツも、男子青年労働者の失業問題に悩んでいた。大戦中に工場や役所に駆り出された女性たちは、戦後は帰還兵に職を明け渡すことを強いられた。そうした時代に進出した若い女性向けのソーシャルワーカーの雇用条件が、改善される余地は少なかった。若い女性は社会事業学校で学んだ天職としての職業倫理と、福祉事務所や施設・病院との格差に嫌でも気づく。家庭訪問をすれば、アメリカ流の自立・自己決定など役に立たない生活困窮の厳しさに直面する。靴がなくて通学できない子、早朝の牛乳配達で疲れた子、結核の母から離れがたい子、長期失業の父や兄の飲んだくれた姿しか知らない子。敗戦国ドイツやオーストリアでの家庭訪問のケース記録には、赤裸々な実態が描かれている。机の前で書類の迅速で合理的な処理を望む法学専攻のテクノクラート官僚である男性の上司と直接ぶつかるのは、良心的な現場ワーカーの女性であった。バーンアウト症候群の最初の世代は、中欧の女子社会事業学校の卒業生達であった。

イギリスも含めて福祉国家政策を維持するヨーロッパでは、ソーシャルワーカーの自由裁量や専門職性はアメリカ・モデル程も高くはない。大半が公務員か、補助や助成を受ける民間福祉団体に所属しているからである。また高度経済成長を迎える一九五〇年代まで、ヨーロッパの対人援助の専門家集団は、ロビー団体としての力を持っていたわけでもない。アメリカの臨床ソーシャルワーカーのように、高等技術者としての能力を誇示する場も少なかった。むしろ中欧・北欧では、地域市民権を尊重しつつ生活問題を背負う人間像の洞察を重視する伝統的な福祉の援助方法が、一九六〇年頃まで息づいていた。こうした内面洞察の対人援助の方法論は主体性を育み、かつ社会連帯のための公正・正義の原点となる。中欧・北欧の福祉国家思想の伝統といえよう。

ソーシャルワークの理論と倫理の相克――アメリカの他国への影響力　戦後イギリスの「ソーシャルワーク創出」の第二世代の立て役者といえるヤングハズバンドは一九五三年に、「一九〇三年以降」という題の報告で、「社会事業における主導権は……海を渡ってアメリカに移っていた。一九世紀の最後の四半世紀になって、私達はアメリカに慈善組織協会を譲り渡した。……」「一九〇三年にはロンドン慈善組織協会は、社会学校を開設した。ニューヨーク社会事業学校は、現在コロンビア大学の一部をなしており、世界的な名声を博している。私達の社会学校は消滅した。……私達は権威ある書籍も、実際に社会事業に関する一般的な文献さえも産み出しえなかった」（ヤングハズバンド（一番ヶ瀬康子他訳）『社会福祉と社会変化』誠信書房、一九七九年、八―九頁）と、アメリカに対する遅れを嘆いている。しかし、五〇年代初頭にヤングハズバンドがアメリカを褒め称えたその時期に、公的扶助ワーカーに権利としての公的扶助の援助原則を教示する好著、C・トール（一八九六―一九六六年）の『コモン・ヒューマン・ニーズ』（一九四五年）（小松源助訳、中央法規、一九九〇年）が反共宣伝の攻撃対象に曝されているのである。ヤングハズバンドが評価するアメリカのソーシャルワークの進展の背後には、高度経済成長を前提とする生活水準の向上があった。そして貧困が見えにくくなっていた。それと呼応するかのようにアメリカのソーシャルワーク系大学院は、高水準の対人援助の方法論の構築に勤しむのである。

専門職化の理論とソーシャルワークの職業倫理との相克の問題は、レヴィの『社会福祉の倫理』（一九七六年）に詳しい。アメリカの援助方法論は、第二次大戦後のヨーロッパにも導入される。イギリスほど強くないものの、中欧・北欧でもアメリカの理論は一定の影響力を持つ。したがってレヴィの専門職批判は、概ね該当する。——「専門職として職業を分類するために使われてきた基準は、従事している人々との関係よりも、むしろ社会及び他の職業との関係の面から職業を評価する傾向を持っていた」。「我々の社会における『専門職』の概念とは、記録するための概念ではなく価値や名声の概念であり、また自分の仕事つまり自己についての望ましい姿の象徴である」。「専門職という概念は、活動の範囲を記述する言葉として、ソーシャル・ワーク及び社会福祉倫理に関連する。しかしながら、その概念は半世紀以上もの長きにわたり、名声と個人の社会的地位を示唆する言葉としてソーシャル・ワーカーに根強い影響力をもってきた。多くのソーシャル・ワーカーは、自分の地位を懸念するあまり、クライアントに対する彼らの専門職としての意義を、十分に探求しなかった。専門職として認められる職業には、数多くの特権が与えられている。それ故に、実践者がその地位を獲得しようと必死になるのは当然である。しかし特に重要なのは、このような地位がクライアントに及ぼす影響である。そしてこの影響は、長い年月にわたって見落とされてきた」と（レヴィ（ヴェクハウス訳）『社会福祉の倫理』勁草書房、一九八三年、二八―二九頁）。

6　社会事業成立期の運動の興隆と低迷――中期フェミニズムの功罪

セツルメント運動の興隆とワスプ優位の人間像　移民の国か否か、これがアメリカのセツルメント運動の急速な普及を決定づけた。勤勉で、慎ましい生活と穏健な政治・宗教観を持つ中欧・北欧移民は、アメリカ人には好ましい存在であった。これは東欧・南欧の移民が大量に流入する一九世紀末から変化する。セツルメント運動の登場である。トインビー・ホール（一八八四年設立）の影響を受けて一八八六年にニューヨークで開設された近隣ギルドが最初のセツルメントである。

創設期のセツルメント運動もケースワークと同様に、ワスプというアングロサクソン系のプロテスタントの白人をモデルとする人間観に縛られていた。一八八九年からボルチモアやフィラデルフィアでCOSの仕事をするリッチモンドや、シカゴでハル・ハウスを開設するアダムズ達には、移民の同化が優先するべき課題と映った。英語教育や家事等の日常生活の規律化の学習が、良きアメリカ人となるための通過儀式とみなされた。

アメリカのセツルメント運動は女性の活動家が七割を占め、市民女性運動との強い連携の下にあった。それだけにジェントルマン支配層の価値が濃厚に残存するイギリスのセツルメントよりもリベラルであった。しかし、アメリカでも第一次大戦を境に劣等移民を阻止するという保守派の市民女性による優生思想がセツルメント運動を保守化させ、運動自体は衰退する。それと反比例する形でCOS神話とケースワーク理論が台頭する。

黒人は、初期のケースワークやセツルメント運動から排除されていた。一九〇〇年のニューヨークには、黒人はわずか二％しか居住していないし、同時期のシカゴでもエスニック集団の一〇番目に位置する少数派であった。南北戦争後も大家族制をとる黒人は、北部に雇用の場がなく南部にとどまっていた。セツルメントや社会事業学校は、北部・東部の都市に集中しており、黒人問題はそこでは顕在化していなかった（W. Trattner : From Poor Law to Welfare State, a History of Social Welfare in America. 6th ed., 1999, pp.177-180）。ニューヨークのハーレムに黒人が住むようになるのは、一九二〇年代からである。黒人の公民権や貧困問題が、社会福祉運動論や政策課題に取り上げられるのは一九五〇年代末からのことにすぎない。

労働者の安らぎの場・社会的結合の場という点では、セツルメントと労働運動は補完関係にあるといってよい。労働運動の弱いアメリカでは、セツルメントは移民労働者家族には不可欠の社会教育の場であった。しかし、よく組織された社会民主党・労働組合があるドイツや、労働者・農民の自助団体の伝統を持つフランス、地縁・血縁共同体に依拠するイタリア等では、セツルメント運動が興隆する余地は少なかったのである。

アメリカの母子・児童政策——ジェンダー化された福祉思想の典型　ヨーロッパよりもアメリカの女性は解放されていたと言われる。しかし、一八世紀末のアメリカの権利章典は、全ての人(man)が参政権を有するとしているが、それは男性であり女性ではなかった。「共和国の母」であっても、である。高等教育の機会や参政権運動への理解はかなりあったものの、自立・自助を尊重する国だけに「女性らしく自立する」アイデンティティの押し付けは、極めて強固であった。自立・自助とジェンダーの性差の強調が奇妙に結合する。社会事業成立期にアメリカで公的な生活保障として注目されるのは、南北戦争後の傷病兵と母子の年金、非行予防の児童政策だけであった。

自助と各州の自治を尊重するアメリカでは、それ故に中央集権的な社会政策は成立しにくい。ニューディール政策も、一九六〇年代の貧困撲滅策も、いずれも大統領主導の上からの改革の形を取った。むろん、二〇世紀初頭からの革新主義時代の「公的福祉のルネッサンス」(W. Trattner, 1999, p.214) は無視できない。一九〇九年のホワイト・ハウスの児童福祉会議が、ルネッサンスの幕開けとなった。慈善や博愛事業の有能な女性ボランティアが、州政府や連邦の児童福祉の長に相次いで抜擢され、連邦主導の「公的福祉のルネッサンス」を各州に宣伝する尖兵となった。こうして成年男子は「男らしく」自立する者とみなされ、その庇護から外れる母子を保護するというジェンダー化された福祉思想が、「援助に値する母親」像の価値観となって普及する。援助の美名の下で、何万、何十万もの下層女性や黒人女性が、主体的な自立の潜在能力を奪われ、「価値あるワスプ」の慣れない衣をまとわされた。アメリカ版「良妻賢母」の押し付けと一体化した女性・児童政策への反乱は、ようやく一九六〇年代に産声をあげる。

セツルメントの女性運動家の劣等人種排除の言説や、小規模な「白痴施設」を短期間で数千人も収容できる大規模な州立施設に転換させた社会防衛の論理も、上記の政策と同じ価値観に基づいていた。「自立できる者とできない者」「援助に値する者と値しない者」の類型は、二〇世紀初頭から一九二〇、三〇年代にかけて、ソーシャルワーカーや施設職員、医療関係者に拡がっていった。

ナショナリズムとボランタリズムの結合——市民主導型ボランタリズムの構造転換　一九世紀末の「ソーシャルワークの創出」は、市民主導型ボランタリズムという「博愛の時代」と同じ根の思想・運動から生まれる。しかし、一九一〇年頃からナショナリズムが台頭し、国民統合の手段として社会事業の制度化が進行する。中欧・北欧では、ドイツが率先して社会事業従事者の国家資格を定める。末端の公務員・福祉官僚として女子社会事業学校の卒業生が福祉事務所や児童相談所に配属され、政策を実施するシステムが、第一次大戦直後に完成する。アメリカのような職能団体による資格付与の権限はないが、第一線の現場にあって社会資源とニーズとの調整役を務める公務員型ワーカーを基準とする職業倫理と自由裁量の余地とが、この時期にドイツ語圏でまず確立する。

一九世紀末からの中期フェミニズムの特色は、女性の自立と保守主義の母性・家族政策とが混在する点にある。市民革命に挫折し、保守主義の支配勢力が強く、女性の社会進出もアメリカやイギリスに比べて制限されていたドイツでは、市民女性運動も妥協的な性格が目立つ。ザロモン達は女子社会事業学校を拠点にし、母性主義フェミニズムを全面に掲げ、ソーシャルワークこそ女性らしさの特性を生かす天職であるとの宣伝を繰り広げた。社会事業学校の数と理論の普及ルートにおいてドイツは権威であり、ザロモンはその輝ける星であった。したがってこの図式は、第二次大戦までの中欧・北欧でも通用する。母性を強調する社会事業の職業倫理は、「国民国家の母」の自覚を促す点で、保守派政治家・官僚・聖職者にも支持される。さらに第一次大戦の総力戦では、戦場に赴く男性を支える女性の役割を自覚させるための国内統合のボランティア動員策の思想になる。国境を越えて平等に援助の手をさしのべるカリタスの思想を継承するはずの本来のボランタリズムは、この段階で国民国家の福祉思想となって市民主導から国家主導へと、その構造転換を強いられるのである。

欧米では一九〇〇年代から二〇年代にかけて、母子・児童保護の相談員・訪問員には、女性ボランティアと有給の専従員との二種類が並存していた。女性ボランティア政策は各国で多様な形を取りつつも、ジェンダー化された対人援助の職業倫理を定着させ、同時に女性ボランティアの脇役的な配置を強化した。むろん彼女らのこまめな家庭訪問と相談業務がなければ、COS神話も母性主義的社会事業理論も普及しなかったであろう。しかし、「レディ」らしく活動することが優先され、賃金や専門職としての権限・地位には無関心を装ったことで、女性の権利意識は眠らされた。それが結果的には、社会事業に専従する女性の低賃金・長時間労働の容認に繋がっていったのである。

中期フェミニズムの母性・家族政策の連続性——市民女性運動の大衆化・保守化　一九世紀末、工業化の進展は未だ大衆消費社会の段階には程遠いものの、消費欲を煽り内需拡大を計る政策は浸透しつつあった。博愛事業は、「望ましい国民」を創出する女性の役割を社会に認識させる第一歩となった。警察や軍隊や工場労働の規律化が抑圧的であるのに対し、概ね柔和な優しい言説を用いる家庭訪問員による規律化は、効果的であった。国民創出の母たる女性の役割は、女性の公民権の代替物にすぎず、二流市民の地位を強化させるものであった。市民女性運動はこの段階から参加者が急増する。同時に、社会的認知を得たことで今や安心して活動家になる女性が増え、運動の保守化を加速させた。反面、一八八〇年代から一九二〇年代の短期間で、特に第一次大戦中の総力戦に女性が男性に代わって職場に進出したり、ボランティアに動員されたことで、公民としての女性の地位が著しく向上したことも事実であった。

つまり中期フェミニズムが「成功」した理由は、伝統的な家庭・子供・教会という生活領域の延長線上で、女性の社会進出を要求する運動方針を採用したからである。母性は中期フェミニズムの時代に、生物学的母性から社会的母性へと拡大解釈される。当時の市民女性運動の指導部の多数を占める未婚者は、社会的母性の解釈によって自らのアイデンティティを確保した。家庭での母・妻の役割が、そのまま公的領域での職業倫理に転用された。第三期とされる現代のフェミニズムにも、この母性神話の影響はなお大きい。「母親のように優しく暖かい」女性像は情動に強く訴えるだけに、いつでもどこでも誰にでも受容されるためである。

ところで一九六〇年代の未曾有の高度経済成長は、北欧・中欧の福祉国家の拡充期であり、対人援助サービス部門の雇用が急増する。アメリカ・イギリスも含めて、この時期の対人援助サービス部門には、高学歴の女性の進出が目立つ。教育の民主化によって、女性の大学・高等職業専門学校への進学率が上昇する時期でもあった。一九六〇、七〇年代の北欧・中欧の公務員の雇用拡大は、女性には魅力的であった。男女差別が少なく、安定した時間帯で働けるので、家庭との両立がしやすかった。北欧でも既婚女性の職場定着が進むのは六〇年代である。この中期フェミニズムの影響を受けていない女性の職場進出は、やがて一九世紀的な市民モラルに基づく家族形態を大きく変化させ、同時にジェンダー化された職業倫理を駆逐していく。まず離婚やシングルマザーの増加が、伝統的な女性像を揺り動かした。ここから第三期フェミニズムが開始される。

第三期あるいはポスト・フェミニズムの先駆は、一九六〇年代後半の新しい社会運動が担うことになる。一九八〇年代から始まるジェンダー研究は、男子青年労働者を世帯主モデルにして制度化された社会保険中心の福祉国家政策に初めてメスを入れる。そもそも欧米の社会福祉政策は、一人前の稼ぎ手の男性の下で庇護される女性像を前提にしており、伝統的な男女の役割分担に即して社会保険制度から排除された寡婦・貧困児童・障害者・高齢者等の弱者が、一九世紀末の社会事業の対象とされた。このジェンダーの視点は、組織化や職業化といった社会事業成立の従来の指標を覆した。未だ解決されぬ貧困のフェミニズム化が物語るように、「面倒見の良い」福祉国家が抱え込む二重構造が始めて鮮明にされたのである。

第六章　現代社会福祉思想の登場と変貌

――「より良き暮らし向き」の選択肢と生存権

第一次大戦から第二次大戦までの時代、戦争と解放、不況と失業、民主主義と価値の多様化、必然的に生じる世代間の葛藤など、新旧の思想が激しく渦巻く最中に人々は生きた。史上初の総力戦である第一次大戦は、私的生活領域への国家介入を進展させ、中間諸団体の集権化による「組織の時代」を迎える。一九二〇年代には大衆民主主義の到来もあって、「より良き暮らし向き」を求める様々な運動が輩出する。

本章では、現代社会福祉思想を代表する社会民主主義の登場と、大恐慌後の大量失業問題を契機に提起される種々の生活保障構想の意味を考えてみたい。特に社会ダーウィニズムと生存権思想が混同され、擬似的福祉国家構想や優生思想・運動が横行する一九三〇年代の近代の病理に焦点を当ててみよう。

1　社会保険と社会教育の制度化――私的生活領域への国家介入の進行

連鎖反応としての社会保険と官僚の役割　一九世紀末、ドイツ・アメリカは工業化でイギリスに追いつく。次の近代化の目標は、強健な国民の確保にあった。帝国主義の大競争時代の下で、人的資源としての人間観が生まれてくる。こうして技術導入と同様に、各国で社会政策・労働政策の調査研究が活発になる。すでに官僚・政治家だけでなく、一八四八年市民革命後の亡命者や旅行者を介して、あるいは企業家・医師を介して公衆衛生・救貧法・学校教育に関する民間情報網も形成されていたが、大半は翻訳紹介のレベルであった。しかし、帝国主義段階に入ると国際的な労働運動対策の情報収集は、国家にとって不可欠の課題となる。ブースやラウントリーの貧困調査は国境を越えて衝撃を与えていたし、労働運動は家父長的で抑圧的な社会政策に変革を迫る勢力に急成長していた。この段階から社会政策の計画に、専門官僚が権限を持って登場する。

官僚の情報収集力は際だっていた。ドイツをモデルにヨーロッパ各国が任意保険ではなく、むしろ強制保険を導入する背景には、企業の年金や私的保険の失敗例がかなり報告されていたからである。保険情報の国際化の端緒である。大戦の始まる一九一四年までの段階で、一三か国に災害保険、一二か国に疾病保険、七か国に老齢年金支給が制度化される。計三二の保険の内訳は、強制保険が一八、任意保険が一四である（G・A・リッター（木谷勤他訳）『社会国家』晃洋書房、一九九三年、八八頁）。一九一一年にイギリスで最初に失業保険が導入され、一九一三年にはスウェーデンで普遍主義的な全国民を対象とする年金保険が採用される。連鎖反応としての各国の社会保険は、通常は労働災害が、次いで疾病保険と老齢年金、最後に失業保険の順番で制度化され、カバーされるリスクも拡大するという共通点を持つ。給付対象者が漸次拡がる傾向も、各国でほぼ一致する。さらに社会保険による所得保障が公的扶助の権利性にも影響を及ぼし、劣等処遇の原則が解体される経緯も似通っている。何よりも社会保険は国民に退職後の生活ビジョンを与える点で、「想像の共同体」

を「国民の家」であるかの如く錯覚させる効果を伴っていた。

この時期はまたアメリカやイギリスだけでなく、ヨーロッパ大陸でも大衆民主主義が徐々に普及しつつあった。一八三〇年代後半のイギリスのチャーティスト運動に刺激を受けて、各国の労働運動は普通選挙法を目標に掲げた。緩慢ではあれ工業化に入るロシアでは、一九〇五年革命を契機に国会が開設される。一九〇七年にはオーストリアとスウェーデンで、次いで一九一一年にはイタリアでも、男子普通選挙権が認められる。一九一〇年にポルトガルも革命により王政から共和制に移る。ヨーロッパの周縁地域も、大衆民主主義への移行段階に入っていた。

その頃イギリスでは、長年の自由放任主義に代わって、自由主義急進派の政権が一九〇六年から一九一四年にかけて大々的な社会改革を進めていた。一九〇六年結成される労働党も一九〇八年の無拠出老齢年金法を支持し、一九〇九年には人民予算が策定される。高所得者層への増税によって財源を確保し、一九一一年国民保険法では疾病と失業の二大リスクがカバーされた。「自由主義と労働党の運命と利害は分離しがたく織り混じっている。それらは同じ原動力から生まれるものである」とのW・チャーチル（一八七四―一九六五年）の告白通りに（マーシャル（岡田藤太郎訳）『社会（福祉）政策』一九九〇年版、四三頁）、福祉国家建設がイギリスで始まる。たとえチャーチルが後年、ベヴァリッジ報告の刊行時にその内容に難色を示すとしても、福祉国家の制度化を食い止める自由放任主義は、もはやイギリスにはなかったのである。

青少年の社会化と社会教育の制度化　一九一〇年頃に何故にナショナリズムと社会政策・教育政策が結合するのであろうか。帝国主義の特徴は、下からの中間諸団体の集権化が顕著になる点であろう。国外では植民地政策が続行され、国内では主要中間団体の全国組織が確立する。社会民主党・労働組合からカトリック・プロテスタントまで、すべての領域で集権化が進む。それぞれの思想・信条は別としても、中央─地方支部─会員の序列化と、会誌発行や定期集会による情報の中央統制が始まる点では似ていた。つまり一九一〇年頃を分岐点にして、分邦主義的な中欧でも急速に国民国家の求心力が強まっていた。大衆民主主義を基盤としたこうした集権化によって、第一次大戦の総力戦体制づくりは容易になり、同時に各組織の集権化がより強化されることになる。「組織の時代」の開幕である。

人的資源としての人間観は、労働政策・社会政策のみならず、教育界にも大きな影響を及ぼした。児童・青少年の社会化が政策課題に浮上し、小中学校や職業専門学校の増設、保健所や相談機関、セツルメントや類似の労働者・市民センター、各種社会事業施設が次々と新設されていった。特に一九一〇年頃に活発になるのは、義務教育修了後の青少年の組織化である。ドイツでは軍に入隊するまでの数年が、青少年管理の空白期として問題になっていた。一方、社会主義者鎮圧法が一八九〇年に撤廃されたことで、今や社会民主党は積極的に党員獲得に動き、協同組合や労働組合主催のスポーツや余暇といった生活に密着した戦術で、地方から都会に出てきた青年労働者を党や組合に引き寄せていた。これに脅威を抱いた教会・博愛事業団体が中心になって、青少年の社会教育の制度化が要求されるようになった。

都市の男女青年労働者を対象とする社会教育は、ハイキング・スポーツ・合唱・読書会・調理等の催しを通して、ソーシャルワークと同じく時間観念、合理的・効率的な行動、身体の管理能力の向上といった規律化を強調する。中世社会が全生活をキリスト教思想で支配したように、今や新たな「揺りかごから墓場まで」の社会統合が、社会教育や児童の健全育成の名目で進行していった。

資本主義批判という点で、社会主義・社会民主主義は運動論を全面に打ち出す特徴があるが、それだけにまた保守主義・自由主義の政党政策も迅速に対応した。ドイツの社会教育の制度化は、対社会主義で結束する保守主義・自由主義の陣営の産物でもあった。女子社会事業学校が、すでに女性・乳幼児を主たる対象とするソーシャルワーク教育の拠点になっていたので、初期社会教育は主に男女青少年の学校・職場外での活動を組織した。以来、ドイツ・スイス・オーストリア等のドイツ語圏では、ソーシャルワークと社会教育の対象・目的が往々にして混同され、第二次大戦後も福祉系と教員養成系の大学・専門学校のカリキュラムや資格認定に、明確な区別がない状態が続く。その結果、青少年の社会化のみを重視する、即ち学校教員型のソーシャルワーカーと施設職員が一九八〇年頃まで大量に養成され続け、現場に少なからぬ困惑をもたらしたのである。

2　社会民主主義の思想と運動――ドイツ社会民主党の主導権

イギリスは近代化の典型なのか、それとも前近代的なのか　イギリスが「博愛の時代」を先駆したことは、すでに述べた。では、それは社会・文化の近代化においてもモデルとなるのであろうか。答えを先に言えば、ノーである。前近代的な身分遺制の有無、社会的地位の上昇の可能性、中等教育・職業教育の機会、官僚制の整備等において、一九世紀末のイギリスはすでにドイツ・スウェーデン・アメリカに遅れをとっていた。

前近代化の典型は、地代収入で生活するジェントルマンの存在である。中世末から治安判事として地方行政職務を担い、国政にも議員として交替で参画するという政治制度が続いていた。工業化もブルジョアジーではなく、土地を持つジェントルマンが主導権を握っていた。階層格差は解消せず、むしろ二極化していた。しかし、植民地から安い原料を輸入し、早期の工業化による大陸への有利な輸出によって、空前の繁栄を謳歌するヴィクトリア期のイギリスでは、労働者の生活も目に見えて向上した。労働者も繁栄の分け前に満足し、反体制運動の力は弱く、同時期のドイツと比較しても、イギリス労働者の対有権者比率は低かった。一八八四年にフェビアン協会が設立されたとはいえ、それはなお知識人のサロンの延長であったし、労働党の結成は一九〇六年と遅かった。一八六〇年代、再びヨーロッパ各地で社会運動・労働運動が活気を取り戻していた。マルクス『共産党宣言』(一八四八年)の「万国のプロレタリア団結せよ」の国際連帯の呼びかけは、一八六四年第一インターナショナルに結実する。次いで、フランス革命百周年の一八八九年、パリで第二インターナショナルが結成され、平等に比重を置く社会民主主義の国際運動が生まれるが、そこではドイツが主導権を握った。

「科学的」社会主義――擬似宗教なのか　市民革命や国民国家形成の相対的後進国ドイツで、何故に早期に労働者政党が誕生するのか。結論を先にいえば、それは労働者が社会民主党にアインデンティティと「科学的」な理論的根拠を発見したからである。イギリスが一八世紀から民衆の活発な宗教運動を展開するのに対し、ドイツではイギリスのような平信徒による活動の場はなかった。その頃、社会主義がフランスから入ってくる。教養市民層の協会・団体を飛躍台ないしは模倣して、ドイツの労働者は独自の協会活動や労働組合・党の組織化に乗り出す。財も地位も学歴もなく、工場で朝から晩まで働く労働者にとって、労働組合や党活動は自分を取り戻せる機会であった。また運が良ければ地方議員や労働組合幹部に出世する可能性もあった。

一八九一年エルフルト綱領によって、マルクス主義が党の公式理論となった。教会の教義や教養市民層の知識に対抗するために、マルクスとF・エンゲルス（一八二〇―九五年）の理論が学習会の教材になり、聖書を暗唱するかの如く徹底して読むことの意義が強調された。ヘーゲルの歴史像の進歩モデルに己の階級を当てはめ、労働者に誇りと自負を与え、党の正統性を高める戦術は成功する。プロテスタント聖職者であり、後に同党に入る一党員は、一八九〇年代の党の夕べの集会を評して、「誇張なくいうことができるのだが、これらの夕べの集まりは多くの者にとってかつて教会へ通った習慣の代わりとなるものだった」と述懐している（野田宣雄『教養市民層からナチズムへ――比較宗教社会史のこころみ――』名古屋大出版会、一九八八年、三一九頁から引用）。党と教会の活動を同次元で比較はできないとしても、イギリスやアメリカの市民宗教が労働者に与えた生き甲斐や家庭的な雰囲気を、党が労働者に提供していたことは事実であった。宗教の代替的性格としての思想・信条という点では、一九二〇、三〇年代に帰るべき共同体もモデルとなる父親像をも喪失した青年が、共産主義やファシズムの思想・運動に魅せられるのと、似通っていたともいえる。

社会民主主義の階級協調路線　(1)　社会改良か革命か　工業化・都市化に伴って、欧米では現在の生活様式の原型が、一九一〇、二〇年代にできあがる。寿命が延び、ライフ・サイクルが変化する時代の要請に即して、現役労働者を対象とするマルクスやエンゲルスの闘争的な綱領も変化する。一定の経済成長が予見でき、運動の加入者が急上昇する場合は、労働運動といえども大衆化・保守化の路線になびきやすい。堅苦しい革命的な綱領よりも、子供の養育や現役労働者の引退後の生活にも目配りする社会改良的な要素が、人気を集めるようになる。一八八九年のパリ万国博覧会の開催と第二インターナショナルの結成は、世紀末の象徴的な出来事であった。技術革新を謳歌する資本主義の展示会と、万国の労働者の国際連帯の表明は、きたる二〇世紀を進歩の時代と捉える点では一致する。「社会改良か革命か」の華々しい社会民主党内の論争とは裏腹に、労働運動もまた「想像の共同体」の傘の下での穏健な中間団体に変貌していく。

ちなみにパリ万国博覧会では、フランス革命百周年の記念事業の一環として、第一回パリ万国救済会議が開催され、フランス革命期の課題であった生存権・公的扶助のあり方が討議に付されている。

(2)　フランスの社会民主主義と社会連帯　フランスでは、共和国首相レオン・ブルジョワ（一八五一―一九二五年）が、一八九五―九六年に自由主義と社会主義の階級協調を打ち出し、利益とリスクとを平等に分配する責任と義務とを強調する社会連帯思想を政治倫理に掲げて、注目を浴びた。それは中央集権国家とアトム化された個人とを連結する中間団体による連帯を提案し、社会保険制度への強制加入の説得の論理に適用された。功利主義的な分業がもたらすアノミー状態を批判するＥ・デュルケーム（一八五八―一九一七年）の『社会的分業論』（一八九三年）の影響もあって、社会連帯は一九世紀末のフランスに「自由・平等・友愛」に代わる新たな規範として受け入れられ、労働局の設立、累進所得税の検討、労働保険や退職年金、安価で良質な住宅供給などの政策が次々と提出される。ブルジョワの社会連帯は、日本の社会事業成立期に内務省官僚にも注目された。その一方では、一九世紀半ばからのル・プレー（一八〇六―八二年）の系譜によるカトリック社会改良思想や、温情主義的な企業福祉も影響を持ち続け、福祉中進国フランスの弱点を補っていた。

3　現代社会福祉思想の成立条件としての総力戦とロシア革命

福祉国家の成立条件としては、工業化による順調な経済成長、並びに市民権意識とナショナリズムとが合体して各人の思考に定着すること、この二点がまず挙げられる。しかし、社会事業が社会福祉段階へと飛躍するには、大きな犠牲を払わねばならなかった。総力戦とロシア革命である。ヨーロッパを戦場にした大戦と社会主義革命こそ、現代社会福祉思想を成立させ、同時に変貌させる主因となる。総力戦は、「バターか大砲か」「戦争か福祉か」の単純な選択を国民に強いる。しかし、同時に総力戦は自由放任主義の貧困観を一掃し、対象を社会的弱者から全国民に一挙に拡大する段階へと福祉政策を引き上げた。

総力戦の国民生活への影響――一九世紀的なヨーロッパ世界の終焉　社会事業から社会福祉への段階を促す動因として、総力戦の意味は大きい。総力戦は、一九世紀的なヨーロッパ世界の終焉を意味する。ここでは、E・J・ホブズボーム（野口建彦・野口照子訳）『帝国の時代一八七五―一九一四』（みすず書房、一九九二年）に従って、一九世紀を一九一四年までと見なす。彼は、一七八九年フランス革命からの市民革命の時代と、一八、一九世紀の産業革命を経て、工業化された市民社会の時代が続く第一次大戦までを、「長い一九世紀」と呼ぶ。この時代の特徴は、欧米と非欧米との格差が顕著になることである。

他方で「短い二〇世紀」は、福祉国家思想・運動との関連で、三期に区分できる。まず一九一四年から一九四五年までの時期は、一九世紀的世界が終わり、新たな国家構想の模索が始まる第一期と捉えられる。戦争と革命が頻発する二〇世紀の三〇年戦争と称される時期である。第二期とみなされる一九四五年から七〇年代前半は、三つの国家構想が競合する。マルクス主義と東欧社会主義諸国、リベラリズムと大衆消費社会・アメリカニズム、社会民主主義と福祉国家の社会実験である。各々の国の形は、七〇年代半ばから緩やかに解体し始める。アメリカ社会の荒廃や福祉国家の危機は、相対的に小さいが、東欧社会主義諸国は、一九八九、九〇年の民主化革命を経て崩壊する。

以下の節では、大恐慌から一九四五年までの三つの国家構想のせめぎ合いの中で、各国の生活保障構想が「より良き暮らし向き」の選択を、国民に突きつけていく経緯を概観する。

国民生活管理の開始　総力戦は、国家による国民生活の管理を進めた。短期戦との予想に反し、長期化し戦時経済体制ができると、軍需のための資源配分から食料配給制までの統制がしかれ、官僚主導の下で国民の最低生活をどう保障するのかとする計画策定のために、社会工学的な発想が出てくる。各国の労働組合・社会主義諸政党も国際的連帯ではなく、挙国一致による総力戦体制に与するが、それは同時に総力戦の死活問題となる労働力の適正配置を通して、労使関係の同権化を促す結果をもたらした。さらに配給制や銃後の生活防衛を通して、歪曲された形ではあっても公正・正義や平等の思想が国民に広まった。戦後のヨーロッパで、労働運動・社会主義勢力が社会政策を要求し、社会秩序の回復を求める保守派の政策がそれに妥協する構図は、総力戦で育まれた「労働力政策」としての社会政策と「国民の最低限の生活保障とは何か」の問いから発していたのである。

こうして日本の第二次大戦後の民主化と同じ意味合いを持つ社会改革が、両大戦間期に始まる。政治的民主化、国際的な平和運動の組織化、東欧での国民国家の形成と、次々に実現される。国際連盟の機関として国際労働機関ＩＬＯが設立され、八時間労働等の勧告を通して加盟国の労働者保護に貢献する。希望の時代が始まったかに見えた。しかし、両大戦間期は、ヨーロッパのどの国も高い失業率に苦しみ、しかも若い世代にそのしわ寄せがいった点で、失業問題は深刻であった。前の時代に比べて経済成長率が格別低下したわけではないが、産業構造の質的転換期に当たり、労働組合に属する保護された労働者対失業者の対立が顕著になる。失業と世代間葛藤、社会主義陣営内での共産党と社会民主主義政党との対立、そして大恐慌、一九二〇年代の民主主義の実験期間は余りにも短かかった。

社会権・生存権規定と現代社会福祉思想の登場――ヴァイマル憲法　一九世紀的な自由・平等の運動目標は、今や社会権の実現へと比重を移していった。社会的弱者中心の社会事業の補充的性格と、労働能力のある者を対象とする社会保険の予防的性格が、並行して政策論議され、各国で比重に差異はあっても、両システムが統合される最初の段階を迎える。イギリス労働組合運動に発し、一八九七年にウェッブ夫妻の『産業民主制論』で示され、一九〇九年のイギリスの少数派報告で政策として提言されるナショナル・ミニマムの理論は、この時代思潮を先駆的に捉えていた。それは、まぎれもなく福祉国家への助走であった。

生存欲求は天賦の生得のものであり、不可侵の自然権である。しかし、人間が尊厳に値する生活を営む権利を持ち、国家がその責任を負うという意味での生存権は、一九一九年のヴァイマル憲法一五一条で初めて規定される。フランス革命の人権思想は、この生存権規定によって、普遍性・公平性・権利性を持つ生活保障の法的基盤を確保する。生存権が理念にとどまらなかったのは、労働権を前提にしていたからである。労働運動側も、社会保険が厳密な保険数理の原則を適用し難い制度であることや、権利としての公的扶助を認識し始めていた。こうしてカトリックの自然法に基づく生存権や、補完性の原理とは一線を画す形で、生存権保障が社会民主主義の連帯思想に組み込まれていった。現在でもアメリカ憲法には生存権や社会保障の規定はないし、イギリスでは成文憲法すらない。それだけに、ヴァイマル憲法の生存権規定は、現代社会福祉思想の起点と位置づけることができよう。

4　世界大恐慌と国民国家の新たな危機――各国の必死の選択

一九一七年のロシア革命は、社会主義の新勢力の登場を意味した。今や国際労働運動の中心はソ連に移る。さらに一九二九年、アメリカに始まる大恐慌は、一九世紀的秩序からの完璧な別離を意味した。恐慌の影響を最も強く受けたアメリカとドイツでは、国家主導の景気対策が国民の人気を集めた。行政国家への転換とケインズ経済学理論の適用は、まだ自覚されてはいないものの、大量失業という新たな危機に直面する国々では、従来の公的扶助や社会保険の制度が機能停止に陥る。この危機の時代にあって、一九三三年一月にはドイツでナチスが政権を掌握する。同年のアメリカでは、ニューディール政策が大統領選挙の公約に掲げられる。ドイツもアメリカもソ連の計画経済を意識しつつ新たな選択肢を国民に提示することで、国家への求心性を高めようとした。それは同一の問題状況からの脱出を試みる三つの異なる選択であった。

ソ連の社会主義計画経済とファシズムの台頭　一九二八年から第一次五か年計画を開始するソ連は、同時期に一国社会主義体制の宣伝材料として、労働者の掛け金ではなく、国家の財源のみによる社会給付制度を導入する。資本主義国は社会主義計画経済の「成功」を横目でにらみつつ、打開の道を模索する。大恐慌は欧米だけで三千万人もの失業者を生んだ。ホームレスが急増し、年金生活者の生活は困窮し、各地でデモが頻発した。一九三二年にまずイギリス連邦でブロック経済圏ができる。アメリカも自国防衛のブロックを形成し、国際貿易は縮小した。オーストリア・エストニア・ポルトガル等は、権威主義国家を選択する。議会制民主主義ではなく、軍・官僚・教会・地主の支配層による国家統合が目ざされた。他方ラテンアメリカ諸国では、大恐慌の直撃を受けるチリを筆頭に、ポピュリズムという人民主義の国家主導の経済開発に転換する。

ソビエト政権に対抗するためのヴェルサイユ体制は、世界秩序としては空洞化していった。この間隙をぬって、共産党とファシズムが躍進する。ファショとはイタリア語で束という意味を持ち、労働運動の団体名に用いられる言葉であった。一九二二年、B・ムッソリーニ（一八八三―一九四五年）内閣ができ、その後ヨーロッパ各地で類似の運動が形成されていった。第一次大戦後の国際情勢が、そして何よりも大恐慌が、ファシズムの温床となったことは間違いない。ファシズム政権下の自由の抑圧の代償は、生活関連サービスの充実という宣伝であった。大衆民主主義・大衆消費社会の片鱗を体験したヨーロッパでは、「より良き暮らし向き」のリップ・サービスなくしては、ファシズム政権といえども支持を失う。まずイタリアで、一九二〇年代半ばから、公社・公団方式で地域組織化が行われた。組織化に際しては、第一次大戦後の八時間労働制の導入による余暇・自由時間を組織する事業団や青少年の社会化のための事業団の他に、特に母子事業団が注目される。女性ボランティアを「福祉の志願兵」と命名し、新生児死亡率の減少を目ざして末端の相談業務につかせた点で、大衆の支持を集めたからである（北原敦「イタリアのファシズム、類似の運動」『必死の代案——期待と危機の二〇年』講座世界史6、東大出版会、一九九五年、一四六—一六四頁）。イタリア版半官半民型救済システムの模索といえる。

ドイツでは、一九三三年にナチス政権が登場する。イタリア・ファシズムが、ローマ帝国の支配原理、即ち植民地として併合する政策をとるのに対して、ナチスは「血と土」の人種政策を打ち出し、イタリア以上に擬似的な福祉国家政策を標榜する。一方、国際的な反ファシズム運動は、フランスとスペインで一九三六年に民主主義勢力を結集する人民戦線の政権をもたらした。フランス社会党のL・ブルム（一八七二—一九五〇年）人民戦線内閣は、「フランス・ニューディール」と呼ばれ、週四〇時間労働や長期休暇も構想された景気対策の実験を開始する。しかし、一九三六年のスペイン内戦を契機に、ファシズム政権の結束はさらに強まる。ドイツは軍拡による景気回復に成功し、アメリカやイギリスよりも早く不況を脱していた。一九三八年には失業率二％という完全雇用の水準に達する。フランスの人民戦線の構想と同じように、労働者の長期休暇を奨励し、豪華船による旅行や国民車の購入を勧めるポスターをばらまくことで国民生活の向上を歌った。しかし、ナチスの「バターも大砲も」確保しようとする政策は、結局は他国の侵略なくしては持続しえなかった。一九三八年にオーストリアを、さらにチェコのズデーテンを併合する。翌三九年九月には、第二次大戦に突入していった。

ニューディール政策――アメリカの選択　両大戦間期のヨーロッパが、労働権や社会保険の拡充に取り組むのに対して、一九二〇年代のアメリカは、ソーシャルワークの方法論の進展とは裏腹に、社会保障制度は低迷する。家や車を購入し、豊かな生活を謳歌する中産階層が増えるにつれて、逆に人種差別は深まっていった。また、いわゆる福祉資本主義による大企業の労務管理と福利厚生の充実が、労働者の連帯を阻害し、労働運動の組織力も弱かった。連邦レベルでの同一国民としてのアイデンティティの欠如が、普遍性・権利性を持つ社会保険のような制度の導入を妨げていたのである。

大恐慌からの脱出は、一九三三年の民主党F・D・ルーズヴェルト（一八八二―一九四五年）大統領の下でのニューディール政策によって始まり、農業調整法や全国産業復興法などが矢継ぎ早に出される。しかし、ニューディール政策は利益団体の要求を寄せ集めた政治的妥協の産物であった。結果だけ見れば、失業対策事業も含めて経済効果はさほど大きくはなかった。アメリカの景気が二九年の水準に回復するのは、四〇年末のことであった。とはいえ、ニューディール政策の政治的効果は極めて大きかった。三世紀にわたる救貧法の幕を閉じ、一九三五年社会保障法によって連邦予算による新たな社会保障政策が開始される。ただし公的扶助は失業扶助の期間が短かく、また価値ある貧民観やジェンダー化された母子・児童政策に影響されて、「半福祉国家」の域を脱するものではなかった。所得再分配という社会保障の基本課題は放置され、医師や民間保険業界の根強い反対により包括的な疾病保険の制度化は妨げられ続けた。両大戦間期のヨーロッパが社会保険と公的扶助の統合を試みるのに対し、自由と自助の建国精神を持つアメリカでは、両政策の溝が深まる結果をもたらしたことで、福祉は依然として劣等処遇のイメージのままにあった。

ともあれ「失業者に職を、子供におもちゃを」の博愛事業団体が先導する一大キャンペーンは、アメリカ国家への求心力を高める上では効果を持った。ラジオというメディアを通して大衆を操作する点では、A・ヒトラー（一八八九―一九四五年）とルーズヴェルトほど巧みな政治家はいなかった。ルーズヴェルトは、父親が家族に炉端で語るような口調でラジオ放送を試みた。

5　社会ダーウィニズムと優生思想・優生学――テクノクラートの社会実験

失業、それも長期の失業は、生活感覚や時間の観念を喪失させる。大恐慌の最中、失業者の生存権を求める声は、排他的な自国民中心主義とともすれば重複する。新旧の思想と左派右派の運動が渦巻く中で、個人も国も羅針盤を必死で探さざるをえなかった。三〇年代、自国の生存の名の下に社会ダーウィニズムと優生思想・優生学は、国家改造の救世主的な思想の様相を強める。その最も過激な社会実験は、ナチズムの断種・安楽死計画であった。

アメリカニズムとフォーディズム――柔和な顔を持つ社会ダーウィニズム　社会ダーウィニズムは、二〇年代の技術革新による進歩信仰が闊歩する時代に、様々な新思想と合体しながら、特にプロテスタンティズムの強い地域で普及する。一九世紀末からのアメリカの革新主義が目ざした社会改良運動は、その典型的な例である。革新主義の禁酒運動家が掲げる「科学的で能率的で健全な」生活目標は、二〇年代には少年裁判所や矯正教育や、幼稚園教育の目標にまで広げられた。これと歩を合わせて、人間諸科学の第一次ブームが生じ、概ね産業合理化と「組織の時代」の官僚的な秩序を確立するための学となっていく。こうした研究動向は、ヨーロッパでも顕著であった。総力戦体制で鍛えられた官僚・テクノクラート達の社会工学的発想が、平和時の政策にも適用される。彼らが目的と動機をもって「発見した社会」の設計図の下に、計画・管理の手順が整えられ、労働者家族のための生活関連施設や低廉な集合住宅建設の社会実験が始まった。この時期のウィーンやパリ等の都市改造計画は、左派右派を問わず支持された。

ハード面だけではない。作業能率を重視する心理測定法を取り入れた人間諸科学の第一次ブームも起こり、工場の効率的な配置から台所仕事の動線を配慮する住宅改造に至るまで研究対象になる。すでにアメリカでは、F・W・テイラー（一八五六―一九一五年）の主著『科学的管理の諸原理』（一九一一年）が注目をあび、仕事を科学的に分析し、時間と作業量を適正に配分し、賃金を決定するという工学モデルに依拠する発想法が、企業経営者・都市専門官僚に注目されつつあった。これは、一九三〇年代後半からの組織管理の科学、即ちアドミニストレーションの前史となるものである。

社会工学的発想の官僚が都市計画を作成し、建築家は労働者向けの低廉な集合住宅の宣伝を始める。合理的な台所の設計図から、夫婦と子供の理想の家族数、新しい性科学に基づく男女の関係のあり方や、余暇の使い方まで、ありとあらゆる現代生活の規範がこの時期の都市に押し寄せる。一九世紀的な市民モラルからの最初のおずおずとした解放が開始される。海の彼方アメリカから大衆消費社会の波が押し寄せていた。デパートのショーウィンドウをため息と憧れで眺める庶民が大半ではあったものの、欲望を肥大化させるアメリカニズムはヨーロッパ社会を浸食し始める。お金さえあれば労働者であれ女性であれ、平等に扱ってもらえる。大量の商品を売るためには、階級の差別などはない。消費、それは特に女性を魅惑した。H・フォードの大量生産様式と、テイラーの科学的管理が、日常生活を浸食し始め、消費者としての自立が賛美される。アメリカ自動車会社フォードの経営理念と生産システムを表すフォーディズムは、イタリア共産党員でファシズムと闘ったA・グラムシ（一八九一―一九三七年）の論文の表題「アメリカニズムとフォード主義」（グラムシ全集3、合同出版、一九六二年）が批判したように、アメリカの価値そのものとなる。

今や柔和な顔を持つ社会ダーウィニズムが、人々の日常生活に侵入する。競争社会に身を置いて自立を目ざす個の欲求は、不安・ストレスの温床でもあった。財布と現実の壁の前で嘆息する消費者、あるいは旧い市民モラルと新しい人間像の前で分裂の危機に陥る若者。ウィーンやベルリンで始まり、アメリカで大流行する精神分析は、新旧の価値観と競争社会に押しつぶされそうな人間の新たな宗教となった。職場あるいは男女の新しい人間関係のあり方が、新興の人間科学の研究課題に登場する。自立する個の新しい人間関係の模索は、不安・因襲から自らを解放し、自己責任において理性的に行動する人間を仕立てあげるという目標を掲げる。それはフォードのオートメーション・システムの導入による効率化と、約束される高賃金政策がもたらす新たな難問、即ち職場でのストレスや孤独と分かちがたく結びついていた。何が人間解放であり、何が私達を縛る鉄鎖の単なる交換にすぎないのかの識別は難しい。しかし、この二〇世紀に生まれた難問を、生活者を支える対人援助の職業倫理が、もはや回避できないことも事実であった。

ヨーロッパでの優生思想・優生学の流行

白人優位の人種観は、大航海時代以来のものである。しかし、皮膚の色だけでなく、顔・体型の特徴による人種理論からの差別は、一八八〇年代以降に現れる。一八五八年、ダーウィンは自然淘汰の理論を発表し、翌五九年『種の起源』を著す。神による人間の創造を根底から否定するキリスト神学への挑戦であった。やがて、生物学の解釈を超えて、繁栄を謳歌するヴィクトリア期の資本主義の競争原理にふさわしい社会の理論に変容する。即ち社会ダーウィニズムである。これは、適者生存の結果として文明の進歩を肯定する社会進化論の主流をなし、進歩の時代をリードすると自負する各運動体で、左派右派を問わず受容された。第一次大戦で多数の戦死者を出した国ほど「労働力政策」としての人的資源論には敏感になっていたこども、社会ダーウィニズムの普及要因となった。フランスと同様にドイツ・オーストリア・スイス・北欧でも、少子化対策・家族政策が重視されるようになる。こうして遺伝学・生物学・統計学の自然科学の研究方法が、人間諸科学と結びつく二〇年代に、優生思想は優生学としてアカデミズムの世界での研究対象となる。

すでに前世紀から盛んであった禁酒運動は、一九〇〇年のメンデルの遺伝法則の再発見によって、アルコール中毒症は子孫に遺伝するとの新たな科学的根拠を強調し、結核と並ぶ国民病として社会改良運動の主目標になる。禁酒運動は、こうして国民運動へと拡大する。北欧では、労働組合が積極的に禁酒と矯正教育を広める担い手になる。いわゆる健全な子孫を増やすとする積極的優生学が母子保護の分野で適用され、その一方で消極的優生学が障害者政策の目標として、社会事業界や障害児教育界の言説となる時代が始まった。

ナチズムの国家改造論――人種理論・民族衛生学と優生学の合体

ファシズム体制下での生存権保障は、理論的にはありえない。しかし、擬似的福祉国家の構想はあった。それどころかナチズムは、積極的に総合的な生活保障構想を宣伝する。ナチスのドイツ労働戦線の社会政策と、一九四〇年秋に提起された「ドイツ国民の厚生事業」は、租税を財源にする全国民の年金制度を提起していた。分立型ではなく労働者・職員・自営業者を同じ組織に統合し、世代間契約の原則を採用する点で、まさに文字通りの民族共同体・経営共同体の傘の下に置かれていた。もともとドイツでは絶対王政下の福祉思想や、ビスマルクの社会保険の制定に見られるように、パターナリズムの国家観の伝統が強い。ファシズム下では自由は大幅に犠牲にされ、生活保障に値する市民も限定される。

啓蒙思想の伝統といえる技術・進歩信仰や、二〇世紀の人間観ともいえる人的資源論は、擬似的福祉国家であれ社会主義国家であれ、継承される。ファシズム国家の人的資源論の特徴は、社会ダーウィニズムが柔和な顔をかなぐり捨てて、人種理論・民族衛生学と直結する点であろう。

若者を魅惑させるには、伝統とは明確に一線を画す新たなビジョンが必要である。ゲルマン民族の優秀さが強調され、新しい人間による国家改造こそが未来社会を創るとしたヒトラーの青写真は、単純明快なだけに多くの若者をひきつけた。例えばヒトラーの高速道路の建設は、若者を虜にするモータリゼーションを先取りしていた。ドイツの大学・高等教育機関では、人種理論・優生学が必須科目にされ、看護や社会事業や障害児教育を学ぶ学生達の多くは、洗脳教育によって人間改造のための優生学をストレートに受け入れた。「最大多数の最大幸福」というベンサム以来の功利主義モデルは、三〇年代のナチスの対人援助における専門職集団の職業倫理として頻繁に活用され、医師・教育者・心理学者・ソーシャルワーカーは、生病老死のライフサイクルをコントロールする専門職の第一世代を自負し、優良なアーリア人の理想的共同体を目ざして家族政策を推進していった。遺伝子そのものに人為的に介入することが、擬似的福祉国家の任務とされ、断種・安楽死計画に多数の対人援助の専門家が動員された。人種理論・優生学にしろ、「科学的」社会主義にしろ、それがドグマと化すや人格（ペルソナ）を持つ個々人は、歴史の進歩の前の道具に転落させられる。人間を匿名の顔なき他者として理解し、健全な民族共同体の永続を優位に置くならば、『価値なき者』の生存権を否定する対人援助の仕事も、苦痛を伴わない。ナチス人種理論・優生学が社会計画の最終目標に掲げた千年王国の夢は、一二年でついえた。しかし、第三章でトクヴィルが指摘した全生活を管理する後見人的国家や、ファシズムの擬似的福祉国家の「正常化のための排除の論理」は、冷戦体制下の東欧諸国で生き残ることになる。

危機の時代の神学　キリスト神学の神秘主義、すなわち聖霊との対話は、西欧ヒューマニズムの最高位にある。ナチズムと対決したティリッヒやR・ニーバー（一八九二―一九七一年）、あるいはK・バルト（一八八六―一九六八年）等は、二〇世紀にカリタスの息吹を伝える。ティリッヒは第一次大戦中は従軍牧師として、二〇年代はキリスト教社会主義運動に関わる。その後、ナチスの台頭によってアメリカに亡命する。人種理論・優生学に対しても、アメリカの機械論的な人間科学や組織の捉え方に対しても、ティリッヒの眼は鋭く光る。ソーシャルワーカーは「ケアを支配（Control）にかえてしまうといったごく当然の誘惑にさらされる」、「ソーシャルワーカーの患者が〝ケース〟と呼ばれている……ケースという言葉はすぐに個人を何か一般的なものにたいするひとつの例にしたててしまいます」と、批判する。職業倫理とは裏腹に、管理対象としての人間把握に陥りがちな対人援助の日常実践の矛盾を指摘している（ティリッヒ（松井二郎訳）「ソーシャル・ワークの哲学」『基督教社会福祉学研究』14、日本基督教社会福祉学会、一九八一年、一一一頁）

ティリッヒの亡命を支え、自身もドイツ移民の牧師の子であるニーバーも、三〇年代を通じてなおアメリカが、社会的弱者の問題を博愛事業団体に依存し続ける姿勢に警告を発する。博愛思想史研究の第一世代の研究者と目されるM・カーティは、当時のニーバーの見解を、「重大な社会的危機を孕む諸問題の解決を自発的慈善に委ねようとする努力は……ただ巨大な偽善を生み出すのみであり、利己的な人々を誘惑して自分たちは非利己的だと思い込ませることに終わる」（カーティ（稲垣良典訳）「博愛」『西洋思想大事典』3、平凡社、一九九〇年、五二八頁）と、まとめている。

私達は追憶を通して、死者の営みを現世に蘇らせるが、強制収容所体験を実存的な生の思想に高めたV・フランクル（一九〇五―九七年）は、自伝『フランクル回想録――二〇世紀を生きて』（山田邦男訳、春秋社、一九九八年）で、「自分がこれまで本当に偉大な思想家であったとは思えない。ただ、最後まで考えぬく人間であったとは言える」（二五頁）と述べている。ニーバーもまた、アウシュヴィッツを二〇世紀の歴史の原点と見なす。ニーバーの祈りの言葉「神よ、変えることのできないものを受け入れる平静を、変えるべきものを変える勇気を、そして変えることのできるものと変えるべきものとを識別する知恵を、われらに与えたまえ」は、神なき世界の正統性をめぐる左派右派のイデオロギー論争の果てに、国家改造のために民族浄化の「最終的解決策」まで社会計画にしてしまう近代の病理構造を、現代社会の中で問い直す際の一つの羅針盤になろう。

「自由と民主主義」を代表し、両大戦の勝利者であったアメリカ・イギリスとは異なり、ヨーロッパ大陸は加害者と被害者の二つの顔を併せ持つ。ドイツだけではない。イタリア・スペイン・ポーランド・スイス・フランスで、そして北欧でも、多くの人々がファシズムに妥協し、時には協力した。「劣等人種の子孫を抹殺する」障害者政策の支持者は、ドイツだけはなかった。ようやく八〇年代以降、ティリッヒやニーバーの投げかけた問いに、真摯に答えようとする教会の姿勢が固まってくる。こうしてフランスや北欧の施設・病院での断種の実態が、ナチズム期障害者政策の調査に触発される形で、九〇年代に解明作業を開始するのである。

6　もう一つの選択肢

社会民主主義の言葉の由来とその福祉国家論

社会民主主義とは、社会主義と民主主義を合体させたかのような言葉である。社会主義も民主主義も、福祉国家と同様にヨーロッパ産の概念である。言葉としての定着は遅く、一九世紀半ば以降である。社会主義は、一八三〇年代にオーウェンの生産手段を共同体の管理下に置く社会実験から広まった。民主主義の用語の方は、フランス革命の自由・平等を実現する政治運動を通して、普通選挙権や労働保護立法が具体化する過程で定着する。

社会民主主義の概念は、ドイツのアイゼナハで一八六九年ベーベル達が社会民主労働党を結成する頃に登場し、労働運動がドイツ社会民主党に結束する動きと並行して普及する。特に名望家・教養市民層が主導権を握る「自由民主主義」に対して、労働者が自覚的に「ブルジョア民主主義」から「プロレタリア民主主義」を分離するとの意図が、社会民主主義の概念を広めた。二〇世紀を代表する思想であるマルクス主義も、一九世紀末頃に他の類似の思想との対比の中で、概念として明確化されるのである。（西川正雄「社会民主主義——もう一つの選択肢？」『岐路に立つ現代世界——混沌を恐れるな』講座世界史11、一九九六年、一三六―一四一頁）。

ドイツ社会民主党は一八九一年にエルフルト綱領を採択し、マルクス主義を代表する党と目される。エルフルト綱領は、エンゲルスとドイツ社会民主党幹部が、マルクスの死後その意向を継承する形で作成された。一八八九年に発足する第二インターナショナルも、ドイツが主導権を握る。イギリスの社会民主連盟（一八八四年結成）や、ロシアの社会民主労働党（一八九八年）も、この流れに属していた。社会民主主義運動におけるドイツの影響は、名称だけではなく、選挙時の獲得票数でも、一八九〇年段階で六分の五を占め、第一次大戦直前でもドイツ社会民主党は四〇〇万票を集め、世界の全社会主義政党の総得票数の半数を占めていた。

さて、いわゆる修正主義論争は、社会民主主義の実態を知る手がかりになる。E・ベルンシュタイン（一八五〇―一九三二年）は修正主義を代表する人物である。彼は社会主義者鎮圧法下でイギリスに亡命、フェビアン協会の影響を受け、それをドイツに持ち込んだ。中産階層の増大と資本主義体制の柔軟な構造を前提に、議会主義を通じて社会改良による社会主義の実現を主張したのである。一八九〇年から第一次大戦までは、労働者の実質賃金の上昇期であった。社会民主党は選挙毎に躍進していた。議会主義による改良闘争への期待は、都市部の社会民主党員の地域政策の提言にも結びつく。南ドイツでは他党との選挙協力さえあった。ビスマルクの社会保険が一定の成熟段階に入り、労働者の一部はその恩恵を受けていたことも、議会主義を助長した。（山口定『現代ヨーロッパ政治史』上、福村出版、一九八二年、九二―九三頁）。

しかし、修正主義論争は一九〇三年に決着がつく。ベーベル、K・カウツキー（一八五四―一九三八年）の主流派が指導権を握り、イギリス労働党のような改良主義路線への途を閉ざす。その一方で労働組合は巨大化し、保険管理機構も含めて党内の官僚化が急速に進行する。帝国議会の選挙区に応じて地方支部が作られ、党中央との連絡には有給の書記を配置するという集権的な組織化が一九一〇年頃までに完了する。

また、ロシア革命とソ連邦の登場は、社会主義勢力を分裂させた。共産主義対社会民主主義の対立が深まり、前者がマルクス・レーニン主義を「科学的」社会主義と規定し、それに依拠して社会民主主義を攻撃した。ドイツ社会民主党は、一九二五年のハイデルベルク綱領で経済民主主義を掲げ、資本主義経済から社会主義経済への漸進的な改良を明確化することで対応する。経済民主主義の綱領は大恐慌によって挫折するものの、その構想自体は戦後ヨーロッパの社会民主党の福祉国家論の先駆けとなった。

スウェーデンの社会民主主義と第三の道　スウェーデンの封建制・身分制秩序の解体は劇的なものではなかったが、一九世紀半ばから市民革命の影響を受け、政治改革が始まる。ギルドの廃止は一八四六年、身分制議会の廃止は一八六六年である。一八七一年にはイギリス新救貧法に倣って、救貧法が制定される。

北欧の社会実験は、二〇世紀の国民国家の最良の選択と評価されている。アメリカにも日本にも定着していない社会民主主義は、一九世紀後半の社会主義・労働運動と社会改良運動との融合物である。資本主義でもなく社会主義でもないこの運動は、一九三〇年代に福祉国家論の制度・政策化にむけて本格的なスタートを切った。ドイツ社会民主党も、一九世紀末から社会改良路線を地域政策では採ってきた。しかし、公民権停止を伴う長年の救貧法のイメージが先行して、積極的な社会福祉政策提言は一九二〇年代前半に至るも存在しなかった。また社会民主党系の自助組織として設立される労働者福祉団も、宗派系の既存の福祉団体に比べると人的・物的基盤は極めて弱かった。

一八九七年のスウェーデン綱領は、ドイツのエルフルト綱領（一八九一年）と比較すると、国民政党色が目立つ。同じように社会的公正を掲げていながらも、小農・小商人・手工業者らと連帯し、かつ教養市民層をモデルとする教育運動をも肯定する点で、教条主義的なイデオロギーからはほど遠い路線を採っていた。長年にわたりドイツ帝国の支配層やカトリックと争い、独自の労働者世界を作ることで党内の結束を固めてきたドイツ社会民主党の国家観とは隔たりがあった。スウェーデンでは、労働運動が登場する以前から農民が身分制議会の中で、一定の譲歩を獲得できる対話の政治が成立していた。ソ連の社会主義とドイツのファシズムの思想潮流にも巻き込まれず、対話の政治が息づき、工業化と高い経済成長率によって労使の協調路線が堅持されてきた。何よりも革命を回避し、対話の政治を優先することの意義を、ロシアやドイツからの亡命者・難民を通して国民は実感していた。一九三〇年代に社会民主党政権が誕生する前に、すでに社会民主主義思想は協同組合と同じく国民の運動論になっていた。

国家への肯定的評価、政治的右派の弱さ、農民の活発な政治参加等が、第三の道の選択を成功させ、平等の実験が開始された。このスウェーデン型福祉国家の条件は、ほぼ北欧にも共通する。北欧の政治は、五大政党制という多党分立が基本である。それは一九二〇年代から七〇年代までの特徴であり、保守主義・自由主義・社会民主主義の勢力に加えて、農民党と共産党があった。ドイツと同様に北欧でも一九二〇年代に社会民主党が政権を執るが、なお脆弱であった。これが三〇年代に入り変化する。三二年に社会民主党政権が成立し、さらに三六年の総選挙で安定政権を樹立する。首相P・A・ハンソン（一八八五―一九四六年）の下で「国民の家」を標語に、北欧型ケインズ主義者G・ミュルダール（一八九八―一九八七年）らがブレインになって、国際政治の動乱期に小国スウェーデンは、豊富な地下資源や森林資源を駆使して、希有の幸運さを享受しつつ福祉国家を形成していった（西川正雄・松村高夫・石原俊時『もう一つの選択肢――社会民主主義の苦渋の歴史』平凡社、一九九五年、九一頁以下を参照）。

7　第二次大戦下の福祉国家構想――希望の選択

社会が不安定であるからこそ、国家による社会設計が意味を持つ。第一次大戦の塹壕戦や毒ガスの悪夢を体験した世代の記憶が生々しく残っていた一九三九年、誰も戦争などに行きたくはなかった。ドイツ人ですら、大半はそうであった。国民に希望の選択肢を与えねばならなかった。こうして制度・政策としての福祉国家の青写真が、相次いで登場してくる。

戦後福祉国家構想の主流の理論――ケインズ理論とベヴァリッジ報告　Welfare Stateの用語は、イギリスで一九三〇年代末にナチスの戦争国家との対決図式として作られた。一九四一年の大西洋憲章、一九四二年のベヴァリッジ報告、ＩＬＯの一九四四年フィラデルフィア宣言と、相次いで社会保障構想が提起される。これらは大恐慌以降の各国の危機打開のための必死の選択の後の、一大集結でもあった。何よりもイギリスの福祉国家構想となるベヴァリッジ報告のインパクトは大きかった。一九四三年タイムは「揺りかごから墓場まで」の標語を掲載し、ベヴァリッジ報告を紹介した。この短い標語こそ、戦後に向けての新秩序と「より良き暮らし向き」への夢と希望を、連合国国民にかき立てた。

労働者を対象とする伝統的社会政策の概念と救貧法のスティグマが払拭され、「貧困・疾病・無知・不潔・無為」の五巨大悪の克服・予防のために、所得保障と保健医療のみならず、住宅や教育サービスをも包括する全国民を対象とした社会保障政策が出されたのである。この既存のシステムをうまく連結する構想力と同時に、ベヴァリッジ報告の目玉となったのが、充分なナショナル・ミニマムの保障と、均一拠出・均一給付の原理であった。それが後に実際とは食い違う結果になるとしても、空爆下でのイギリス国民にとっては、現代版の福音であった。瞬く間に普及し、大陸でも兵士の間で一時ベストセラーになる。

福祉国家構想の理論的根拠は、Ｊ・Ｍ・ケインズ（一八八三―一九四六年）の『雇用・利子および貨幣の一般理論』（一九三六年）であった。ケインズ理論は、ニューディール政策の成功という情報を通して、ヨーロッパでも承認されていた。ケインズ自身はすでに第一次大戦直後のヴェルサイユ条約で、類似の案を提起していた。彼の『平和の経済的帰結』（一九一九年）と『条約の改正』（一九二二年）（ケインズ全集、東洋経済新報社、一九七七年）は、第一次大戦直後のフランスやイギリスの「自由・平等」への懐疑の書でもあった。イギリス首相の「(敗戦国がすべてを賠償する) この原則には絶対に何の疑念も存在しないのであり……ドイツは戦費を……能力の限界まで支払わなければならない」(『平和の経済的帰結』ケインズ全集2、一一一―一一二頁) や、アメリカ大統領の「論理!論理!……論理などどうでもよいのだ」、さらにはフランスの戦傷者への年金も「ドイツ政府の責務なのである」(『条約の改正』ケインズ全集3、一二二―一二一頁) といった発言に対して、ケインズは平和条約の原則が敵国への懲罰ではないこと、ヨーロッパ復興があってこそイギリス・アメリカの繁栄も確保されることを主張した。結局、ケインズの理論は、盟友ベヴァリッジの報告と合体される形で、第二次大戦後のアメリカ主導の西側の新秩序のモデルとなり、修正資本主義ないしは社会的経済市場としての混合経済を各国は目ざすことになった。

戦後福祉国家構想の傍系の理論――一九四四、四五年　先述した「危機の時代の神学」者の系譜と同様に、福祉国家構想も亡命ないしはそれに近い形で生活の場を移す研究者の影響力が大きい。戦後の新たな生活保障の理論枠組みを考案するのは、共同体を捨てざるをえなかった彼らこそ適任であった。

一九四四年、F・A・ハイエク(一八九九―一九九二年)の『隷属への道――全体主義と自由』とK・ポランニー(一八八六―一九六四年)の『大転換』が刊行される。ウィーン生まれのハイエクは、一九三〇年代に社会主義者やケインズとの論争を重ね、全体主義の過剰な国家ゲマインシャフト観に危惧を抱く一方で、オランダやスイスの小国にこそ自由社会のモデルがあるとの見解を示す。同じくウィーン生まれのK・R・ポパー(一九〇二―一九四年)は、ナチス支配を逃れてロンドン大学のハイエクのゼミに学び、『開かれた社会とその敵』（一九四五年）の執筆に取りかかることになる。プラトン・ヘーゲル・マルクスに至る歴史法則に拘泥された歴史主義を批判し、社会改良よりも革命を先行させるユートピア社会工学の一面性を指摘した。同書はハイエクの『隷属への道』とともに、戦後の東欧社会主義の批判書として注目される。

互酬と再分配の重要性を説くポランニーの『大転換』は、近年の環境保護やフェミニズム運動論の理論として再評価されている。一九二〇年代の赤い都市ウィーンの社会主義・労働運動の理論家として活躍し、一九三三年にロンドンに亡命するポランニーもまた、ポパーと同じく一九世紀文明の終焉後の道を模索していたのである。

ヨーロッパの発明品としての福祉国家の歴史的概念　第二次大戦後、まずベヴァリッジ報告をたたき台にする形で、各国は福祉国家政策の多様な社会実験を展開する。この場合、福祉国家政策と社会保障政策はほぼ重複する。社会保障の用語は、アメリカの一九三五年の社会保障法を契機とし、一九三八年のニュージーランドでの法律にも用いられ、一九四一年の大西洋憲章やベヴァリッジ報告によって、世界各国に広まった。社会保障制度は、社会保険と公的扶助を統合する一九四二年のＩＬＯの見解が、国際的な基準として普及した。

ベヴァリッジ報告に触発されて、ベルギー・オランダの亡命政権やスイスでも社会保険の再編に着手する。フランスでもレジスタンス運動の系譜から、社会保障計画の策定が一九四四年秋のパリ解放直後に始められる。しかし、平等・普遍主義の原則と社会連帯を強調するラロック計画は、工業化の緩慢なフランスで人口のなお半数を占める自営業者・農民や職員層の反対で流産する。ドイツもベヴァリッジ報告を論議するが、結局は一九五〇年代にイギリスの失敗に学びながら社会保険中心の政策を続行する。これに対してスウェーデン社会民主党は、一九四四年党大会で独自の戦後計画を採択し、戦時下の挙国一致内閣を解消して、単独政権で福祉国家を推進する体制を固めていった。

こうしてケインズ理論・完全雇用政策を目標に掲げて、一九五〇、六〇年代に福祉国家政策がヨーロッパで実施される。戦後の社会保障・社会福祉制度の収斂化という点では、ベヴァリッジ計画を導入しなかった国も含めて、それは福祉情報の国際化の象徴となった。

つまり福祉国家は第二次大戦後にまずヨーロッパの「先進国」で確立するのであるが、通常は既存の制度を修正し、新制度を追加するモザイク的な構成であった。一九世紀末から二〇世紀前半にかけて、救貧制度と防貧制度の統合過程で福祉国家像は鮮明になるが、その統合のあり方は各国の既存のシステムとの関係で多様な形がとられた。イギリスのような救貧法の解体から普遍主義を選択する国と、防貧としての社会保険制度を柱とするドイツとでは、統合の際の方向は好対照をなす。北欧はスウェーデン・モデルを踏襲し、中欧やフランス・イタリアはドイツ型社会保険制度を中軸にする福祉国家への道を歩む。したがって戦後福祉国家は、イギリス・スウェーデン・ドイツの三類型に分けられる。他国はこの三類型を参考に、既存の制度と折衷した形の福祉国家化をとる。日本では国民皆保険・皆年金制度によって、一九六〇年頃に福祉国家体制を確立する。

以上の点をふまえるならば、福祉国家の具体的な形態は、一九世紀末からの労働者の労働権の承認を契機に姿を現わし、次いで失業問題の深刻化を背景にして両大戦間期の社会保障政策や戦後の完全雇用政策を通して、労働者や国民の生存権を国家が保障する民主主義的な資本主義体制として、定着したものと整理してよかろう。つまり、現代社会福祉思想と福祉国家はヨーロッパの発明品であり、歴史的概念なのである。自由と平等、そして民主主義の思想を標榜する福祉国家の形態こそ、三〇、四〇年代の政治・経済の社会実験の試行錯誤の末に、西欧近代がなしえた最良の選択肢であった。

たとえそこでの選択肢が、家族共同体型の福祉国家思想、あるいは世帯主モデルに呪縛されたジェンダー・バイアスを持っており、近年フェミニズム運動・理論によって批判されているとしても、である。

第七章　戦後福祉改革と福祉国家思想・運動の新たな模索
――その光と影

当初、生存権思想はナショナル・ミニマムとして認識されるが、やがて高度経済成長を背景に社会民主主義の思想・運動が黄金時代を迎えるや、全国民を対象とする普遍主義と生存権思想とが合体する。次いで低成長期に入ると福祉国家危機論が自立や能力主義を打ち出して普遍主義に対抗し、さらに冷戦構造の崩壊後は福祉国家の失敗と市場への回帰を促す思潮が勢力を増しつつある。

本章では、第二次大戦後の福祉国家制度・政策の成功と、石油危機以降の低迷の二期に分けて記述し、国民国家の枠組みに基づく現代社会福祉思想の限界を指摘する。同時に、福祉国家の終焉の予測から熱い期待を寄せられる非営利組織ブームが、脱宗教化・市民主導型ボランタリズムの産物なのかどうかを、福祉思想の回帰性に照らして考えてみたい。

1　戦後福祉改革と福祉国家の相対的安定期――一九五〇年代から七〇年代前半

運命共同体の意識と平等思想の高揚　戦後の福祉国家建設における共通認識は、大恐慌をはさむ二つの大戦と、東欧諸国の脅威であった。総力戦と大規模な難民・罹災者問題は、私的生活への国家干渉のアレルギーを弱める効果があった。ヨーロッパでは敗戦国も戦勝国も、四〇、五〇年代を通して共有する生活体験を持った。生と死に直面する兵士、空爆で家を失った人、東欧からの大量難民などは、身近な存在であった。四〇年代後半は、戦勝国フランスや中立国スイスの子供達でも、白いパンやバターを口にする機会はまれであったし、イギリスでもパンとポテトは配給制で、肉の配給量は戦時中よりも少なかった。敗戦国では街のあちこちに瓦礫の山が放置されていた。ヨーロッパ復興のために、一九四八年―五二年にかけて行われたマーシャル・プランや、アメリカの博愛事業団体の海外支援は、豊かで民主主義の国アメリカのまたとない宣伝になった。

人々は、生活困窮・不安の軽減を求めて、運命共同体的な意識を持った。冷戦の兆候は、西側陣営の危機感を高めていた。自由と民主主義の標榜だけでは、社会主義に対する西側の優位を証明することはできなかった。危機管理は資本主義経済の維持だけでなく、「面倒見の良い国家」の顔を国民に示すことでのみ、万全となると考えられた。教育・医療・福祉・住宅サービスの充実は、政治信条を越えて人々の支持を集めた。そこに「飢えと疾病と障害からの解放」を目ざすベヴァリッジ計画が鳴り物入りで宣伝される。イギリスで一九四八年に実施された国民保健サービスは、貧農や下層労働者には吉報であった。平等な医療を保障するこの普遍主義モデルは、戦時下で空爆と窮乏生活に耐えたイギリス国民が待ち望んだものであった。むろんドイツ人も同様に空爆下で、「戦時は節約して、戦後に家を建てよう」式の住宅政策のスローガンを聞かされていた。こうして大量生産・大量消費のアメリカニズムが、今やヨーロッパ復興の社会計画の信条と折り重なって、人々の生活に浸透していく。

イギリスとスウェーデンの普遍主義の福祉国家モデルの普及

一九四六年三月チャーチルが、

北のバルト海から南のアドリア海まで大陸を横切って鉄のカーテンが降ろされたと評した冷戦体制は、共通の文化圏に属している中欧を分断した。同年、世界銀行とIMF（国際通貨基金）が業務を開始し、さらに四八年からはGATTの貿易の自由化も相まって、ヨーロッパ各国はアメリカ主導の高度経済成長路線を追認する。つまり冷戦体制は、福祉国家のためのパイを確保する経済政策を促進する効果があったといえる。

イギリス保守党の暮らしが「こんなによかったことはなかった」という一九五九年の選挙戦での述懐は、しかし、二〇世紀初頭から福祉国家政策を先導してきたはずのイギリスには必ずしも当てはまらなかった。豊かな社会の底辺で、失業者や旧植民地からの移民が「新たな下層民」となりつつあった。植民地が次々に独立し、中近東の権益も失ったイギリス帝国主義の支配の代償は大きかった。後進地域への輸入に依存する体質は、容易には変更できなかった。また労働組合の圧力と、経営者と技術者間の壁の大きさが、ドイツや北欧と比べて著しく劣る職業教育制度の改革を妨げた。イギリス病なる言葉通りに、ケインズ主義の採用と数年後の修正、所得比例の導入と産業政策との併用、そしてケインズ主義の放棄への過程は、石油危機を境にアメリカや日本で福祉国家危機論の格好の事例として引き合いに出されることになる。

五〇年代末からイギリスに代わって普遍主義の福祉国家モデルとして他国に注目されるのが、スウェーデンであった。一九六〇年のミュルダール『福祉国家を越えて』（北川一雄監訳、ダイヤモンド社、一九六三年）は、戦後福祉改革を標榜する各国で広く読まれた。イギリスでは労働党政権下で炭坑などの企業の国有化が進み、組合が官僚的体質を持ったことで労働運動は衰退するが、北欧では企業の国有化ではなく、大幅な累進課税や財政措置によって経済的平等が追求された。一九四六年に国民基礎年金の大幅引き上げが、一九五九年には国民付加年金法が制定され、イギリスのような形式的平等ではなく、また過去の拠出に関係なく普遍主義的サービスを徹底させた。労働政策から出発した社会保険は、ここにおいて労働市場外の人々、例えば主婦や障害者をも包摂する。このスウェーデン・モデルをデンマークとノルウェーが、少し遅れてフィンランドが導入する。こうして所得調査やスティグマを伴わない結果の平等に向けての壮大な社会実験が、一九六〇、七〇年代の北欧の高度経済成長と政治的安定を前提に進展していった。

中欧の福祉国家政策――ドイツ型への収斂化　フランスや中欧の戦後福祉改革は、中産階層育成策を優先させる点で共通している。罹災者や東欧から流入するドイツ系移住民の悲惨な実態は、ドイツやオーストリアで、あるいはオランダ・デンマーク等の難民受け入れ先の国々で、自由と民主主義を防衛する必要を実感させると同時に、平等で普遍主義的な教育・医療・福祉・住宅サービスを要求する運動を高揚させた。さらに物価スライド制を採用したドイツの一九五七年の年金改革は、ドイツ型社会保険制度への第二次収斂化を招いた。すでにイギリスの公的年金制度の均一拠出・均一給付の原則が、悪しき平等主義として批判されていた時期でもあった。年金の世代間契約は、社会契約の現代版であり、国民の連帯の表明である。それはまたベルリンの壁によって、東西の緊張が高まる六〇年代初頭の西側社会のまたとない安定装置になる。工業化が遅れ、自営業者・農民がなお半数を占めていたためにラロック計画をも挫折させたフランスでも、一九六〇年代を通じて、近隣諸国の社会保障制度の水準に追いついていく。

さて、賦課方式の年金制度は、原理的には三世代の社会連帯を意味する。現役世代は、前の世代の年金拠出と、後の世代の育児・養育の二重の負担を課せられる。老人扶養がすでに社会化していたのに対し、育児はなお個人化されている点で不均衡が生じた。北欧に比べるとパターナリズムの権威主義的な家庭像に縛られた女性が多いドイツ・オーストリア・スイスで、あるいはカトリック圏のフランスで、そして少し遅れてイタリアでも、家族の急激な変化と離婚の上昇が生じ、七〇、八〇年代に女性に不利な年金制度改革や青少年教育の施策改善が、社会福祉運動論の課題として浮上するようになる。

戦後の福祉国家論の動向——収斂理論から国際比較研究へ　国民国家の形成期のモデルがフランス革命だとすれば、国民国家の成熟期のモデルとなるのは戦後福祉国家であろう。アンダーソンの『想像の共同体』は、国民国家は移植されやすい統合形態であると指摘する。国民国家が工業化とセットで他地域に移植される場合、後発国はより合理的・効率的に経済成長の条件整備ができる。ヨーロッパや日本の戦後福祉改革の思想として移植されるのが、戦後秩序の指針とされる大西洋憲章やベヴァリッジ報告であった。一九五〇、六〇年代の未曾有の高度経済成長は、各国の従来の社会保険や対人援助サービスの諸制度を集権化させ、普遍主義を重視する政策をもたらし、給付水準やサービス内容を向上させた。ここにおいても産業化の進展が類似した福祉国家政策をもたらすとの収斂理論は該当する。

しかし、H・ウィレンスキー『福祉国家と平等』（一九七五年）（下平好博訳、木鐸社、一九八四年）に代表される収斂化説は、製造からサービス業あるいはハイテク産業への移行を重視する反面、各国の政治・経済制度や経営方法等の影響を軽視しやすい欠陥があった。ウィレンスキー自身は、福祉国家の多様な生成過程にも言及しているものの、マクロな財政面での国家の失敗を強調する福祉国家危機論が登場するや、社会保障費の増大に集約されがちな収斂理論は衰退する。代わって、政治的要因を重視するG・エスピング＝アンデルセンの権力資源動員論や、P・フローラ達の福祉国家の国際比較研究グループの成果が注目されるようになる。権力資源動員論では、特に労働組合運動の動員が重視される。即ち人・資金や、議会での議席、組閣への影響などである。これは貧富の格差を是正する平等を重視し、再分配政策を進める社会民主主義勢力が国民政党化している国に該当する理論である。

ちなみに社会民主主義勢力が弱い地域では、保守主義・カトリック勢力が戦後福祉改革の初期段階の担い手になる。例えば、ドイツ・オランダ・オーストリア・ベルギー・イタリアではカトリック系政党が、労働者の支持をめぐって社会民主主義政党と争奪戦を展開しながら、福祉国家政策を実施する。また植民地では保守主義勢力が、一定の革新性を示す場合が多い。古くはイギリス本国に対するアメリカの独立戦争が、近くはニュージーランド（一八九三年）とオーストラリア（一九〇二年）の女性参政権や、一九二八年のニュージーランドの社会保障制度の実施の早さが、例に挙げられる。それだけに中欧・北欧に比べて、福祉国家の危機に対する不可逆性は弱い。

コーポラティズムの定着と社会民主主義の思想・運動の黄金時代　合衆国の二大政党制とは異なり、ヨーロッパでは市民革命以来の保守主義・自由主義・社会主義の各思想を背景に、各階層を代表する政党が保持されている。中欧でも北欧をモデルに、五〇年代に共同決定による参加の平等化が、各界の利益を代弁・調整するコーポラティズムを推進させ、集権性と分権性の両面で多元的な組織再編がなされた。コーポラティズムは、所得保障や減税、社会保障の拡充を労使双方に約束する新しい社会契約の形であり、特に北欧・中欧で定着する。西ドイツでは社団国家の伝統を継承しつつ、それを克服する形で各政党が下部組織から政策を積み上げ、地方政府・中央政府間の政策決定過程を通して制度化する「組織された民主主義」を、六〇年代には確立させる。

例えば北欧をモデルに、一九五九年ゴーデスベルク綱領によって労組依存からの脱却を目ざしたドイツ社会民主党は労働運動論を保持しつつも、七〇年代に入ると、六八年世代の知識階層・青年層・公務員の獲得に成功し、国民政党化を実現する。同時期、中欧やフランスの保守主義・キリスト教系政党も、社会保障政策では社会民主主義政党に歩み寄る。つまりヨーロッパの福祉国家政策は、アメリカにも日本にも根づかなかった社会民主主義の労働運動論との拮抗関係の中で成熟したといえる。福祉国家危機論への反論として出される福祉国家の不可逆性とは、社会（福祉）運動が関与するルートが「組織された民主主義」ないしはコーポラティズムに恒常的に組み込まれている点を前提とすることは、銘記されねばならない。

高度経済成長期、順調に社会福祉へのパイの分け前は拡大する。五〇年代、老朽化した施設の改善が始まると、隔離され、しかもプライバシーのない施設・病院への批判が噴出し、北欧がまず居住型のモデル施設の設立に着手する。それを中欧・イギリスで模倣する形が、六〇年代から七〇年代前半に生じた。この間にヨーロッパでは主に、社会民主主義政権が福祉政策を推進し、保守党やキリスト教系福祉団体との間でコンセンサスが形成される。社会民主主義の思想・運動の黄金時代が到来した。福祉国家思想は定着したはずであった。

2　戦後福祉改革の成果としての対人援助サービスの拡充――私的生活の重視

プラグマティズムと人間諸科学の第二次ブーム　二〇世紀の人間諸科学は、アメリカニズムとプラグマティズムに強く規定されている。アメリカの人間中心主義の謳歌とフロンティア精神は、やがて現実生活に即して問題解決の筋道を考える知性と行動力を高く評価するようになる。いわゆるプラグマティズムである。イギリスの功利主義・経験論や、社会ダーウィニズム・社会進化論の影響を受けつつも、同時に科学的・分析的で問題解決型の思考を広めていく。プラグマティズムの代表者J・デューイ（一八五九―一九五二）の民主主義・進歩主義教育観は教育学に限定されず、児童心理学・教育心理学・障害児教育学などの新興の人間諸科学の人間観でもあった。プラグマティズムはまた、行動主義の理論の温床にもなる。その条件反射を主とする機械論的な人間観によって、人間諸科学は以前にもまして人間像の全体ではなく、その一部を切り取って研究する傾向を強めていった。

戦後福祉改革が、ヨーロッパでは福祉国家政策を意味するのに対し、アメリカの施策の重点は個の自立のための対人援助サービスに関する方法の開発に向けられた。一九六四年の公民権法制定を皮切りに、黒人・マイノリティ集団の不利な教育への改革案が相次ぐ。「環境か遺伝か」の教育論争を巻き起こしつつ開始された早期教育であるヘッドスタート計画は、当初は能力主義教育を目ざすものの、やがては乳幼児や障害児の早期療育プログラムへと発展する。連邦や大規模模型贈与の博愛事業団体からの研究資金が、早期教育方法の開発に注がれた。その背後には、ソ連との人工衛星打ち上げ競争に敗れたスプートニク・ショック後のアメリカの対ソ連戦略があった。連邦主導の核兵器や宇宙開発の研究が始まり、軍部・産業界・教育界の恒常的な癒着体質ができる。産業と教育界との技術革新の巨大な権力網が形成される。

これは一九六〇年代の欧米の人間諸科学の第二次ブームに引き継がれる。医学や工学の研究手法が人間科学・社会科学に大幅に導入された。理想主義やヒューマニズムは、思想としては批判的でありえても、複雑な人間行動を科学的に分析する人間科学の方法論の前では対抗力を失う。従来の「非科学的な」経験やカンに頼りがちな援助方法を脱却し、看護学や障害児・乳幼児関連の対人援助がマニュアル本になり、アセスメントやフィードバックがしやすい形に変わる。こうして七〇年代以降から対人援助の専門家養成は、学部・大学院が主流になる。

ヨーロッパの対人援助サービスの拡充期――六〇年代から七〇年代前半　おりしも欧米や日本では、対人援助サービス部門の雇用拡大の段階に入り、かつ教員養成や福祉・看護系の学部・大学新設が相次ぎ、人間諸科学の第二次ブームを双方で支え合う。公的部門の職員・医師・看護婦・保健婦・障害児教育教員・セラピスト・保母・ソーシャルワーカーなどの対人援助サービスの（半）専門職集団が、大量に輩出される時代を迎えた。アメリカでは五〇年代、女性の大学進学が増えるが、家政学部や教育・看護・ソーシャルワーク系が大半であった。少し遅れてヨーロッパでも女性の進学率が上昇する。女性の社会進出は、まず北欧で六〇年代に入ると当たり前のことと認識されるようになり、それに近隣諸国が続いた。どの国でも職種として対人援助サービスの分野が好まれた。

　さて、対人援助の専門職といっても、プロフェショナリズムの用語自体は、アメリカの職業社会学の概念が大きく影響している。国家資格型が主流のヨーロッパに対し、アメリカは職能団体が専門職化の基準や教育養成のあり方を左右していた。アメリカのソーシャルワーカーの活動領域・地位・方法は、中欧と比べると限定されるが、それに見合った給与加算がある。方や、ヨーロッパでは概ね公務員かそれに準ずる職種であり、半専門職の地位がほぼ確定している。

　六〇年代からの対人援助サービスの拡充は、さらにソーシャルワーカーとそれに類似する職種の教育養成との区別が、不明確である、あるいは峻別しすぎるという問題点を鮮明にした。対人援助サービスの拡充期は、養成にあたる教員・研究者数が急増する時期でもあった。新興の人間諸科学ほど、各自がその専門性を声高に主張する傾向が強い。その典型的な例は、五〇年代末からドイツ語圏で活発になる社会教育学と社会福祉の華々しい論争である。これは自身の属する機関・大学の陣取り合戦のような意味合いがあった。もしも、一九世紀末の二つの養成課程の制度化に遡及すれば、何よりも他国の学校制度と比較すれば、対人援助の職業養成がかくも細分化されたタコ壺型になるに至った原因が明らかになったはずである。この歴史的背景は無視されたまま、不毛な論争が八〇年代前半まで続く。

アメリカの援助方法論の最盛期と私生活の重視——五〇、六〇年代　テレビの普及と、一九五〇、六〇年代のニュータウン計画は、生活様式の画一化・平準化を加速させた。大衆消費社会の格好の宣伝道具となるテレビは、私生活の真ん中に座を占めるようになる。街に散乱していた戦争の爪痕が取り除かれ、生活が目に見えて向上するにつれて、アメリカ流の楽観的な近代化論が各地で勢力を伸ばす。元来、欧米思想は人間を歴史の主人公に持ち上げようとするギリシアの人間中心主義への回帰が強い。自由と人格（ペルソナ）の尊厳を重んじるはずの人権思想は、楽観的な技術革新の進歩信仰に座を明け渡していく。

戦後福祉改革期は、アメリカでは援助方法の最盛期に当たる。一九三〇年代半ばから本格化するケースワーク理論の競合は、以来五〇年代を通じて大学院を拠点に、診断主義派と機能主義派の論争としてにぎわう。クライアントの問題を中心にして事例に集中する診断主義と、機関の機能に対応しながら個の自立を促す援助を進める機能主義との対立であった。しかし、五〇年代に心理学に偏重したケースワークを脱して、「リッチモンドに帰れ」の見解が現れ、さらに六〇年代末になるとソーシャルワークの統合化へと、アメリカでの援助方法論は次々と新理論なるものを生み出し、めまぐるしく変遷を繰り返していく。

同時期、ヨーロッパでも総合的な援助方法への転換が始まった。ヨーロッパでは五〇年代からドイツを筆頭に、アメリカのケースワークとグループワーク、そしてコミュニティ・オーガニゼーションの三本柱が、社会福祉教育の主要科目とされた。むろんこうしたバラバラの科目の形で、しかも輸入された理論では、教育効果はあがらなかった。六〇年代末からヨーロッパは抜本的見直しを始め、各国独自の、それも地域福祉型の統合化された援助方法論が志向される。コミュニティ・ケアの進展を目ざして、六八年にイギリスではシーボーム報告が出される。同じ頃に中欧でも類似の指針の下に、福祉系専門学校が大学に昇格し始め、総じて社会福祉教育全体のレベルは向上する。

3　福祉国家の相対的安定期から危機の時代へ

戦後福祉改革の社会像の矛盾――「耐乏社会」対「豊かな社会」

現代福祉国家の形態は、一九三〇、四〇年代の試行錯誤の末に人類が選び取った知恵である。それは「耐乏社会」のリスクや生活不安と結びついていた。福祉国家の社会実験は、「欠乏からの自由」という目標において三大運動主体といえる労働運動、女性運動、そして教会慈善とが、大同団結しえた希望の選択であった。

イギリス福祉国家の華々しい門出である一九四八年体制は、第一次大戦前の行政機構によって、三〇年代のニーズに対応するものとして発足した。それ故に、戦後の豊かな社会の到来は、福祉国家を支える思想と運動の行く末を不利なものにした（マーシャル（岡田藤太郎・森定玲子訳）『社会学・社会福祉学論集』相川書房、一九九八年、三三二―三三六頁）。自由は福祉サービスに対する個の自立・責任、自己決定・選択権を促す思想である。平等は、公平で統制されたサービスをもたらす反面、サービスへの依存を助長する。福祉国家の形成期にあっては、ナショナル・ミニマムと普遍主義を定着させるために、集権化が台頭する。公平な均質の福祉サービスの全域への普及には、中央統制が必要不可欠であった。所得維持と雇用、保健医療、住宅、教育は、「より良き暮らし向き」の不可欠の制度であるが、概ね大量生産方式の画一化されたサービスであった。しかし、大衆消費社会は人間の欲望を肥大させる。豊かな社会に育った世代の欲求は洗練され、お仕着せのサービスを拒否する。際限なきニーズとのいたちごっこが始まる。福祉国家が強調してきたニーズの充足や公正な「分かち合い」というコンセンサス、あるいは普遍主義の原則の擁護が、批判を浴びて揺らぎ始めるのは、七〇年代半ばからである。

「新しい貧困」の発見とコミュニティの組織化——福祉国家の二重構造

社会像のズレと並行して、一九六〇、七〇年代に「新しい貧困」が意識される。福祉国家が二重構造であり、貧困問題を解決していないとの批判が、一九六〇年代にイギリスとアメリカから相次いで出される。一九六二年にティトマスは福祉国家が所得再配分を実現していないと指摘、さらにP・タウンゼントとB・エイベル＝スミスの共著『貧困と極貧』（一九六五年）は、「新しい貧困」に対する問題関心を喚起した。

新しい貧困は、七〇年代ドイツとフランスで、八〇年代には北欧でも問題として浮上する。ドイツでは三分の二ゲゼルシャフトといわれる階層社会の実態が露わになる。新しい貧困の調査結果は、しかし詳細に検討すれば従来の貧困者像と重複する。高齢者・障害者や母子家庭が公的扶助受給者の上位を占め、低学歴の夫婦で多子家庭もリスクが高い。三分の一の人が貧困に陥るリスクを抱えており、しかもその貧困が見えにくいという指摘は、現在に至るまでも該当している。

五〇年代の「豊かな社会」アメリカで勢いを増す反共主義は、同時に反ニューディールを意味していた。しかし、これは六〇年代に入ると一転して、リベラリズム左派へ振り子が揺れる。「新しい貧困」が発見され、同時に金融緩和と緊縮財政の経済政策を提言するケインジアン達が、大統領経済諮問委員会メンバーになる。このケネディのニュー・フロンティア政策を継承し、オールド・ニューディラーであったジョンソン政権下で、六四年公民権法が成立する。大幅減税と「貧困との戦い」に着手する一方で、六五年からベトナム戦争は泥沼化する。「偉大な社会」のスローガンは挫折するものの、ニューディール政策を継承する形で、医療扶助（メディケイド）とともに老人医療保険（メディケア）が生まれた。

七〇年代、アメリカ社会の病理は膨張する。都市のスラム化と黒人・ヒスパニックの低賃金労働者、性の解放と家庭の崩壊、薬物中毒と犯罪の急増が、それぞれ対にされて問題視される。保守主義系の市民運動が、六〇年代のリベラル左派の知識人の思想・運動の責任を問う形で復活し、ワスプの価値が郊外住宅地のコミュニティの組織化と結びつく。七〇年代後半からは、反インフレ、反大きな政府、反福祉の減税要求が拡がっていく。黒人や母子家庭のような税負担の少ない層への支給は税の無駄使いであり、不道徳を助長するとの反福祉の思想は、大半の白人中産階層が共有しており、七〇年代末には全米納税者同盟のような保守派市民団体が減税キャンペーンをはり、さらには八〇年大統領選挙でレーガンが圧勝し、明確な保守路線が確定する。減税政策、規制緩和と行政の簡素化、連邦権限の州への委譲と財政均衡化、宗教教育、そして軍備拡大。これらによってアメリカのニューディール政策の系譜はここでストップする。財政赤字の累積は、福祉見直しと、「小さな政府」論を主流に押し上げていった。

新保守主義の台頭――アングロサクソン系諸国の自由放任主義への回帰　先進資本主義国は第二次大戦以降、修正資本主義ないしは社会的経済市場としての混合経済を目ざしてきたが、市場への介入を正当化する理論的根拠は確立できなかった。にもかかわらず、社会民主主義の思想・運動は、高度経済成長期の目に見える年金・福祉サービスの向上と完全雇用に支えられて黄金時代を築くことができた。しかし、一九七三年の石油危機を境に、インフレと経済不況というスタグフレーションが、福祉国家政策の限界を露わにする。経済の計画・管理の行き詰まりから、新保守主義・新自由主義が台頭する。民主主義社会では、政党は選挙に焦点を合わせ、平均所得者向けの公約を掲げる。累進構造の税制を持つ国の場合、高度経済成長期には必然的に大きな政府ができる。この図式の上で社会民主主義政党は成果を収めた。それだけに、逆に低成長と高失業率の時代になり、同時に社会近代化がもたらす新たな生活問題にも直面する人々は、福祉国家を攻撃する。七〇年代、欧米では右派・左派の双方から福祉国家批判が発生する。

とはいえ八〇年代、アメリカ・イギリスと中欧・北欧との間で、福祉政策は対照的な動きを見せている。元来アメリカのケインジアンのケインズ学説の解釈は、財政主義的であった。この下地の上に、六〇年代後半からケインズ主義に代わって、M・フリードマンの貨幣量を重視するマネタリズムが支持されるようになる。フリードマンの学説は、アメリカの自助・自由放任主義によくマッチした。これが個人の自由を擁護する立場から完全雇用政策を否定するハイエクの反福祉の思想を呼び覚ます。サッチャーやレーガン政権は、ハイエクの思想と結合して誕生した。一方、経済をマクロ的に計画・管理する点で先駆者であったソ連・東欧の経済危機は、八〇年代に入り悪化の一途を辿り、八九年に一挙に表面化することになる。

八〇年にアメリカで刊行されるフリードマン夫妻の『選択の自由』（一九八〇年）は、以後の反福祉の思想を代弁する。「『結果の平等』という意味における平等を自由よりも強調する社会は、最終的には平等も自由も達成することなしに終わってしまう」（西山千明訳、日経新聞社、二三七頁）は、国家の役割を後退させ、市場原理を優先させる規制緩和と民営化を正当化した。家族とインフォーマルな自助努力が奨励され、非営利組織の役割が強調される時代が始まった。こうしてフランス革命以来の自由と平等の相克が、八〇年代以降の社会福祉思想・理論に再び登場する。

以来、アメリカ・イギリスに倣ってオーストラリア・ニュージーランド等のアングロサクソン系諸国でも、大恐慌下の市場の失敗に代わって、国家の失敗が主張される。所得保障・医療保障等の国家への国民の依存が高まると、勤労や貯蓄への意欲を損なうと批判された。また福祉国家の手厚い庇護の下で、民間福祉団体も公的機関の性格を持ち、マンネリ化した福祉サービスや怠慢な職員の仕事ぶりを助長していると攻撃された。そして対案として市場原理を優先させる見解が出され、公的扶助の資産調査の強化や、個人契約の保険による所得・医療・介護等の補完が、生活保障モデルとして推奨されるようになる。

中欧・北欧の福祉国家路線の維持と動揺　八〇年代の中欧・北欧では、福祉政策は維持された。それを支えたのは「耐乏社会」と労働者の大量動員を前提とする四〇年代の福祉国家像ではなく、高度経済成長期に労働運動の階級的特殊性を越えて膨張し続けた、その成果自体であった。「何が福祉国家なのか」のモデル像は明確ではなくなっていたが、各国は過去に蓄積されたプログラム、既得の予算の裏付け、専門官僚・テクノクラートの権限により、政策過程での大幅な撤退は起こりにくい仕組みなっていた。アメリカ・イギリスでは福祉国家危機論が政策を左右したのに対し、中欧・北欧では政策の微調整にとどまった。つまり高度経済成長期に拡充された中欧・北欧の社会行政・福祉官僚制は、八〇年代の段階では自己修正を欠いていたといえる。むろん個々人の生活設計に組み込まれた年金や医療サービスを、抜本的に見直すことの困難さは、M・サッチャー政権といえども例外ではなく、国民保健サービスの介入には失敗した。普遍主義的な医療サービスは、イギリス福祉国家の象徴であり、この削減を図ったことで、サッチャーは中産階層の支持を失い、政権を去る。

ドイツ型の保険原理に基づく拠出では、過去の雇用条件に所得保障が左右される。教育の機会均等や所得再配分によって生活の平準化は進むが、なお現役時代の身分保障の側面が、中欧・フランスの福祉国家政策では強い。それだけに、八〇年代以降の長期失業者と若者の失業の急増は、世代間契約の連帯を阻み、福祉国家の将来に影を落としている。

福祉国家は私達の失業と老後の生活不安を大幅に軽減し、年金生活者という人生設計を提供した。しかし、これはまたハーバマースの批判する市民社会での個人主義の偏重と対をなす。「家族・職業的私生活志向症候群」とされる症状で、余暇や消費の関心を優先する個人主義や、学校・職場での競争原理に身を任せるキャリア志向を増大させる。対人援助サービスの専門職集団も、「豊かな社会」の中で、同様の人間像・社会像に侵食される。六〇年代半ばにティトマスは、「コミュニティ・ケアは、建物や設備の問題である以上に、人――つまり職員――の問題であり、彼らのあいだで織りなされる人間関係の問題である」（三浦文夫監訳『社会福祉と社会保障』、社会保障研究所、一九七一年、一二三頁）と指摘した。彼の批判する「それは私には関係がない」症候群が（同書四四頁、一二二頁）、九〇年代の財政危機の最中にあっても対人援助サービス全般に蔓延している。

スウェーデンでは、一九七六年に保守・中道の連立政権に代わるが、一九八二年に再び社会民主党が政権に復帰する。この間に七〇、八〇年代を通して高福祉・高負担の路線が、大きく修正されることはなかった。しかし、スウェーデンといえども、九〇年代に入ると例外ではなくなる。深刻な経済不況と失業の急増によって、財政赤字削減と雇用創出を優先する政策に転じていくのである。

4　新しい社会（福祉）運動の興隆とノーマライゼーションの思想

「組織された民主主義」への懐疑

総力戦と社会主義への脅威は、労働者の同権化を飛躍的に進めた。民主化の徹底という点では、ヨーロッパが総力戦を、日本のように一回でなく二回も経験したことの意味は大きい。また国民国家形成には幾通りもの選択肢があったが、第二次大戦後の世界秩序は、勝者の国の政治倫理、即ちリベラル・デモクラシーの絶対的優位が確立する。それだけに逆説的ではあるが、階層格差の縮小や教育の機会均等は敗戦国ドイツや日本で進む。特に戦後西ドイツでは、フランスや、ましてイギリスに比べれば民主化は格段の進展を示し、政党の下部組織や地域の協会・結社を通して、市民参加や要求がしやすい機構が確立された。

総じて六〇年代は、社会近代化と世俗化が顕著であり、カトリック教会側も民主化を迫られた。その象徴が第二ヴァチカン公会議（一九六二―六五年）であり、長年の宗派間の対立に終止符を打った点で、二〇世紀の福祉思想のメルクマールとなるものであった。

しかし、社会全般の民主化の動きは同時に、「組織された民主主義」の制度から疎外される対象・領域が明確になる第一歩でもあった。何故に、七〇年代半ばから新しい社会（福祉）運動が台頭したのかの答えはここにある。それは、「組織された民主主義」によって市民権を得る運動であり、同時に「組織された民主主義」へのアンチ・テーゼを掲げる運動でもあった。この矛盾する性格こそ、新しい社会（福祉）運動の特徴となる。「組織された民主主義」のルールでは、政策決定過程の公開性は形骸化する傾向が強い。いかに情報公開を義務づけようとも、専門官僚への情報集中と情報の非対称性は残る。公共の場での市民との協議や公聴会も、規定の手続きの一つでしかない。つまり市民参加といっても、福祉を創るという手応えは市民には余り感じられない。この間、六〇年代の豊かな社会に育ち、「組織された民主主義」の枠外で生活できる高学歴の新しい世代が生まれていた。

六八年世代と新しい社会（福祉）運動の興隆——市民主導型ボランタリズムの再生か　福祉国家政策が平等志向である限り、教育や雇用政策の民主化が進行する。それは伝統的な雇用や家族間の人と人との繋がりを変えた。権威主義的な上層市民層の価値規範に拘束されていた女性や若者が、真っ先に近代の病理を認識する集団となった。その最初の噴出が一九五〇年代末のイギリスの怒れる若者達や新左翼運動であった。次いでアメリカの公民権運動とベトナム反戦運動が、さらにそれに触発されて北欧やフランスで、そしてドイツ・イタリアへと、六八年世代と総称される人々による社会運動が輩出する。

彼らは「組織された民主主義」の枠組みに拘泥しない自律した思考を持ち、自主管理的な組織力も兼ね備えていた。六八年世代は、私的生活領域での親の世代の権威を失墜させた。近代家族・市民モラルが後景に退き、個人主義と自由な行動様式が主流になる。女性の高学歴化と家族の急激な変化、離婚率の上昇とシングルマザーの増加、その反面になお根強い家事・育児は女性の仕事と見なす風潮や保育政策の相対的遅れがあり、これが個人主義の傾向や貧困のフェミニズム化を加速させる。

しかし、六八年世代は運動の直接の担い手ではない。その周辺の人々や次世代が思想を受け継ぎ、北欧がまず運動をリードする。北欧では民主化の徹底が進み、男女平等を盛り込んだ学習指導要領や両親を対象とする育児休暇、高等教育の拡充等の施策が、相次いで制度化される。一方、六八年運動を先導したはずのフランスでは、六八年世代の運動家が社共連合政権下で体制内化するにつれて、当初のラディカルさを喪失する。国内電力を原子力に依存し、かつ対ドイツとの関係で安全保障政策を貫くフランスでは、アメリカの核戦略への抗議も中欧・北欧のような広範な平和・反核運動には展開しない。フランスで環境保護運動が台頭するのは、ソ連原発事故後のことである。

他方ドイツでは、緑の党が出現する。反核運動・公民権運動・ベトナム反戦運動等を通して、市民運動が政治的インパクトを持つことが認識される時代に組織された緑の党は、やがてヨーロッパ最初の環境保護政党に成長する。七二年、ストックホルムで国連による人間環境会議が開催されたことで、エコロジーの言葉が定着し始める時期に運動を展開した幸運さも重なり、八三年には連邦議会において緑の党が議席を獲得するまでに至る。また同年、アメリカ中距離核兵器の西ドイツ配置が決定し、環境保護や平和運動の声が高まる。さらに八六年ソ連の原発事故は、中欧・北欧に欧州運命共同体の意識を醸成した。以来、反核運動は幅広い支持を受ける。こうして七〇年代後半から緑の党が提起したエコロジカルな発想が、中欧・北欧に定着するのである。

八〇年代のセルフヘルプ運動とその制度化——新しい福祉援助方法　反戦運動や女性運動は七〇年代に高揚期を迎えるが、八〇年代になると生活者の個別のニードに対応するセルフヘルプ運動がブームとなり、自助の新しい形が定着していった。援助の受け手から能動的な参加者へという発想の転換を促す反専門職主義が台頭し、今やソーシャルワーカーはセルフヘルプ集団のサポートと助言という新たな福祉援助を担うことになった。そもそも自助という言葉は、一九世紀に市民モラルとして上層市民・熟練労働者間に普及したが、その解釈は、協同組合など自助組織の進展につれて変化する。特に社会民主主義政党・労働組合による自助組織が、教会や博愛事業団体と競合する形で「組織された民主主義」の底辺のネットワークとなる経緯は、ヨーロッパの福祉多元主義の特色であり、強みでもある。

サッチャー政権による福祉国家政策からの撤退によって、保革両政党がともにボランタリズムの強化を提唱するイギリスでは、八六年までにチャリティ登録が倍増する。教会とは別に、イタリアやオランダでも七〇年代半ばからセルフヘルプ運動が興隆する。博愛事業の伝統が弱いフランスでさえ、八〇年代初頭から社会福祉・文化領域での運動が増加し始める。ドイツでは八〇年代後半からセルフヘルプのサポート組織が作られ、社会保険・社会扶助・六大民間福祉団体の福祉サービスと並列する一つの福祉制度として、各民間福祉団体に導入される。社会福祉に限定される狭義のボランタリズム・非営利組織は余り発展していない北欧でも、デンマークとフィンランドが公的施策の維持を図るのに対し、スウェーデンでは労働組合再建の形で、ノルウエーではルーテル教会の主導で、社会福祉運動のテコ入れが始まる。

八〇年代、ヨーロッパ大陸でも地方分権は時代の趨勢であった。また「小さな政府」と自助努力の提唱が、八〇年代のレーガンのニュー・フェデラリズムやサッチャー政権下で追求された。しかし、歴史的に通観すれば、社会行政は国内の生活関連サービス・対人援助サービスの地域格差・不平等を是正するために、中央集権化を求める傾向がある。「組織された民主主義」ないしはコーポラティズムによる参加の原則が定着していても、中央集権化による福祉官僚制の弊害は防ぎがたい。それだけに時代状況に応じて新たな協会・結社をたえず輩出する運動は、「組織された民主主義」の枠組みを修正するという相乗効果をもつ。八〇年代に各国がセルフヘルプを既存の社会福祉制度に新たな柱として導入するのも、民間福祉団体自体の活性化を意図していたのである。

ノーマライゼーションの思想と実践　さて、新しい社会（福祉）運動の興隆と並行して、戦後の福祉・教育改革の過程で新たな思想が生まれてきた。ノーマライゼーションである。戦後の数か年は北欧といえども、施設や病院の改善には手が回らなかった。施設は身体の安全を保証するが、施設暮らしは自立や自己決定による生きる力を阻害しやすい。五〇年代から精神病院の改革運動が施設批判の口火を切るが、大々的な施設解体の要求は障害者施設から発信される。

ノーマライゼーションは現代社会福祉思想を代表するが、この言葉はデンマークの知的障害の親の会の法制定運動で用いられ、まず北欧で六〇年代に広まり、七〇年代からアメリカで、次いで中欧や日本にも普及する。六〇年代は北欧といえども、施設の利用者の主体性を尊重するような援助方法は確立されていなかった。しかし、イタリアでは精神病院から地域医療への転換が始まるし、イギリスでもアメリカでも障害者の自立の声は大きくなる。これらの小規模な運動は七〇年代に入ると、障害者の自立生活運動として組織化され出す。特に「完全参加と平等」を掲げた一九八一年の国際障害者年と、その後の国連の障害者十か年計画（一九八三―九二年）の意義は大きく、八〇年代のノーマライゼーション運動推進の決定的要因となった。障害を持つ人の生活援助の視点が開発され、施設での画一的な生活指導・訓練方式から、個の自立・自己決定を促す援助方法に転換していった。

アメリカでは数千人も収容する州立施設が解体され、早期療育から雇用支援に至るまでの地域生活支援が目ざされた。この間に居住型施設、特にグループホームの設置が主流となり、障害児のインテグレーション教育も普及する。

ノーマライゼーションは、八〇年代には高齢者や児童福祉分野にも拡がっていった。近年、ノーマライゼーションは、またインクルージョンとしても解釈され、正常レベルに近づく発達至上主義から、重い障害を持っていてもあるがままに各自の人格を包み込み、生きる権利を尊重する思想として、福祉・医療・教育の専門職主義の視点に変革を迫るものとなっている。

新しい社会（福祉）運動はどこに位置づけられるのか　このように新しい社会（福祉）運動の思想は、概ね草の根志向であり、政党や巨大な民間福祉団体の「組織された民主主義」の枠組みを回避し、市民の主体的な選択と参加に基づく点で共通する。しかし、八〇年代の東欧の政治情勢は、地域志向型よりも政治志向型の運動を促した。まず、ポーランドで労働者の「連帯」組織が産声をあげる。東ドイツでは、プロテスタント教会を隠れ蓑ないしは拠点にして、平和・人権擁護・環境保護・フェミニズムの運動が相次いで結成される。ハンガリーは西側への接近を強め、チェコスロヴァキアでも市民運動が復活する。八九、九〇年の東欧民主化革命は、西欧民主主義の伝統が残存していたこれらの地域——東ドイツ・ハンガリー・ポーランド・チェコの中欧ドイツ語圏——での、こうした市民主導の運動の賜物である。

東欧民主化革命・ドイツ統一によって当面の問題を解決した新生の社会（福祉）運動は、すぐさま二方向に分裂する。「組織された民主主義」に統合される運動と、原則として「組織された民主主義」の枠外で運動を持続する方向である。前者の典型は緑の党や、穏健なあるいはエリート志向のフェミニズム運動である。障害者やアルコール・薬物依存症のセルフヘルプ運動、地域での高齢者や障害者のニーズ充足型の運動も、大半がここに属す。後者には、ラディカル・フェミニズム、外国人子弟や女性を対象にオーラル・ヒストリーによる援助方法を推進する運動、重度身体障害者の自立生活運動、あるいは東欧の共産党系の年金生活者・高齢者やホームレスのセルフヘルプ運動等があげられる。

新しい社会（福祉）運動の今後の方向——文化相対主義のジレンマ　先進資本主義国において、運動主体が「飢えと疾病と障害からの解放」を求めて大同団結する時代は過ぎた。一枚岩的な福祉国家の平等思想は、豊かな社会に慣れた世代が増加する七〇年代から弱まり、価値の多様化に道を譲る。交通手段の発展と余暇の充実によって、学生や女性・高齢者でも他国で休暇を過ごせるようになっていた。様々な国の様々な人の生き方を、普通の人が見聞できる時代が到来し、国境を越える思考回路が自然発生的なコミュニケーションを通して拡がっていった。

その最初の事象が、七〇年代の新しい社会（福祉）運動の興隆であった。近年の運動で顕著な動きを示すのは、福祉文化の領域である。七〇年代にまずカナダやオーストラリアで、多言語・多文化主義の統合教育として注目を浴びる。自立のためのルーツを尊重する援助方法論は、障害者やフェミニズム運動と同様に、否それ以上に国民国家の市民権の死角をつくものであった。八〇年代に入りセルフヘルプ運動が社会福祉制度に組み込まれるにつれて、各自の文化を尊重する援助方法論も一層定着する。女性であることや、障害を持つ身体であることから発せられた言説は、ジェンダー論や身体論、さらに共同体論として、九〇年代の社会福祉理論の新動向を形成しつつある。

新しい社会（福祉）運動は国民国家に参加する市民資格において、弱者や二級市民とみなされていた女性・障害者・外国人・難民等による当事者組織という特徴を持ち、マイノリティの規範や価値を重んじる文化相対主義の影響を強く受ける。それだけに、同質性の高い集団でも、思想を激しくぶつけ合う傾向がある。自立する個にとって、社会関係とは社会資源の一つである。それ故に自己実現の手段として運動に関わる場合、時には共同体論とは対極にあるはずの個人至上主義やリバタリアニズムに似た関係性が、参加者間で生じやすい。権利保障のための自由と、人々の徳の育成としての自由との、対立といってよい。特に環境保護やフェミニズム運動では、自発的なネットワーク型組織であっても階層や文化の相違が目立ち、方向を定めにくい。新しい社会（福祉）運動もまた、ジレンマを抱え込むのである。しかし、抽象的な自由意志や排他的な個の自立を求めるのではなく、自分のルーツである社会・文化や言語の脈絡の中でアイデンティティを捜すという思考回路が、運動論の中核になろうとしている。

5　「共生の思想」の新潮流

連帯思想の補強としてのコミュニタリアニズム——社会民主主義の変貌か？

アメリカやイギ

リスと異なり、八〇年代の中欧は北欧と同様に、福祉国家政策を保持し続けた。九〇年のドイツ統一によって、冷戦体制の産物であった福祉国家の論理の一画が崩れる。さらに九〇年代後半、経済競争が激化する中で、北欧・中欧でも聖域にメスを入れざるをえなくなっている。八〇年代にはアメリカ産の理論として敬遠されていたジェンダー視点からの私的生活世界の再生・福祉国家批判や、最新の共同体論として注目されるコミュニタリアニズムが、ヨーロッパで急速に支持を拡げるのは、一九九三、九四年頃からである。

コミュニタリアニズムは八〇年代末にアメリカからヨーロッパに入り、特にイギリスと西ドイツで論議されてきた。当初はアメリカのリベラリズムを基盤とする政治思想とみなされ、ホワイト・ハウスの一種の御用学と批判する人もいた。これが急展開するのは、ドイツ統一とソ連崩壊後のことである。クリントン大統領とゴア副大統領が政治倫理として掲げ、イギリスのブレア党首の労働党にも導入されたことで大勢は決する。ブレアの倫理的社会主義はコミュニタリアニズムを導入し、個の自立と共生を新解釈する。欧州連合の市民権を脳裏に入れて、ブレアは語る。新しい社会主義は、socialism ではなく、social-ism である。「個人は社会的に相互依存的な人間である。……個人は属している社会から離れることはできない。それは social-ism といってよかろう」。「それは個人は互いに、つまりより広い社会に義務を負っているという倫理的かつ主体的な判断を含意している。……市民権の左翼的見解である。……それは、保守党のように個人の利益と社会の利益とを分離するものではない」（松村高夫「イギリスの社会民主主義」西川正雄・松村高夫・石原俊時『もう一つの選択肢』平凡社、一九九五年、一九九頁）。階級よりは個人を重視し、国有化を否定し、福祉国家に代わり多元的な福祉社会を提唱する。同時に、八〇年代のサッチャー路線は保持されている。中欧では、共同体論を受容しやすい土壌を持つドイツ・オーストリア・スイスで注目されている。フランスも同様である。その理由は、東欧社会主義国の崩壊によって対抗勢力を失った福祉国家の思想と運動が、急速に弱まっているからである。低成長と旧東独の高い失業率、国内市場の再編と国際競争の激化、所得格差の拡大、治安の悪化、右派青年の社会運動等によって、伝統的な世代間契約の連帯と、社会保険を核とする社会保障制度への危機感が出てきている。そこで社会統合の要として、共同体論に一つの打開の途を求めているといえる。

何故に近年、ヨーロッパの社会民主主義政党や労働組合が熱心にコミュニタリアニズムを論議するのかも、ここで明白になる。保守党・キリスト教会は、欧州連合の社会政策にも導入された補完性の原理を、戦後福祉国家思想と重複させながら政策提言してきた。特にフランスや中欧のカトリック系政党は、カトリック社会倫理に依拠する家族政策を福祉政策の柱とする点では一貫した思想を持つ。家族共同体型福祉国家論の一種といえるものである。これに対して東欧社会主義国崩壊後の社会民主主義の連帯思想は、アメリカ産のコミュニタリアニズムを、エコロジーの思想と結合させることで、新たな政治倫理を模索せざるをえないのが現状なのである。

ヘブライズムとコミュニタリアニズム　「共生の思想」の新潮流を代表するコミュニタリアニズムはこうした時代の産物である。アメリカ産と批判されるが、その源流は、古くはユダヤ教慈善・ゲットーと聖書に、近代ではF・テニエス（一八五五—一九三六年）の『ゲマインシャフトとゲゼルシャフト』（一八八七年）に求められる。またコミュニタリアニズムのユダヤ系研究者の場合、アウシュヴィッツ以後の生（生命）の可能性が思考の原点になる。立場は逆であれティィリッヒや、彼の弟子でS・A・キルケゴール（一八一三―五五年）を教授資格論文に取り上げた六八年運動の旗手T・W・アドルノ（一九〇三―六九年）のユダヤの系譜とも重なる。公正・正義の強調は、ユダヤ教慈善の特色である。

社会福祉の理論形成は現在、緩やかな地盤変動に入りつつある。一九、二〇世紀の労働運動・市民運動は共生を求める運動であり、福祉国家はまさしく「希望の共同体」と目されていた。しかし、それは「想像の共同体」国民国家の範疇で成立したものであった。近年の共同体論やフェミニズムの興隆、環境保護運動や非営利組織ブームには、共通する問題意識がある。一国型福祉国家の終焉を予感しつつ、新たな規範となる社会理論の枠組みを志向するという姿勢である。こうしてJ・ロールズ（一九二一年―）の『正義論』（一九七一年）刊行以来、社会的公正の追究と効率的な資源配分との調整に関して倫理学に寄せられた注目が、九〇年代に入って再燃する。連帯をスローガンにしてきた社会民主主義勢力も、羅針盤を見失ったかのように積極的に公正・正義の社会倫理を、社会福祉思想・運動に援用し、人々の自己実現のための権利保障の規範を強調する。しかし、私達は正義と公正な富の分配をめぐるこれらの論議の大半が、原ヨーロッパ思想の産物であることに注意しなければならない。正義とは本来、他者との関係性から明瞭になるもので、共同体的な徳を意味する。しかし、アメリカでは正義と平等に関しても、能力主義が原則になる。その典型的な例がアメリカを筆頭にする近年の新自由主義による規制緩和であり、市場原理を優先する医療・福祉の民営化である。

「自由・平等・より良き暮らし向き」を求めて、「短い二〇世紀」に幾多の社会実験が繰り返されてきた。そして私達は、今なお答えを見いだしてはいない。中欧に押し寄せる「共生の思想」の新潮流は、七〇年代の新しい社会（福祉）運動と思想的には通底する。近代化の源流は、原ヨーロッパ思想であるギリシアの人間中心主義であり、フランス革命の人権思想へと繋がる。しかし、それは同時に自然との共生を切り捨て、植民地政策に代表されるヤヌスの神のような二面的な顔も持っていた。「長い一九世紀」に大河となる啓蒙思想は、自然との共生や産業近代化に異議を唱える傍流を飲み尽くす。七〇年代に新しい社会（福祉）運動として生まれ、九〇年代に「共生の思想」となる新潮流は、環境破壊の進行と国民国家の解体の予感の中で、私達に再考を迫るべくヨーロッパ思想のもう一つの顔、ヘブライズムが地下水脈から浮上したものといえる。

6　福祉社会への期待と欧州連合の社会実験

欧州連合の社会実験——国民国家の延命策か

一九九九年一月の欧州連合の通貨統合は、国民国家を越える新たな社会実験の幕開けであった。ヨーロッパ統合の構想は一九二〇年代に出されるが、冷戦が欧州運命共同体の意識を高めた。マーシャル・プランが、一九四八年四月に受け皿としての一六か国による欧州経済協力機構を結成させる。一九五一年には、欧州石炭・鉄鋼共同体の調印がなされる。この間のドイツ・イタリア・フランスのカトリック系党首の協議は、後に補完性の原理を欧州連合の政策の要とする下地になった。さらに欧州経済共同体は六二年報告書で、ニーズ概念に基づく所得再配分政策による貧困との戦いの必要を説いている（マーシャル（岡田藤太郎訳）

『社会（福祉）政策』相川書房、一九九〇年版、一五二頁）。欧州社会政策のコンセンサスは、この時期から着手され始める。

一九九一年、オランダのマーストリヒトでユーロの導入と安全保障の合意が形成され、経済圏の形成にとどまらず、雇用・教育・社会政策の共通基準の策定をも視野におく欧州連合条約が採択される。中欧・北欧は二〇世紀の負の遺産――二度の大戦・冷戦・ソ連原発事故など――を、地域統合のバネにしてきた。国民国家の延命策といわれる欧州連合は、東欧地域も含めた二一世紀の連邦制への社会実験でもある。

しかし、その一方で、近年の経済のグローバル化と多国籍企業の市場原理は、一国型の枠組みで保障されてきた労働者の諸権利を崩しつつある。この点では、社会権としての欧州市民権による社会政策の一元化は、短中期的には実現の可能性はない。自由とは強者の論理であって、フランス人権宣言以来の歴史は、自由と平等の思想が原理的には両立しえないことを私達に示す。ヨーロッパ全域に及ぶ福祉国家の危機は、九〇年代後半に欧州連合の大半の国で社会民主主義政権を誕生させ、その下で年金給付水準の抑制を柱とする財政緊縮策が実施され、公共部門の直接給付に代わって、補助金交付や税制の優遇による福祉政策の軌道修正が進行中である。「福祉国家が不可逆性を持つのか」の重い課題を、社会民主主義の思想と運動は二一世紀に抱え込むこととなる。

福祉社会への期待と非営利組織ブーム　(1)　非営利組織への熱い期待――それは脱宗教化の組織なのか　七〇年代末から左派右派双方で福祉社会の言葉が新たに用いられていたが、九〇年代に入ると「福祉国家から福祉社会へ」の論調は、ヨーロッパ大陸でも主流となる。具体的には、非営利組織への熱い期待が語られ、相互扶助・共生の言葉が流行語のごとく使われている。

現在、ドイツ・オランダ・ベルギー等でも、イギリスと同様に福祉多元主義やパートナーシップあるいは非営利組織の言葉が流行している。中欧の博愛は、自由主義の系譜から生まれるアングロサクソン系の博愛とは好対照をなし、非営利組織の生成過程での一致点も少ない。また中欧と比べると、北欧での非営利組織の位置づけはさらに弱い。しかし、中欧・北欧も地域市民権と福祉政策とが緊密な関連をもちながら、各国民国家のナショナリズムの強弱の組み合わせによって多元的な組織化を行い、下から福祉国家思想・運動を支えてきた。つまりヨーロッパでの福祉国家と福祉社会は相互補完的な概念なのである。

戦災による人口移動と大量難民の発生、工業化と都市化のさらなる進展は、居住地域の宗派の混在をもたらした。特に六〇年代末から七〇年代にかけて、教会離れが一段と顕著になり、大陸の地域福祉モデルであったオランダでも、六〇年代から地域組織の解体が始まる。二度の敗戦国ドイツでは、すでに一九四五年から脱宗教化は明白であった。しかし、それだけにヴァイマル期の確定された公私関係は維持され、民間福祉団体の大半は宗教団体の翼下に置かれている。

第二、三章で指摘したが、中欧・北欧のような国民国家形成の後発地域では、中世都市の救済システムの公私関係が近代まで持続している。現在に至るまで中欧では、聖職者の職務・領域を市民に委譲する形をとりつつも、いかに教会が市民社会で対人援助サービスを再編するのかが、民間福祉団体の主流を占める。これは、ルーテル教会の北欧での世俗化対応にも当てはまる。

確かに、二〇世紀を通じて福祉国家を推進する思想・運動の中核には、労働運動・社会民主主義勢力があった。ある意味では、脱宗教化の到達点が福祉国家であった。しかし、福祉実践では、キリスト教各派の組織力は他の追随を許さない。一九世紀前半に世俗化に対処するべく慈善事業の再編に着手するプロテスタントは、宗教色を後景に退かせる装いをとりながら、市民主導の組織を優先させる傾向があった。その代表例が、第四、五章で述べたアメリカの大規模型贈与の博愛事業や、「ソーシャルワークの創出」であった。

つまり何をもって非営利組織と定義するのかは、国・地域毎に差異がある。非営利組織とは、果たして慈善を克服した脱宗教化の思想・運動なのか。それとも慈善・博愛と思想的に融合・重複するものなのか。「脱宗教化とは何なのか」は、非営利組織への期待が高まる現在、再検討されるべき課題であろう。

(2)　市民主導型ボランタリズムの系譜としての新しい社会（福祉）運動　そもそも欧米では、宗教改革・市民革命による国家と個との対立・緊張を通して市民権を拡大し、「自由・平等」の市民社会を形成した。個の自立と共生の福祉思想も、市民社会に装置として埋め込まれたコミュニケーション手段を用いて、対話を繰り返す中で定着してきた。一八世紀末から一九世紀前半の広範な「協会ネットワークの世紀」から、市民主導型ボランタリズムが開花する。特に一八四八年市民革命以降は、従来の教養市民層だけでなく、労働者や教会も自助組織や慈善事業の再編を通して、「協会ネットワーク」に参加する。保守主義・自由主義・社会主義という、市民革命後の時代を象徴する三大思想を包括する形で、広範な市民主導型ボランタリズムの土壌が、一九世紀半ばから中欧で形成される。自助運動・博愛事業運動・社会改良運動のブームは、一九世紀末には頂点に達する。

市民も労働者も、プロテスタントもカトリックも含む形で、「長い一九世紀」の最後に、ようやく市民革命の申し子である社会運動は最初の社会統合を試みるのである。

「希望の選択」福祉国家を生んだ「短い二〇世紀」が過ぎ去りつつある現在、再び「長い一九世紀」を支えた教会慈善や博愛の思想・運動に、歴史研究は注目を寄せている。国民国家が形成される以前の段階に立ち戻ることで、欧州連合の市民権や国境を越える非営利組織の捉え直しを、歴史に求めているのである。二一世紀、人と人との結び付きを模索しながらも、国境を越える市民運動や非営利組織のネットワークは、さらに拡大するであろう。この脈絡の中では、新しい社会（福祉）運動もまた、一八世紀の市民的公共性の系譜に属する市民主導型ボランタリズムの現代版であるといえる。

二一世紀の「共生の思想」　二〇世紀は未曾有の「豊かな社会」を、私達に与えてくれた。しかしなお、食料や清潔な水さえ確保できない地域に暮らす人は多い。国連を中心に、国家単位の安全保障に対して、ヒューマン・セキュリティー（人間の安全保障）という言葉が広まりつつある。

「富は何のためにあるのか」、「近代化の中での人間と自然との共存は可能なのか」、「生命を慈しむ行為と職業倫理との融和はできるのか」、この原初的な素朴な問いかけが、「共生の思想」の新潮流へと人を誘う。それはまだ小さな流れにすぎない。近年、福祉界でも注目を浴びるA・セン（一九三三年―）のベンガルの村から発せられる経済倫理は、同じく晩年孤高の中でベンガルの村を回り、宗教と自然と生活との融和を説くM・K・ガンディー（一八六九―一九四八年）と重なる。それは、市場原理への懐疑と、共生を探る試みである。

各国が「必死の選択」として福祉国家構想に打開の道を求めていた一九四一年に、戦後の世界秩序となる大西洋憲章が出された。一九四八年国連総会で採択された世界人権宣言の第一条「すべての人間は、生まれながらにして自由であり、かつ、尊厳と権利とにおいて平等である。人間は、理性と良心とを授けられており、互いに同胞の精神をもって行動しなければならない」は、大西洋憲章に基づく。憲章はともに、フランス革命と一八四八年の市民革命以来の「自由・平等・友愛」の社会契約説の系譜に属している。二百年の時を隔てて、一九八九年東欧民主化革命が成功する。多くの矛盾を含みつつも社会主義国崩壊後の現在、欧州連合や国際連合の緩やかな連帯こそが、二一世紀の福祉を支える新たな社会実験となろう。国民国家への懐疑、それと連動する一国型福祉国家の終焉、これらを安易に近代の病理と否定するだけでは解決の糸口は見えてこない。二一世紀の福祉社会の建設の途上で、私達は西洋と東洋の「共生の思想」の出会いと融合を体験するであろう。

私達は近代という未完のプロジェクトを生きる。自由と平等という矛盾する課題を、ともに背負う者として。

終　章　二〇世紀終末期の欧米社会福祉思想

1　二〇世紀終末期の欧米社会福祉思想をどう捉えるのか

今乗っているバスから、一度降りてみよう。「人間はどこから来たのか、どこへ行こうとするのか」を見つめることが、思想と歴史を学ぶ第一歩である。過去の歴史との相互の対話を試みてみよう。この地球の上で、私達が生きるためには何が必要（ニーズ）なのか。富や知識や技術をどのように分かち合って生きるのか。古代ギリシアや原始キリスト教団で、あるいはフランス革命やロシア革命で、人々が語ったであろうそんな素朴な問いかけが、時の彼方から聞こえてくるかもしれない。それは、「豊かな社会」に生きる私達の「ニーズとは何か」の疑問と、根本では同一のものなのである。

欧米でも日本でも、一国型福祉国家の枠組みに拘泥された社会福祉理論の論争は、不毛な結果に終わった。欧州連合の実験が物語るように、福祉国家から福祉社会への過渡期の時代が私達を待ち受ける。思想は国境を容易に越える。二一世紀の前半は、まず福祉思想から入り、地域の実状に即して理論構築を試みるのが適切であろう。終章では序章に挙げた課題に応える形で、終末期の地平から二一世紀の社会福祉思想への架橋を示してみたい。

複眼的な思考回路を形成しよう　近年まで日本の外国福祉情報は、アメリカとイギリスに偏在していた。近年の声高な福祉・医療分野への市場原理の導入は、大半がアングロサクソン系の経済倫理から発する。戦後日本の豊かな社会の中で、日本語で日本人の価値判断で形成された思考回路でもって、アングロサクソン系理論を摂取する場合、日本とアングロサクソン系との間での対話の方向は二つしかない。これだけでは、ヨーロッパの発明品である福祉国家の思想・運動・制度（政策）の循環、即ちフィードバックによる思想の永続的な蘇生を見るには無理がある。これに対して、ドイツ語圏の中欧を第三の眼にして、日本とアングロサクソンと中欧（ドイツ）の三地域、即ち六つの方向からの複眼的な視野で記述した点が、第一部のオリジナリティである。

中欧の思想・運動・制度（政策）の思考回路を重視するのは、欧米の自立と共生の福祉思想の源流が、ここに由来するからである。思想と思想がぶつかり合う宗教改革と市民革命が、個の自立と共生の緊張と補完関係の母胎となるからである。今や思想が運動となった。市民も農民も、自らが組織する協会・結社で対話を重ねた。「国家とは、社会とは、個とは何か」の対話こそ、「より良き暮らし向き」を求める市民運動のエネルギーとなった。ここから、ソーシャルワークが創出され、福祉国家の思想と運動が登場するのである。

むろん複眼的な思考回路はこれにつきない。過去との対話の第一歩は、死者を記憶にとどめ、生きる糧とすることである。二〇世紀は欧米列強を覇者とするイデオロギーの対立図式が、世界の秩序であった。その枠組みで福祉国家は中産階層を育成し、年金生活という老後の生活設計を可能にした。しかし、豊かな人生を甘受する人々を、対岸から見つめる死者たちの存在を忘れてはならない。おびただしい戦死者・犠牲者の群を背後にして、現代福祉国家は成立している。一九世紀初頭、フランス革命に衝撃を受け、中南米で社会改革運動が始まる。近代化の芽生えは、しかし、すぐさま欧米列強につみ取られた。自国の自由の謳歌と繁栄は、他国の侵略と抑圧の上に成り立っていた。日本もまた欧米の支配と差別の構造に倣い、植民地政策を肯定する。二流国としての劣等感をアジア侵略で癒し、それを先進国の証と思い込んだ。これが二〇世紀の日本の実像である。

欧米社会福祉理論の影響下にある国々が、アジアやラテンアメリカ諸国の共同体の相互扶助を、長年にわたり過小評価あるいは排除してきたのも、この欧米偏重の思考回路から発している。ユダヤ教を母胎とするイスラムのネットワークや他の伝統的宗教の生活の支え合いを視野に含めて、個の自立と共生の福祉思想を近代世界システムの中に位置づける作業こそが、二一世紀を生きる私達の研究課題となるであろう。

古代・中世・近代史から現代社会福祉の動向を見よう——遠近法の視野の拡大

近現代史に偏る社会福祉史の記述が、思想や理論の理解を歪める。一九世紀末の社会事業成立期から現在までの歴史は、確かに重要である。しかし、先述した日本とアングロサクソン系のみの思考回路の狭さと同じ問題がここにもある。古代から中世、中世から市民社会に至る思想の流れは、連続的性格が主流である。人間は意図的に過去を振り捨てることで、前進の糧を得る時もある。宗教改革・啓蒙思想も、そうした過渡期の産物であろう。近代から現代への跳躍に際しては、歴史の断絶が主張されやすい。過去との断絶は、瞬時の蘇生を可能にする。しかし、私達が歴史的存在であることを否定する力はない。

時間の観念に留意してほしい。幼い頃を思い起こしてほしい。時間は無限に有るかのように、ゆったりと流れていた。年齢を重ねる毎に、一日は素早く過ぎる。歴史の流れにも似た現象がある。どの時間帯から自己と現代を捉えるのか。古代と現代、中世と現代、近代と現代の三層から遠近法的に捉えるのか。それとも一九世紀末の社会事業成立期から現在までしか捉えないのか。遠近法の視野の拡大は、幾重にも異なる時間帯を提供する。何を歴史の連続性といい、何を断絶というのかも、視野の広狭によって認識は異なる。社会福祉理論の危険性は、ここにも潜んでいる。百年に満たない理論研究史を、それも近視眼的な視野で再構築してみても、二一世紀の羅針盤は見つけにくい。

もちろん思想も同じ危険を持つ。「自由・平等・友愛」の人権思想から生まれたフェミニズムや社会民主主義もまた、ギリシア思想の人間中心主義をバックボーンにした正負の二面性を持っている。しかも、同じ思想の名においてさえも、運動方針や制度・政策上の対立が生じやすい。

私達は情報を選択し、ニーズを自己決定できる時代に生きている。現代社会はまた、マイノリティに対しても多様な選択肢を用意する。しかし、選択に費やす時間と情報量に限界があることをすぐに実感する。それだけに逆説的ではあるが、官僚・党派・宗派と結びつく思想や、市場原理と直結する倫理が優位になりやすい。一九三〇年代の「必死の選択」の時代に、ファシズムの擬似的福祉国家構想に惑わされた人は多かった。

混沌とした感のある思想と理論の中で、生活上の必要（ニーズ）を選択する羅針盤となるのは何なのか。ルターのように大局的観点から、「清濁を併せ呑む」苦慮の末、農民戦争で矛盾を抱え込む選択をした人もいた。福祉思想を学ぶこと、それは高みにある理想の社会像や人間像を至上命令として私達に押し付けるものではない。足元にある課題を見つめ、時には矛盾に耐えながら、矛盾を抱えて生きること、この実践の福祉思想こそが、今いる位置と進むべき方向を示唆する羅針盤となるのである。

2　社会福祉の援助方法原論と運動論としての思想

重要なのは理性を支える骨太な福祉思想　社会科学のゆらぎの中で、新しい社会（福祉）運動や「共生の思想」の新潮流が、声高な近代の知に衝撃を与えた点は評価できる。生活感情とそれを論理的に思想化する思考の往復作業こそが、福祉思想の形成基盤になるだけに、人間の情緒的な感性の分かち合いを重視するこれらの思想・運動は注目される。しかし、それは近代の病理の克服に繋がるのであろうか。西欧近代の限界を声高に語る余りか、急進的なフェミニズムや障害者の解放思想には、理性的対話を無視する傾向がある。理性＝学問＝父性原理＝支配原理＝管理社会の直線的な思考回路が、新しい社会（福祉）運動の参加者にかなり見られる。近代の病理を認識する「共生の思想」の新潮流も、同じ罠にはまる危険性がある。理性でもって社会福祉問題を把握できない場合、それは社会福祉の社会性を自ら拒否することになるからである。

そもそも社会科学と人間科学の狭間に生まれた社会福祉学自体が、個の自立と共生の緊張関係を見つめる自らの課題を放棄し、既存の流行学問の枠組みで学のアイデンティティを主張したがる傾向があった。ケースワーク理論を制覇した精神分析学や、近年の社会福祉学の安易な社会保障・政策科学からの新理論の摂取は、その典型的な例となる。身体からでも心理からでもなく、つねに個人と全体を意識する社会関係の視点から対象を捉える所に、社会福祉学の固有の理論と実践がある。そして生活者の社会関係の相克・欠損を重視する限り、諸学の寄せ集めを奨励する拡散型や、官製の福祉政策の代弁型では社会福祉学は成り立たない。

過去においても正統とされた思想ほど社会的視野が狭く、異端を排除する傾向があった。時代の変遷につれて、人と人との結び付きや人と社会システムとの関係も、新たな価値が付与される。生活者の個別のニードと社会資源との関係をとりもつソーシャルワーカーは、価値なくしては職業倫理の基盤を喪失する。そこで流行の洋服を取り替えるかのように、正義や公正の名の下に「新理論」が、市場原理の導入に意欲的な国ほど次々と編み出される。このパラダイム転換の横行は、羅針盤なき私達の思考回路がもたらした現象といえる。

西欧近代の遺産である市民的公共性の対話を軽視し、感性や身体からの人間理解を優位に置くならば、思想的にも理論的にも近代の病理を克服する道は見えない。近代を未完のプロジェクトと認識し、懐疑に耐え、「それでもなお」思想を追求し、対話を続けるとの姿勢をもたないかぎり、「共生の思想」の新潮流も空虚なスローガンに終わるだろう。

援助方法原論と運動論としての思想の役割　序章で述べたように、社会福祉の実践は、共生という人の社会結合のあり方と、生活者の自立・自己実現という二つの課題を持つ。自立と共生とは緊張関係にあるが、それは西欧に対する日本・アジアといった二極化ではない。補完性をもつ思想である。新旧の世代間葛藤、新旧の制度・政策の衝突、西欧と東洋の異なる文化のせめぎ合い等、これらの対立の中から新たな価値を見いだす。これが共生の思想なのである。静態的な調和や平穏さが、共生の意味なのではない。

フランス革命以来の「自由・平等・友愛」を求める二世紀にわたる社会実験は、東欧社会主義国の崩壊によって、スタート地点に戻ったかの感がある。人々はその生活課題を通して、自由と平等の狭間を振り子のように行き来している。「……からの自由」を求めて自立に向かう個は、同時に共同の営みへの参加を求めて「……と共に生きる」存在でもある。この相反する課題を調整するために必然的に生じる対話の機会こそ、個々人の潜在能力を発現させ、福祉思想を運動論へと展開させるエネルギー源となる。

熟練のソーシャルワーカーでさえも、時には他者（利用者・クライアント）と環境との間で揺れ動き、既存の価値や理論枠組みに逃避して、専門職アイデンティティを保つ傾向がある。しかし、援助方法原論は借り物の理論では身に付かない。福祉思想も福祉援助の技法（アート）も、援助者自らが利用者・クライアントとの相互の対話を重ね、関係性を形成し、その関係の質を高める試行錯誤の中で血となり肉となる。個体の発達する力は環境を次々と取り込みつつ、より高次の生活世界を構成する。老いの段階に入っても新たな生活世界を築く。障害や老いは生活能力を喪失させるがたとえそうした状況に置かれても、自立する個は潜在能力を掘り起こし、残存能力をかき集め、生活世界を再構成する。社会福祉の援助方法原論は、自立する個が新たな環境を切り開き、自己認識を再構成する道筋をともに歩むことから発見できる。

エンパワーメントは、個が環境を運動論的な枠組みと捉え、思考し行動することで高次の環境を創出する作業なくしてはありえない。個の自立は、いつの時代にも存在する慣習と市民モラルとの間で緊張を生み、屈服させられる宿命を持つ。他者との関係性の質が、自己決定の能力を左右する。緊張関係を見つめる作業をともにすること、自立する個の多様な価値を尊重すること、理性的対話から逃げないこと、これが利用者・クライアントと向き合うソーシャルワーカーの職業倫理なのである。

この援助方法論から、さらに運動論が展開される。社会福祉の運動論の本来の意味も、ここにある。大量動員型の運動の時代が過ぎ去った今、一人一人が「より良き暮らし向き」のニーズと、限りある社会資源との関係性を洞察する力をつける必要がある。ヒル、ザロモン、アダムズ、リッチモンド等の「ソーシャルワークの創出」が今なお意義を持つのは、それが自己完結的な個人主義に陥りやすい自立・自己実現を、制度・政策に繋げる運動論として初めて実践したからである。「富は何のためにあるのか」、この素朴な問いかけに最初の答えを出すのは、自立する個による二一世紀の社会福祉運動論であろう。

3　社会福祉思想とはユートピアなのか？

二〇世紀は社会事業の成立で幕を開け、一国型福祉国家の限界を露呈することで終焉する。この一世紀の社会福祉の歴史は、「より良き暮らし向き」を求めて、人類史上まれにみる様々な社会実験が試みられた時期であった。社会主義国崩壊後の今、社会福祉はこれまでの旧思想と、福祉改革の名の下で市場原理に擦り寄る「新思想」との狭間を揺れ動く。安易な「新思想」への雪崩現象は、日本だけではない。福祉国家の発祥地、ニュージーランド、イギリス、さらに南欧・中欧にも、アメリカのビジネス・スクール流の経営戦略が、社会福祉理論・実践に導入されている。まぎれもなく現代福祉国家思想は、断絶の分岐点に立たされている。市場原理と倫理との調和のための新たな選択を強いられている。どこに活路を見いだすのか。福祉思想の歴史を学んだ私達は、一九四〇年代の「必死の選択」と、戦後の「もう一つの選択」の二つの扉の鍵を手にし、彼方を照らす灯りも持っている。

二〇世紀を通して福祉国家という「希望の選択」に、慈善・博愛・フェミニズム、そして何よりも社会民主主義の思想と運動が果たした役割は大きい。一九〇九年にイギリス福祉国家の理論を創るとの意気込みで、ウェッブ夫妻は少数派報告をあえて出すという選択をした。大部な報告書を締めくくるに当たって、彼らが用いた結びの表題は「ユートピア?」(The Minority Report of the Poor Law Commission, PartII, 1909, p.323) であった。一世紀の時を隔てて私達はなお彼らの骨太い思想を、その理論を創るという姿勢に学ぶことは多い。同じ頃ヴェーバーも、官僚制の檻に生活が封じ込められる危機を察知しつつも、「それでもなお」と、近代の病理の克服を社会改良思想と社会政策・社会事業に託した。

現代を生きる私達は、ヴェーバーのいう官僚制の鉄の檻から脱出することはほぼ不可能に近い。しかし、市民社会の人間の欲望や情念を観察し、近代の病理と啓蒙の野蛮を限定的に否定し、肯定されうる遺産を未来に継承するという生き方は選択可能である。これが新しい社会（福祉）運動論の共通項となる思想であり、社会福祉の人間像なのである。

「社会福祉思想を学ぶこと」、それは希望を創出する力の源泉となり、ユートピアを求める運動論の指針となるのではなかろうか。革命ではなく改良を求めた一群が、一九世紀末に社会事業を創出し、「希望の選択」としての福祉国家を生み出した。この思想と運動に込められた「社会を暮らしをより良くしたい」との希望こそが、悠久の時を超えて慈善・博愛の思想と融合しつつ、二一世紀の福祉社会の確かなる羅針盤となり続けるであろう。

第II部　日本の社会福祉思想史

序章　執筆にあたって

――「連続」とその思想

本書の執筆は一九九八年秋から九九年夏にかけてである。まもなく二一世紀を迎える。社会福祉における二〇世紀終末期から二一世紀への「連続」とはいかなるものとなるのか。希望からいえば、再び「経済大国」か、「福祉社会」かの選択の中で、後者に賭けたいということである。この選択は優れて「思想」のテーマである。

この二〇世紀終末期は、日本資本主義の「成熟」ないし「爛熟」期であって、社会的には消費社会・情報化社会・管理社会・物象化社会等々である。いつ果てるともしれない「平成不況」、人類の運命を左右しかねない環境汚染・破壊、加えて阪神・淡路大震災等々。国民生活では「閉塞感」が充満し、シニカルな状況が蔓延している。そしてホームレスの続出、自殺等々の社会福祉問題が後を絶たない。

むきだしの利潤追求は、倫理や宗教的感覚を著しく摩滅させ、個々人の生活意識をも混乱させている。このような終末期の状況は、本来の人類にとって「虚構の世界」である。迂遠な存在として斥けられた「思想」が逆にリアリズムの鍵を握り、「転轍手」（大塚久雄『社会科学の方法』岩波新書）の役割を果すことが認識されはじめた。社会福祉の理論が絶えず時流に流され、パラダイムを変えていく中で、重要なのはこのような思想である。

二一世紀社会福祉への「連続」として、次の二点が重要である。第一点は「社会」福祉である以上、「社会」がその基盤であることを疑う人は余りいないであろう。しかし現在、「福祉サービス」全盛の中で「社会」は忘れられがちである。こうした風潮の中、二一世紀社会福祉にとっては「社会」の復権が第一の課題である。社会福祉における「社会問題性」が疎外され、社会福祉の「対象」が著しく見えにくくなっている。しかし、現実では市場原理下の競争社会の中で、「不適応者」の続出を認めないわけにはいかない。いかに美しい用語で飾られようと、前述の社会問題の続出は、否定すべくもない。

最近、福祉市場論の中で、社会福祉の「利用者」を「消費者」と規定する理論もみられる。私は以前から社会福祉の利用者を「生活者」と規定し、「生きた人間」と考えてきた（拙著『日本の社会福祉思想』勁草書房、四頁以下）。「生きた人間」とは、主体的人間であると同時に、普遍的社会的人間でもある（三木清『構想力の論理』ほか）。そして、「生きた人間」は平成不況や世紀末的状況の中で、「「呻き」の共同体」として存在している。

日本の二〇世紀は、前半は日清戦争をはじめとする「戦争の世紀」、敗戦後の半世紀は「経済成長→経済大国」期である。社会福祉は戦後の一時期を除いて、常に国策の傍流であった。その中で社会福祉の思想は、国策と緊張関係を持たざるを得なかった。二一世紀の福祉社会に現在の社会福祉を「連続」させるために、その基盤としての「社会性」を取り戻さねばならない。

第二は、日本社会福祉の軸足の問題がある。日本はその社会福祉一五〇〇年の経験の中で、儒教・仏教・キリスト教・自由主義・マルクス主義・プラグマティズム等々、応接に暇がないほどその思想をとり入れてきた。むろん社会福祉も思想の多様性は歓迎すべきで、簡単に「雑居性」などと卑下すべきではない。しかし明治以後の近代に限れば、あまりにも「模倣性」、逆に「日本型福祉」への回帰を繰り返してきた。思想である限り、その時代・社会との緊張関係や、導入された思想との主体的な対決とその内面化、そしてその持続性と普遍化が重要である。

敗戦後日本の社会福祉は、軸足を主としてアメリカにおいた。それは敗戦国としての当然の過程でもあったが、二一世紀の社会福祉は人類的な「宇宙福祉」や、「世界福祉」でなければこれからの諸状況には応じられない。社会福祉も単なる一国主導の時代はすでに過ぎた。社会福祉における「方法」（技術ともいう）は別として、思想としては「先進国」「後進国」の区分もよい言葉ではない。いわゆる「後進国」にも「先進国」にみられない優れた福祉思想があるのである。日本社会福祉は多様な福祉思想を吸収しなければならない。

その際の参考になるモデルの一つとしてはベンガル出身で、一九九八年ノーベル経済学賞を受けた経済学者で、かつ思想家でもあるケンブリッジ大学のアマルティア・センの福祉や貧困に対する考え方がある（鈴木興太郎訳『福祉の経済学』、池上・野上・佐藤訳『不平等の再検討』岩波書店等々）。

いま一つは敗戦を契機に、「前近代」思想として福祉の世界から省みられなくなった親鸞・道元等々をはじめとする、鎌倉の宗教改革者たちの福祉思想である。それは日本が生んだ優れて人類的視点に堪えうるものであることは、多くの世界の人も、そして日本の歴史学者も認めているところである。ただ鎌倉宗教改革者の福祉思想は、残念ながら福祉の世界では歴史的連続をみなかったが、改めて再吟味すべきものであると思われる（拙稿「親鸞＝共生と福祉——もう一つのボランタリズム——」水谷幸正先生古稀記念論集『仏教福祉・仏教教化研究』）。

二一世紀への「連続」に関する二つの課題を挙げた。再び社会福祉における「連続」の意味を考えたい。西洋社会事業史と日本社会事業史を比較して直ちに気がつくのは、西洋社会事業史には「連続」性が濃厚であるのに対し、日本ではそれが希薄なことである。西洋では社会の発達段階や、それを内面から支えるキリスト教があったことが有力な原因である。他方日本社会福祉で「連続」が考えられるのは、大正デモクラシーを背景とする「社会事業」くらいであろう。

むろん「連続」は単なる相対主義的な「模倣」や「リアクション」ではない。「連続」には厳しい否定が要求される。「連続」とは弁証法である。二一世紀の福祉社会に展望を託すのであれば、現在何を批判し、何を学ぶべきであろうか。終りに現在は不確定・不安定の終末期であるだけに、二一世紀は「寛容」と「共存」の世紀であることを願わずにはいられない。

第一章　近代以前の福祉思想

1　古代社会の救済制度思想、仁政思想、仏教の福祉思想

救済制度思想　神話的世界や原始時代には、福祉思想として整序されたものは存在しない。日本の福祉思想の形成は、中国やインドの影響とみるべきであろう。

唐の律令制度は、日本の大和政権が権力を集中し、国家として威儀を整えるための絶好のモデルであって、その導入は日本にとって、理想や思想だったといえよう。遅れて出発した日本が、東洋の国際的動乱の中で、先進的な統治理念や法を摂取したものであった。

律令制は、古代最大の国家である唐によって整備されたものである。導入された日本の律令制における救済制度は、民政を基幹とした「戸令」を中心とし、「賦役令」「賊盗律」などが規定されている。民政関係といっても、仁政思想は建て前で、「賦役令」が律令国家の本音であったろう。

「戸令」は単なる行政組織ではなく、徳治政治として、公的な律令的秩序に欠くことのできない基本が多く規定されている。救済制度は「鰥寡《かんか》条」に定められている。「鰥寡条」の対象は鰥寡・孤独・貧窮・老疾、加えて行旅病患である。これらの人々が、「自存《じそん》」することができない状態の者

である。救済主体は「近親」が中心で、それを欠いた場合には「坊里」「村里」の行政となる。救済対象の処遇には、「近親」には「収養」で、坊里には「安䘏《あんじゅつ》」、行旅病人には「安養《あんよう》」の語があてられている。これらの人々には「賑給《しんごう》」されるが、救済責任は第一次的には家族・郷党の責任で、国家の義務とは見なされていない。

次に注目されるのは、「戸令」第一一条の「給侍条《きゅうじ》」で、高齢者と篤疾者に侍丁《じてい》を給する規定である。八〇歳と篤疾者に一人、九〇歳には二人、一〇〇歳には五人で、「鰥寡条」が救済法規であるのに対し、むしろこの条は「敬愛規定」に近い。その当事者は「賦役令」の徭役《ようえき》が免除され、種々の特典が与えられた。

心身障害者は残疾・廃疾・篤疾の三段階に区分された。残疾二つ以上を廃疾とし、廃疾二つ以上を篤疾とした。障害の区分は驚くほど詳細である。医学が進まず、障害について素人の官人の調査で、どこまで判定できたかは疑問で、本条もいわば「例示規定」に近かったであろう。常識的に考えて、課役負担の労働能力と、加えて生活能力を欠く点から、前述の三種に区分したのであろう。「戸令」の「水旱条《すいかん》」は自然災害のすべてを含むが、罹災者も「賑給」の対象であった。「義倉条」は、義倉粟等の徴収基準を定めたものであった。

仁政思想と律令国家　福祉を思想として整序したのは、儒教や仏教であった。中国は春秋戦国時代に古代政権の未開性を脱し、支配の正当性を基礎づけるために、儒家や法家を用いた。「先王の途」や「礼」の秩序が、王道政治として基礎づけられた。

この仁政思想を日本で摂取する際、次の二点の前提がいる。徳治主義的仁政の主体は「君徳」で、君徳修すれば陰陽和し、君徳失われれば、陰陽和を失って、天変地妖生ずと説かれている。しかし、律令国家の確立過程の中で成立した日本の天皇制は、血縁的継承であって、別に「君徳」の倫理や「天意」によるものではない。

次に「治国平天下」の途である「仁政」も、本来的には個人的倫理である「仁愛」的基礎の上に成立している。しかし、受容した日本の「仁政」は、倫理的慈恵というより、政治的形式的であり、また国民生活の中に「仁愛」的慈恵思想が成立していたわけではない。神話的世界の残存の上に先進的「仁政」思想を受容したわけである。

いま古代天皇制的「仁政」の代表例として、聖武天皇七二四（神亀元）年二月四日の即位を挙げてみる。この詔では大赦・高年（鰥寡）・孤独で自存《じそん》不可能な者、孝子順孫義夫節婦が、旌表褒賞の対象として挙げられている。これらは天皇制的「仁政」の代表的形式として、天皇即位その他で行われた。

しかし、これらの形式的慈恵より重要なのは、「仁政」が律令的救済制度として、儒教的教化主義によって行政が貫かれたことであろう。それは行政思想として、官人の勤務評定基準にまで及ぶものであった。良吏政治の本質は、国郡司が儒教的道徳律に基づいて、民政を行うことである。しかし、日本的律令制の目標は、国家への租税負担納入の確保にあった。それ故、幾度かの国司の「仁政」施行の戒飭があっても、まだ日本的律令救済行政は、儒教的「仁愛」になじまず、「仁政」主義的良吏を求めることも難事であった。

元来、道徳政治は安定した社会が前提になっている。しかし、日本の律令政治は激しい貧富の分化の中にあった。郡司層の私的支配の拡大、それが律令的負担納入を悪化させた。「仁政」主義は理想であり、行われ難い矛盾の中にあった。

古代仏教の福祉思想　日本仏教福祉思想の出発は、聖徳太子の『三経義疏』に求められる。これより早く既にインド・中国・朝鮮半島には仏教福祉が発達していたが、日本はまだ現世幸福主義の福祉意識を脱していなかった。したがって、福祉思想の形成には、現世肯定的な福祉意識を否定した、仏教的慈悲観の教説が必要であった。それにしても、古代国家形成のはじめに『三経義疏』のような、高度な福祉思想と関係の深い経典が注釈されたことは驚きである。

三経中の『勝鬘《しょうまん》経』は、在家女性信者の勝鬘夫人が、仏陀の前で成仏の可能性を思索することが主題となっている。『法華経』は庶民の中で、慈悲を実践しようとした経典である。『唯摩経』は、唯摩居士《ゆいまこじ》が世俗生活をしながら「弘法利生《こうぼうりしょう》」に尽し、仏土は衆生に即したものであることを説いた経典である。

私は『三経義疏』に現われる福祉思想を、次のように整理しておきたい。①衆生→菩薩→仏（覚者）は、悟りの実践過程であり、その実践には「六度《ろくど》」の筆頭「布施」をはじめ、福祉に関する多くの仏教教義が使用されている。②『唯摩経』中の「衆生病むをもつて、われ病む」の一句は、慈悲の絶対平等性を意識し、長く日本仏教福祉思想の基調となった。

③三経には仏教教義に含まれる福祉思想が出揃っている。「布施」「四摂法《ししょうぼう》」「四無量心《しむりょうしん》」「福田《ふくでん》」等々、みなそうである。④「物心一如《ぶっしんいちにょ》」の建て前をとる仏教では、「財施《ざいせ》」「法施《ほっせ》」は対立するものでなく、まさに「一如」の関係にある。⑤儒教的仁愛思想と仏教的慈悲的福祉思想の対比をうかが

うこともできる。㋑対象論、凡夫↓菩薩↓仏の連続的平等性と、儒教的仁愛の倫理的上下関係、㋺実践論、儒教的「惻陰」と仏教的「空《くう》」等々。

『義疏』にみられる福祉思想で最も著名な個所は、『勝鬘経義疏』の「十大受章《じゅしょう》」の「四受」である。

古代仏教の慈善救済は、おおむね国家を背景にしており、その代表例は、光明皇后の施薬院である。そのなかで行基は、律令の「僧尼令」から弾圧を受けた私度僧《しどそう》の出身であり、民間布教禁止にありながら福祉活動を展開した。行基は日本社会事業の始祖的位置にある。

行基の福祉活動は、農業生産のための灌漑、交通からはじまって、運脚夫《うんきゃくふ》、役夫その他に便宜を与えた布施屋《ふせや》等々の施設に及んでいる。その特徴は、民衆の要求があり、その結果施設ができたということであろう。その代表的施設の崑陽《こや》施院にも布施屋、池溝開さく等々がみられる。それは行基の私的道場において、聞法した人々が種々の施設を造りだしたものである。行基の著名な四十九院もそうであろう。

行基は、はじめて日本に法相宗《ほっそうしゅう》を伝えた道昭《どうしょう》に学んだが、その学んだところは、大乗戒の菩薩行等であり、福祉思想としては、福田《ふくでん》思想であった。

行基福祉を特徴づければ、①日本民間福祉の始祖的地位にある。国家仏教万能時代に、それは驚くべきことである。②その福祉活動は上から下を恵むことでなく、民衆の要求が基本となっている。③行基集団は、既存の国家仏教や、共同体を単位としない信仰集団である。④施設中心より「遊《ゆ》行《ぎょう》」的福祉であり、その面でも日本福祉の始祖的地位にある。

平安時代の最澄の福祉思想は「天台法華宗年度分学生式《がくしょうしき》」に表われている。その中で説かれる「国の宝」とは、国家的見地の信仰心を持ち、一隅を照らす人で、学問実践に優れ、自分を忘れ他人を利する大乗の菩薩行である。最澄の教育理念は「国利民福《こくりみんぷく》」を祈願する菩薩僧の養成にあった。「国の師」とは地方や地域に即した形で学問に優れた人、「国の有」とは実践に優れた人である。

最澄と並ぶ空海は主著『十住心論《じゅうじゅうしんろん》』で、四無量、四摂法等「利他」の行を、「菩薩の道」としている。とりわけ「四恩」は空海福祉思想の特徴で、中でも四恩中の「衆生恩《しゅじょうおん》」が重要であり、四恩を日本福祉思想に定着させた一人である。空海福祉の実践思想を代表するのは、綜藝種智院《しゅげいしゅちいん》「式・序」である。空海は「貧賎の子弟」のために院を建てたことを述べ、院の師の資格として四無量、四摂心を持ち、「仏性」の平等性を基準とした教育を求めた。

空也《くうや》を先頭にした浄土教系の念仏聖《ねんぶつひじり》達は、市井生活を送りながら、民衆に念仏信仰を広めていった。空也は阿弥陀聖《あみだひじり》と呼ばれ、その掘った井戸は阿弥陀井《あみだい》と称された。空也は民衆の間に口称《くしょう》念仏《ねんぶつ》を広めながら、民間教化と福祉的菩薩行をおこなった。この諸国遊行をしながらの念仏を民衆が求め、またその福祉行為を喜んだ。これら聖・沙弥《しゃみ》、あるいは律令的官僧でない俗人の宗教は、その福祉思想も国家や貴族の権威主義的性格の福祉と別の思想であった。

2　中世封建支配者の救済思想、仏教の福祉思想、キリシタンの慈善思想

封建支配者の救済思想　鎌倉時代になると、領主意識が高まるとともに、自己の支配する荘園内においては、撫民思想のもとに救済が行われた。それは律令時代の中央集権的救済制度に比して、

私的要素が濃厚で、範囲も狭く、江戸時代に見られる「仁君」的な政策思想とも異なっている。その典型的人物が北条泰時である。泰時の荘園は散存し、そこで行われた救済も支配地が主であった。泰時の救済の精神的根拠は深く、自分も最低の生活をしながら贅沢を禁じた。その救済精神、とくに無欲な態度は、明恵《みょうえ》の影響が大きかった。

室町幕府は守護大名の勢力均衡の上に成り立っていたので、救済にはほとんど無力であった。しかし、戦国大名は富国強兵策遂行の必要上、民政に尽くした者が多い。笛吹川の治水に努めた武田信玄などが有名である。戦国大名の救済は、生産増加や、人心収攬上から政略的に行われた場合が多かった。

鎌倉新仏教の福祉思想　中世は洋の東西を問わず、宗教の福祉思想がその中心であった。古代の国家仏教や貴族仏教に対して、信仰仏教を中心とした日本の宗教改革の時代であり、慈善や福祉も、政治権力を主とした古代仏教に対し、権力や身分を超越したものであった。

法然は「末法」さながらの修羅場の中で、「浄土」の一門を選択した。念仏をもって往生の本領とする以上、慈善などは「小善」にすぎない。慈善を否定し、阿弥陀仏によって蘇る福祉思想こそ法然が選択したもので、「室《むろ》の津の遊女」との邂逅はその代表例である。

親鸞ほど現実社会に即しながら、その絶対否定、さらに否定の否定をしながら、現実の絶対肯定に還帰した思想家は稀である。「末法」を思想的土壌としながら、「悪人正機」という人間類型の創造、「自然法爾《じねんほうに》」という浄土の慈悲、そこから流出する現世肯定の「還相廻向《げんそうえこう》」、社会的共生的表現としての「同朋同行」、これらは日本が生み出した宇宙的＝人類的可能性を持つ福祉思想である。

そして、思想にとどまらず、後世の福祉処遇に生き生きとした影響も与えている。

道元にとっては、現実世界の諸存在の移り行く姿が、そのまま「仏性《ぶっしょう》」であった。その福祉思想は「自ら未だ度《ど》を得ざるに、先づ他を度す」という利他的福祉で、それこそ悟りへの「発菩提《ほつぼだい》心《しん》」であった。「捨身供養」「不惜《ふじゃく》心身」の実践に、その福祉思想の特色がある。『正法眼蔵』の「菩提薩埵四摂法《ぼだいさつたしじょうほう》」に、端的に道元の福祉思想が表われている。

日蓮の生涯は「飢渇《けかち》」と「災害」の文字に満ちている。著名なその出自宣言には、民衆への共感があり、「災難」を問題意識としながら、『立正安国論』等が執筆された。『法華経』の福祉思想に導かれて、「仏国土と成し、衆生を成就する」と、現世肯定的であり、その生涯も菩薩行的使命観に満ち溢れていた。その激しい忍性批判は、いわば慈善対福祉を考察する際の好例である。

念仏勧進捨聖《かんじんすてひじり》一遍は、貴賤老若男女はむろん、山川草木に至るまで「平等」に徹しようとした。それは思想にとどまらず、共同体から排除された被差別貧困層にまで、福祉活動を展開した。それは行基—空也—教信を継承しているが、その福祉は平等性、個別性、遊行性にあった。

鎌倉新仏教の福祉思想を総括すれば、福祉対象論の極点として、親鸞の「悪人正機」、そして一遍の平等性、これに対して、主体論の頂点は道元の「発菩提心」、実践論としては日蓮の「使命観」である。法然以降の新仏教開拓者の福祉思想には、「王法（世俗権力）」に対する信仰と福祉の関係がはっきりと示されている。

鎌倉旧仏教の慈善思想　明恵は宗教的天才で、その学問や信仰は『華厳経』や真言宗に基づいている。その慈善思想の特徴は、「名聞利養《めいもんりよう》」の否定と、「仏性」の平等性にあり、伝統的仏教を代表する人物である。政治権力を離れ、その慈善は純粋信仰から出ている。乞食、癩患者を侮ることを恥とし、一方では権勢を恐れぬ言葉を述べている。明恵慈善の特徴は、生類すべてに貫通する「平等性」にある。それは「仏」と「衆生」を同体と認識したからである。承久の乱に官軍の逃亡者が、明恵の栂尾《とがのお》の山中に逃れたが、「不殺生《ふせっしょう》」「怨親平等《おんしんびょうどう》」の立場からこれを保護し、六波羅で泰時を説諭した話もある。その不殺生戒は鳥獣草木にも及んだ。北条泰時の明恵に対する帰依は著名であり、泰時から崇敬を受けたが、明恵の慈善動機は、いささかも政治と混濁化していなかった。

　叡尊とその弟子忍性《にんしょう》は、西大寺派戒律の慈善思想を代表している。叡尊は西大寺派中興の祖として、密教の戒律を流布したが、弟子忍性とともに、日本社会事業史中興の祖である。叡尊の慈善思想理解には、七歳にして母を失い、貧困の中に成長したことと、戒律を仏教の根本と悟り、受戒したことが重要である。叡尊の戒律は奈良時代の律宗と異なり、利他行に赴く戒律であった。もともと戒律の実践は持戒・授戒が主で、社会性に乏しいが、叡尊は文殊信仰の導入により、社会的に活動した。日本における戒律と慈善の関係は叡尊・忍性が代表している。叡尊四二歳の時「発願領文」があり、この前後が慈善行への出発期であったが、そこには「四摂事《ししょうじ》」などの項目がある。また八二歳の時「興法利生《こうぼうりしょう》」を表白したが、晩年とも思われない慈善活動に対する信念がある。

　叡尊の施行方法は、宗教的であるばかりでなく、具体的である。一二七五（建治元）年、非人に斎戒《さいかい》を授けたが、この時、叡尊はあらかじめ非人の長吏らに四か条の起請《きしょう》をさせ、長吏らに請文《うけぶみ》を提出させている。それは葬家に強請しないこと、施主に過分の要求をしないことなどである。特に癩患者が非人仲間から差別を受けがちであったため、癩患者に対する、侮辱、悪口雑言を禁じている。一二八二（弘安五）年八月にも、和泉大島非人から、癩患者に関する三か条の起請文を取っている。

叡尊の慈善は、戒律や西大寺派中興の祖としての使命に裏付けられたもので、一時の慈善などではない。しかし、叡尊は真言旧仏教を奉じ、慈善思想も鎌倉新仏教の開祖たちとは異なり、戒律に伴う慈善者と被慈善者の上下関係は、払拭されてはいない。

忍性は一六歳で母を失い、一七歳で受戒し、文殊を信仰した。出家前後『梵網経《ぼんもうきょう》』を聴いたが、それは戒律兼修の西大寺教学とともに、その慈善思想を支えたものであろう。出家の門出には、文殊像一幅を額安寺《がくあんじ》西辺の非人宿に安置供養した。出家は同時に慈善救済の旅立ちでもあった。

忍性の慈善救済の出立を飾るできごとは、二六歳の時の北山宿での癩者救済と文殊像供養である。忍性は聖徳太子、行基を景仰し、四か院を再興しようとした。

忍性の慈善思想として著名なのは「十種大願」で、一二七二（文永九）年五六歳のときのものである。すでに極楽寺に住し、名声も高まっていた。この中から慈善救済事項を抜き出せば、「孤独・貧窮・乞人・病者・盲目・牛馬等路頭に捨て置かれたものへの憐愍」、「造道・水路・亘橋・堀井・薬草・樹木等を山野に植えること」等がある。これは『梵網経』にみえる八福田に類似している。すでに政治権力にも近く、「十種大願」を起こす前年には、「律宗国賊論」を唱えていた日蓮からの非難攻撃もあったが、忍性はほとんどそれに答えようとはしなかった。

忍性の生きた時代は、まだ北条政権の封建的基礎も固まらず、その救済事業も荘園の範囲を超えるものではなかった。しかし、天下は窮民の群衆に溢れている。救済には膨大な費用を要するが、忍性はその資産調達に秀でていた。彼は文殊信仰を奉じ、生活も質素であったと思われるが、人心収攬術にもたけていたので、幕府にとっては利用すべき存在でもあったのであろう。忍性の慈善施設経営は、師叡尊よりも実際的で、資金調達のためには権勢に近づくことにも積極的で、それによる名声も『興法利生』実践のために有効と思ったらしい（和島芳男『叡尊・忍性』）。また忍性の土木工事や「殺生禁断」は、漁民達の「歎き」を買う一面があった。さらに加えていえば、西大寺派慈善救済が長続きしなかったのも、責任の一端が忍性にあるといえなくもない。

キリシタンの慈善思想　日本に渡来したイエズス会は戦闘的宗教で、その思想も近世的性格を持っていた。そして、慈善の革新もその使命であった。その慈善思想の特色は、ゼウスの前の人格の平等、アニマの救済＝カリタスにあり、それは日本人にとって、初めてのキリスト教慈善思想との出会いであった。

一五九二（文禄元）年、天草学院版の「ドチリナキリシタン」には「慈善の所作一四か条」が示され、「ゆるがせなきように覚悟すべし」と義務づけられている。「一四か条」はトマス・アクィナスの、身体にあたる七つの事項と、精神にあたる七つの事項に分かれ、前者は物質的な条項である。一四か条を規定する思想は、基本的に「人格《ペルソナ》」はゼウスの前に平等であり、この最高の価値ある「人格」「霊根」を汚すことこそが罪で、神から与えられ、全世界の価値以上に尊い「人格」を救う兄弟愛的実践が究極の目的とされている。

3　近世封建社会の慈恵救済思想

幕藩封建制と救済思想

江戸時代は別名幕藩封建社会と呼ばれる、江戸幕府と各藩の二重支配であった。救済政策も同じ儒教理念を取ってはいたが、その方向は別々であった。江戸幕府は中央集権的で、その慈恵政策は全国的（各藩慈恵政策に対する影響力、弱藩に対する援助等）、都市的（貧困者の流動、集団化に対して）であった。都市の発達に応じて、限定的ではあるが、制度的には近代救貧制への過渡的側面さえ持っていた。

代表例としては、窮民救済政策での松平定信の天明大凶荒後の一七九一（寛政三）年の七分積金制度、救済施設としての享保年間江戸小石川の町医小川笙船《しょうせん》の創意により設立された小石川養生所《ようじょうしょ》、一七九〇（寛政二）年の松平定信による人足寄場《よせば》等がある。

各藩の慈恵政策も儒教的倫理に基づいて行われた場合が多く、家父長的で郷党的救済意識が濃厚であった。藩主の家父長的政治としての救済政策と、藩主の「仁愛」的倫理が一体化している場合が多かった。しかし、江戸中期以降の社会的問題の瀕発は、「仁政」や「名君政治」で解決できるものではない。鰥寡孤独や障害者は「天下の窮民」として、その救済は藩主の責任ではあるものの、それは建前論で、その慈恵政策には備荒政策等が中心におかれていた。そして、儒教的廉恥感が倫理感として強調された。

慈恵政策の代表的藩主は、会津の保科正之、岡山の池田光政、金沢の前田綱紀、米沢の上杉治憲、白河の松平定信等々である。

儒教学者の慈恵救済論

慈恵救済論は、主として儒教学者によって行われた。それは幕藩支配者によって具体化され、近代の救済慈善思想にも尾を引いている。幕府の正統教学は朱子学で、その特徴は理知的・静観的・禁欲的にあった。朱子学に反発し、動機の主観的純粋性に主眼をおいた「知行合一」の立場をとる陽明学が起こった。また直接孔・孟に学び、朱子学の「理」「法」に対して、「仁徳」を主張する古義学も起こった。儒者の慈恵救済論は、主として武士の道徳を基準としたもので、一方では徳治主義的な「名君政治」となり、一方隣保郷党社会では「君子仁人」思想として展開されていった。ヨーロッパでは、近代以前はキリスト教的宗教的慈善思想であったのに対し、日本では儒教的倫理的慈恵思想であった。このことは、近代以後の社会事業思想を理解する上で重要である。

古義学の山鹿素行は、朱了学の批判者、武士道の確立者で、「士」的慈恵救済論の代表的人物である。すなわち、①救済は大徳であるが、実情を無視する場合、惰民を生ずる。そのため五保制を確立して、貧窮者の調査を行い、対策として防貧を主とすべきで、常平倉・義倉・社倉の設備が重要である。②救済は鰥寡孤独者に限り、調査の上で親族→一村一郷→奉行の順に救済を行うべきで、また本地主義をとるべきである。③自然災害に対し、予防策として賑貸論、当事策として賑賜論、回復策として養民論をとるべきである。④武断主義的立場で、単なる博愛、仁愛は否定すべきである、と論じている。

古義学の荻生徂徠の救済思想は「吾身一つ」の個人道徳ではなく、「治国」「安天下」の経世思想の一環であった。『政談』で鰥寡孤独のみならず、流動的窮民である乞食に至るまでを「天下の窮民」として、経世的救済対象としており、公的色彩が濃厚である。しかし、その対策は意外に古く、「人返《ひとかえ》し」等の共同体的なものである。

陽明学の熊沢蕃山は、岡山藩に出仕し、経世済民政策を実施し、終世現実政治に関心を持った。「鰥寡孤独」や障害者を「兄弟」とみる陽明学的見解を持っていたが、その経世的救済思想にはさまざまな矛盾があった。その経世的救済論の中心は武士帰農論である。また、被差別部落に対し、「差別」意識が濃厚であった。

貝原益軒は朱子学から逸脱した点もあるが、基本的には朱子学者と考えられている。益軒の「仁愛」思想の特徴は、①「天地の大徳」を愛とみた。②救済は「分」に応じて可能で、庶民、時には貧困者にも可能と考えた。③救済には順序次第があるとし、墨子《ぼくし》の「兼愛」を否定している。④「公・私」の論理を立て、自己を愛する心で他人を愛するのが「公」で「仁者の心」とし、自己のみの利を願うのは「私」で「小人の心」として排している。⑤「陰徳陽報《いんとくようほう》」論。⑥仁愛の実行は「自娯《じご》」で楽しいこととしている。

江戸後期の朱子学者中井竹山の「草茅危言《そうぼうきげん》」は、松平定信への献策である。鰥寡孤独・身体障害等の「窮民」を仁政の対象とし、保護することを主張している。しかし、親戚、縁者、親方等がおれば「無告《むこく》」でないとし、「窮民」の分類に入れていない。竹山の慈恵論は、堕胎間引の禁止、捨子養育や博奕、売春の禁止にまで及んでいる。その経世論は著名であったが、朱子学的限界を脱してはいない。竹山にも『社倉私議』の著がある。

日本陽明学で、最も著名な大塩中斎の思想の特色は、救済の功業にあるのではなく、「大虚《たいきょ》―良知―惻隠の心―万物一体の仁」を実践化しようとしたところにあった。その社会的問題の考え方も、客観的な社会的認識ではなく、上から人民の困窮を救うという伝統的方式であり、幕藩体制に対する抵抗ではなかった。諸役人の不正を討つという体制内改良である。しかし、また社会的課題をそのまま自己の主体的課題とし、その解決を直接実践に訴えていったことは、幕末における民衆に、打ちこわしをはじめとするさまざまな変革を鼓舞することになった。

佐藤一斎は「朱王折衷」といわれ、『言志四録』を著した。幕末思想界に与えた影響は大きい。そこにみられる「志士仁人」意識は、明治の政治家ばかりでなく、近代社会事業家達の内面精神の一つとなっている。

幕末の経世思想　経世家には幕藩経済の危機進行と、特に幕末には、欧米からの外圧という二つの課題があった。儒教による仁政的治国論にも疑問が生じはじめる。

その先頭に立ち、幕末経世家に道を開いたのは三浦梅園である。その仁愛思想は、江戸後期社会において最も関心を持たれるものである。その救済思想は、一七五六（宝暦六）年に創始した「慈悲無尽興業旨趣」である。慈悲無尽論については、村人との「約束の条々」一二か条が特に注目される。その第一二条には共同体内的個別的総参加、特に自発的参加が勧められ、さらに「旨趣」を妻子にまで徹底させるという、共同体内「民主」的傾向もみえている。さらに諸組織の方法は論理的であり、「評議」して決定するような合理性もある。梅園の志は長く継承され、明治以降も続いた。

佐藤信淵の経世思想を形成させた契機は、飢饉による窮民、農民の流亡、堕胎陰殺の流行である。

それは幕末のすべての経世家の出発点でもあったが、信淵は窮乏の解決を、天祖の神教を中心とした天皇制下の富国強兵策に求めた。その所論は矛盾に満ちたものであったが、彼は絶対主義的な富国強兵策によらなければ、問題は解決しないと考えた。

信淵が整然たる救済体系を打ちだしたのは、『垂統秘録《すいとうひろく》』においてである。救済機関として、教化台の下に小学校・広済館・療病館・慈育館・遊児廠《ゆうじしょう》・教育所を付属させている。広済館は天災・悪疾による窮民や鰥寡孤独者の救済所、慈育館は貧民赤子の養育所、遊児廠は四、五歳から七歳までの保育所、教育所は八歳以上の教育所である。慈育館・遊児廠・療病館も、単に救済機関としてのみ構想されたものではなく、一方でそれにより農業労働者増加を期待したのであった。しかし、信淵の経世思想も、封建制是認の下に樹立しようとしたので、その所論は空論視された。

二宮尊徳が活動した幕末農村は窮乏の淵にあった。荒村復興を革命ではなく、改良主義的方向によって図れば、自力更生的な農民の勤労や農村の共同化、さらには村の和合を重視せざるを得ない。尊徳は経験主義的実践によって荒村の改良を行おうとした。

尊徳は四つの方向を農村復興の基本として案出した。その第一は「分度」で、全体を見通して手順・構想をもくろみ、予算を立てて生活を行うことが重要であるとし、そのために自然・社会・団体・個人等々の調査を重視した。第二は「勤労」、第三は「推譲《すいじょう》」である。富者は財を、賢者は智を、強者は力をその分に応じて余力を「推譲」するならば、共存共栄の実が上がり、一円融合の社会になるとした。第四の報徳は、上述の方式を貫通する精神であった。

報徳は荒村復興の実践運動であったから、「仕法《しほう》」が重視された。その目的は農家の救済復興、農民精神の更生とともに、村落の永安の法を講じ、和合の実現を図ることにあった。救済も施与ではなく、村落の報徳的一円的共存共栄の視点からである。上下関係の慈恵より助成・表旌《ひょうぜい》・奨励等の報徳的教化を基本にし、農民の自立に主眼を置き、まじめに働けば捨てないという方針であった。分限や収入に応じて一定の限度を設け、範囲内の生活をさせ、倹約により余剰を図った。「推譲」を通じ親戚、村落の和合を図ったのである。調査を重視して環境を整備し、自立を図った。

尊徳と対比される武士出身の大原幽学は、済世救民の第一歩は倫理を教え、道を明らかにし、「道心」に立ち返らせることにあるとした。幽学を有名にさせたものに一八三八（天保九）年に始めた先祖株組合があり、信用組合の先駆的形態といわれている。祖先の恩に報い、子孫の永続を目的としたものである。村人に組合を作らせ、先祖の株を定めて利用を積み上げ、それを持ちより、永世積み置くもので、それにより他村に質入れになった土地を請け戻したり、天災の備えとした。幽学の場合も救済より自立に目的を置き、個人の救済より、一村の救済を主とした。

第二章　明治の救済事業思想、慈善事業思想

1　公的救済思想

明治啓蒙思想　明治啓蒙思想の代表的存在は明六社である。当初の社員は西村茂樹・津田真道・西周・中村正直・加藤弘之・箕作秋坪《しゅうへい》・福沢諭吉・杉享二・箕作麟祥・森有礼の一〇名である。

この中で公的救済思想の発言者は福沢諭吉で、福沢は機能主義的相対主義的思想家であった。彼の公的救済思想は『西洋事情』、『文明論之概略』に現われている。前者は西洋文明の輸入紹介、後者は福沢の独立自由の精神により書かれた著書である。『西洋事情』にみられる救済思想の紹介は、自由人権説、貧困説、救貧法観、救貧施設観、相互扶助観である。当時の西洋は自由放任時代であったので、これらの知識を得ることは比較的容易であったと思われる。福沢のこうした紹介は、詳細であるばかりでなく、的確であった。

福沢の『概略』執筆の意図は、儒教への対抗意識にあった。そこには儒教的仁政、仁愛思想の否定と、自由主義的貧困認識がみえる。当時は仁政の観念と、民衆の尊重や福祉の重視という西洋近

代の政治原理が、二重写しの関係によって読み替えられた時代で、佐倉宗五郎等についても自由民権の視点から捉えられていた。

『概略』にみられる救済思想を整理すれば、①個人的道徳的救済と公的政策的救済の混乱を否定したこと。②救済における個人的徳義より、組織制度や科学性の重要さを指摘したこと。③救済における儒教的理的静的認識を否定し、救済を多様性・流動性で捉えたこと。④儒教的救済の基本であった序列的、閉鎖的関係を、実態的な社会的視点で把握したこと、などである。

自由放任時代の救済思想の前提には、「自助論」がある。自由放任論をとる田口卯吉は、貧民救済は一方の貧民に租税を課し、一方の貧民を救済するものとし、これを「残虐」としている。田口は一八八一年の「意見」で、「施療院並に養育院を廃止するの意見」「庶民夜学校の廃止」も主張した。田口は租税を貧困者等の一部分の便益に消費すべきでないと主張した。

一八八〇年には原敬が「救恤論」を発表したし、この時期の自由民権論者も植木枝盛をはじめ救済について発表しているが、何れもリベラル・デモクラシーより、ナショナル・デモクラシーの色彩が濃厚であった。

救済行政創始者の思想　初期に救済行政に関心を持った人々は、等しく国家的精神、進取の精神、武士道的精神を持っていた。後藤新平は、日本の社会行政、衛生行政の始祖的地位にある。一八九〇年ビスマルクに会い、外交と社会政策を学んだ。

後藤のこの期の三部作は、『普通生理衛生学』『国家衛生原理』『衛生制度論』である。この中で最も価値が高く、生涯の政治生活の思想的根底となったのが、全一九三頁の小著『国家衛生原理』

である。もともと医者であったから、国家を衛生的団体に見立てて「最高有機体」と考え、産業革命前の国家労働力の担い手である「貧民」や、初期下層労働者の保護救済の必要を力説したのである。慈善、救済が後藤の個人思想の基本にもあり、それが社会行政に寄与することになった。後藤は防貧を中核としながら、救貧にも配慮している。

日本の産業革命期は、横山源之助が「下層社会」と指摘するように、賃労働者と被救恤層が必ずしも分化していたわけではない。イギリス救貧法が日本の国情から受入れ難い以上、「防貧」や「公益」を考案せざるを得ない。

後藤は生産力の担い手である産業革命下の細民を、衛生と貧窮の防止＝初期労働者保護を車の両輪としながら対策を考案しようとした。後藤は伊藤博文らに「建白」を草し、その政策プランは具体化され、一八九七年帝国議会に恤救法案・救貧税法案として提出されたが、日の目をみなかった。一八九七年内務大臣に建議した中にも、「賎民は国家の富源にして、これが保護の方法を設くるは、国家百年の長計」とある。

後藤を継受し、衛生と貧民保護を行政として整備したのが窪田静太郎である。窪田は「公益主義」を標榜し、社会行政を定義し、「社会の弱者を保護する公私の諸制度」とした。公衆衛生と防貧の観点から、初期労働者を「国家の富源」と考えたのは、後藤と同じである。窪田の最も重要な論文は「貧民救済制度意見」で、慈恵主義は国家の元気を消耗するので、労働力回復の「公益主義」こそ社会の利益としている。窪田は明治末の救済事業官僚井上友一らの先輩であるが、防貧＝公益から救貧を捉えていた。

窪田は社会政策学に関心を持つ法学博士である。「貧の処置法に就て」「貧に就て」等、貧困関係の論文も執筆している。「貧の処置法に就て」では、救済主体を国家・公共団体・自助団体・慈善団体と四区分している。

社会政策学者の救済思想　日本社会政策学の開拓者は金井延である。ドイツに留学し、G・シュモラーやA・ワグナーにつき、またL・シュタインの影響も受けた。金井の社会政策思想は、伝統的な日本経世思想が、ドイツ社会政策思想により、近代的装備された感が深い。また金井はA・トインビーに私淑し、留学中もトインビー・ホールに起臥したこともあった。金井の社会改良思想は、それぞれ別の思想型である経世思想、ドイツ社会政策思想、イギリス社会改良思想が、あまり齟齬もなく同居している。

金井は窮民救助を労働者救済の方法の一つと考えた。その公的救済思想をよく表わすものは「窮民救助策を論ずるの必要」で、イギリスの一八三四年救貧法等を紹介しながら、この論文がかかれた前年（一八九〇年）の議会で窮民救助法案が流産したことを遺憾としている。そして、自由放任論者による窮民救助法非難は当たらないとしている。金井は自由放任主義の限界を知り、社会主義対策として社会政策をとる必要を唱えた。

桑田熊蔵は社会政策学専攻の嚆矢で、生涯社会事業とも深い関係を保った。彼の社会政策学は、イギリス系自由主義経済理論に対抗する保護主義的経済政策論で、政策提言的性格が濃厚であった。国家権力に訴えても、劣者弱者を保護し、共存の目的を達すべきだと考えた。その理論は社会主義批判が強かったために、社会政策右派の中心人物と目された。

桑田の救済論説として「救済の意義」（一九〇八年）、「窮民救助制の方針」（一九一〇年）がある。前者では政府の当然の義務としての国家的方針、慈善事業としての慈恵的方針、労働者が自発的に行う共済的相互救済の個人的方針、の三方針を説いている。後者では公共的救助制を基礎として、私的救助法の補完を主張し、自治体救助を最良としている。救助原則として、虚偽の窮民防止の救助方法は過酷にわたらざること、可能なかぎり院内主義をとること、を主張している。

2　慈善事業思想の形成と成立

プロテスタントの慈善思想　初期宣教医の中で、明治慈善事業の系譜的存在は、J・C・ヘボンである。

ヘボンの日本慈善思想における貢献は、第一に使命感を持って来日し、癒しの業として医療に当たったことである。それは「志士仁人」的な儒教的仁愛、或いは仏教的「自他不二」的慈善とは異なるものであった。それはまた、ピューリタン的福音に立脚するキリスト教的慈善と日本の伝統的福祉との最初の出会いであった。第二は、人格を基礎においた四民平等の施療で、幕府の老中から浮浪癩や乞食に至るまでが、等しく救済対象であった。第三に、ピューリタン的倫理で日本のルーズな性道徳を批判し、一夫一婦制を主張し、性病対策にも及んだ。

ヘボンの医療活動にみられる、キリスト教的社会倫理に基づく慈善思想、すなわち使命感やボランタリズム、救済対象の個人的人格の尊重、そして、科学的処遇の三点は、彼をして明治慈善事業思想の系譜的存在たらしめた。

明治啓蒙思想家中、直接慈善ないし博愛《フィランソロフィ》に、深い関係を持ったのが中村正直（敬宇）である。中村は幕末の陽明学者佐藤一斎の門弟であるが、また一八七四年カナダ・メソジストのG・カックランにより受洗している。そして、明治維新には制度の変革とともに、根本的に精神変革の必要を悟った。中村のキリスト教的慈善の下敷きには儒教的仁愛があった。彼の名著『西国立志論』は、キリスト教的慈善や、民間のボランティア活動にまで言及されている。中村は儒教的仁愛を下敷きにしつつも、キリスト教的近代的慈善に道を開こうとした。中村の慈善博愛思想は「訓盲所の事につき問答」に現われている。ここには訓盲所をボランタリズムによって支えようとする、戦闘的姿勢がみえ、また「半開化」日本の「公道」、即ち福祉の欠如を、民間ボランタリーで担おうとする使命感がある。

明治二〇年前後のプロテスタントの社会改良思想や慈善思想の重要な点は、①儒教的仁愛思想に対しては、公私分離やキリスト教的ヒューマニズム、仏教的出世間的慈善思想に対しては、世俗内「禁欲」的社会改良や近代的慈善思想を提起したこと、②貴族的「欧化」的慈善思想に対しては、自由平等な隣人愛に基づく慈善思想、③自由民権的政治的解放思想に対しては、宗教的隣人愛的慈善を提示したこと、である。プロテスタントが日本知識層に影響を与えた。

『六合雑誌』は、社会的キリスト教を代表する総合雑誌である。その明治一〇年代初頭の重要論文は、小崎弘道「懲矯院を設けざる可らざるの議」である。明治二〇年代で注目されるのは、S・A・バーネットの来日を機とした、ロンドンのトインビー・ホールの紹介である。

徳富蘇峯の『国民之友』は平和主義・自由主義・平等主義を唱え、やがて日本社会の中産層を担う「社会の下層」に注目した雑誌として知られる。『国民之友』に展開された社会改良や慈善思想としては、次の五点が重要である。①従来の貴族的「欧化主義」的慈善や、反対の伝統的な義侠心を否定し、真の慈善とは平民道徳である公共心に支えられ、権力や地位から離れたものとしている。②二〇年代初頭を社会問題の出発期とみて、貧民救助策等を論じた。③一夫一婦制や廃娼論など女性解放を主張した。④個人の人格尊重の視点から非差別部落解放を論じた。⑤西欧的社会改良思想の紹介、である。

『女学雑誌』は廃娼運動の開拓的役割を担った。その廃娼論は、人権や家族道徳から娼妓の救済にまで及んでいる。また社説「貧民救済の方法」は、法や公的救済の弊を衝き、隣人愛的近代的ボランタリズムを高調している。

北村透谷は、「慈善事業の進歩を望む」で、慈善思想近代化の幾つかの重要点を提示している。近代文明の持つ恐るべき不幸を指摘し、救済は一時の義侠や、財閥の施与や、偽善的な貴婦人慈善会等では不可能で、人間を奴隷視しない人生の源泉から流出する「同情」こそ、「宇宙の理法」としている。

慈善事業思想の成立　留岡幸助はペスタロッチやルソーその他外国の施設にも学びながら、模倣でなく、自己の経験に基づいた家庭学校をつくり上げた。日本慈善事業思想成立の一里塚は、彼の『慈善問題』（一八九八年）である。その論文はいずれも『基督教新聞』に掲載された。その思想には仁政・仁愛等の残滓は残しつつも、処遇方法としては近代的であった。その代表的五論文を思想的視点で整理しておきたい。

「慈善家の本領」は、日清戦争後の二〇世紀を「乱闘的社会」とみて、「怵惕《じゅってき》惻隠の心」と、キリスト教的同胞愛によるヒューマニズム、即ち慈善事業をもって当たらなければならないと説いている。「慈善家の資格」で挙げているのは無欲・悠久持長・智識・勇往直進・同感同情・事務的才能の六つである。

「慈善家の見識」では、文明社会には「大火災」である社会的問題を伴うので、その「消火」の役割である「慈善的ポンプ」が必要で、富者に代わってそれを行う慈善家を「ゼントルマン」と自負している。「慈善家の本源」は「人に忍びざる心」（孟子）、「大和魂」（吉田松陰）、「義務の命ずる所」（ハワード）等であり、人の急を救うは、「天」によるとする性善説を取りつつ、その根源は、神を愛することであるとして、慈善の本源を「活ける信仰」に求めている。留岡には自由神学的傾向が濃厚である。

「慈善家の方法」は、慈善の効果は智識・経験・方法によるとし、第一要義は教育によって被保護者の自立を図る。第二要義は被救助者の事情調査をし、区分して救助する。第三要義は慈善家の品性としている。

これらの論文は一八九八年一〇月『慈善問題』として一書にまとめられた。その「自序」に

> 吾人の慈善問題を滞りなく解釈せんと欲せば、宗教より出ずる熱愛、学術の与ふる光明なかるべからず、この両者を融化調和したるものは即ち吾人のいわゆる学術的慈善事業これなり。

と著名な言葉を記している。いわば慈善事業の学問的研究のはじまりである。

石井十次は、日本育児施設の勃興期に、施設処遇の近代化について手探りで膨大な実験を試みた。

石井の思想の根底にあった第一はキリスト教信仰と、二宮尊徳らの倫理思想であった。第二にその慈善・博愛思想は、俗世間の「人格」の中に、神に応答するものを見いだし、慈善事業や社会改良を行うものであった。

第三に、明治を同時代とした人々は、日清・日露の二度の大戦の勝利、そして「富国」の形成を最高の喜びとする愛国的国家主義者であった。それは本来戦争とは対極にある福祉を選びながら、それを通じて近代国家を創造しようとする発想は同じであった。石井も自由を主張しながら、同時に慈善・博愛を通じての愛国的国家主義者であり、特に天皇崇拝の念が強かった。石井の慈善・博愛はキリスト教が中心であるが、同時にこの国家主義や天皇崇拝を除いては理解しがたい。まさに「福祉」と「愛国」の「並存」である。

まだ「お救小屋」的処遇が残っている中で、組織的処遇の変革に貢献した一人が石井十次である。初期の石井にはG・ミューラーの影響が大きいが、一八九一年ペスタロッチ伝を読んで以来、東洋のペスタロッチたらんとし、労作教育のもとを農業に求めた。中期の日清戦争後の石井はルソーの『エミール』から深刻な影響を受け、従来の孤児教育を反省し、宗教はキリスト教、教育はエミール主義と決定した。さらに石井は茶臼原復興を決意し、この中で二宮尊徳の鍬鎌主義に著しく傾斜した。

日清戦争後は社会問題が頻発し、これに対応して社会主義運動が起こった。その運動には二方向あった。堺利彦・幸徳秋水らの平民社系の社会主義には、「志士仁人」的な社会の「公義」に殉じようとする点が濃厚である。これに対して、近代的なイギリスを範とする安倍磯雄・片山潜らのキリスト教社会主義があり、その社会主義には社会事業や慈善事業が含まれている。

片山潜は、近代労働者がまだ成立をみなかった時代に、細民を単なる貧富問題としてでなく、初期労働者問題としてとらえ、その教育や市民的社会事業を考えた。

初期の片山はクリスチャンで、神を求めたのは渡米中であった。そこで彼は、この時期特に社会的正義や平等を鼓吹していた自由神学者タッカーの指導を受ける幸運に恵まれた。片山社会事業の理解に不可欠の書は『英国今日の社会』である。片山はトインビー・ホールに住み込み、セツルメント運動にいたく関心を持った。

「都市的市民的社会事業」の用語は、一八九九年神田三崎町にキングスレー館の開館に掲げた「目的」の文中のものである。片山は社会事業から徐々に労働運動に関心を移した。その分岐となる論文は「貧富の戦争」（『六合雑誌』一九〇〇年五～七月）であるが、片山にはあとあとまで社会改良的思想が残った。

仏教慈善事業思想の近代化　仏教慈善事業思想が、多くの限界を持ちながら、近代化しはじめるのは明治三〇年代である。それは、久しく儒教的人倫関係に牽引された時期から、仏教本来の慈悲観に立脚した慈善事業思想が展開しはじめたことを意味するが、この変化には次のような原因が考えられる。

第一は、産業革命期を迎え、社会問題が本格化したこと。第二に、原始仏典や仏教史の研究が盛んになり、原始仏教や鎌倉仏教が明らかになりはじめ、そこから導さ出された仏教的慈善が、産業革命下の社会的諸事情との交渉の中で、仏教的慈悲観として再確認されはじめた。

第三に、明治三〇年代、プロテスタントによるヒューマニズムに立脚した慈善事業が成立したが、それが仏教慈善事業の近代化に刺撃を与えた。第四に、以上の諸点を踏えながら、従来の伝統的形式化した仏教教義を自己変革し、その線上で慈善事業を考えようとした、ことである。

儒教的人倫関係や、仏教の伝統的教学理解、純粋ではあるが個人的な「戒律的慈善」に対し、仏教的慈悲観を近代的に解釈し、それを社会関係の中に設定しなければならないと考えたのである。明治維新以来の「国益仏教」、二〇年代のキリスト教への対抗としての「護法」的慈善、そして国家の要請としての社会改良に対し、仏教本来の慈善事業が開眼しはじめたのである。

産業革命前後から、慈善事業処遇も徐々に組織化されはじめた。その処遇の中心軸は「自立自助」的な自由主義である。しかし、仏教慈善事業の処遇観の特色は「共生」や「相依相待」にある。むろんこの期の「共生」や「相依相待」といっても、処遇対象の社会的構造等より、対象者の生活の「悩み」等といった感性的側面に焦点を当てがちで、近代的社会的人間的緊張感を用意しなければ、慈善対象にのめり込む結果となる。しかし、この産業革命という資本主義社会の出発点に仏教が、「共生」の芽生えを提示したことは重要である。

明治仏教慈善思想の到達点は、渡辺海旭の「共済」主義である。渡辺が中心となり、一九一二年に全国組織の仏教徒社会事業研究会が結成された。「社会事業」の名称は公的機関として最も早いものである。恐らく長期にわたってドイツに留学した渡辺は、ドイツ「社会政策」に対して「社会事業」を考案したものであろう。渡辺は慈善救済事業から社会事業の分水嶺に位置する一人であるが、その代表的論文「現代感化救済事業の五大方針」（『壺月全集』下巻）には、感情中心主義から理性中心主義へ、一時的断片的から科学的系統的へ、救恤から共済主義へ、奴隷主義から人権主義へ、事後救貧から防貧への五点を挙げている。渡辺は主宰する労働共済会から、月刊雑誌『労働共済』を発行していた。

渡辺社会事業の中心は「共済主義」で、その焦点はようやく姿を見せはじめた「細民」＝初期下級労働者に焦点が当たっている。そこには在独時代の社会政策や社会改良から学んだ点もあろうが、渡辺社会事業のキーは仏教的縁起観に基づく「共済」である。そして、具体的には「衆生恩」の社会的解釈である。またその特徴は在野的ナショナリズムにあり、日本私設社会事業の系譜的存在になっている。インド独立の志士ボースは、渡辺の死を悼んで「愛国者で人道主義者」といっている。

3　救済事業思想

救済事業思想　日露戦争後の日本は、韓国併合をはじめとする帝国主義体制へと転換した。経済戦に遅れて国際舞台に突入したので、「国富」の増強が何よりも急がれた。また国内的には、資本主義が確立するとともに、「細民」等貧富分解が進み、大逆事件等の社会問題の激発もみた。思想は日露戦争後に精神の弛緩、自然主義、社会主義等の拡散をみた。桂太郎内閣の御用記者『国民新聞』の徳富蘇峯が、「内には社会政策を布き、外に向っては帝国主義を施し、一般人民をひっさげて起つ」という言葉は、この間の事情をよく説明している。思想に対しては一九〇八年、戊申詔書が発せられた。「救済事業」ないし「感化救済事業」はこの期の用語である。

「救済事業」の方向は、①天皇制的慈恵の再編確立、②疑似的「自発性」としての中間団体の編成、そして隣保相扶、家族相助の再編、③篤志善行としての「救済事業」のイメージ化等である。それらは救貧等の制限と「日本型」防貧による国家財政の軽減化、そして「救済事業」の道徳主義的傾向、大逆事件前後からの社会の「冬の日」に対する天皇制的慈恵と、民間の「自発性」の接合としての恩賜財団済生会の設立等に現われる。

さらに民間的自発性の建前のもと、慈善事業組織化のはじまりである慈善組織協会（COS）に、「行政への翼賛」が加えられた中央慈善協会が創設された。そして、民間の慈善家は「篤志家」「善行家」として国家から期待された。「救済事業」は国家が先に立って奨励したので、その組織化は感化救済事業講習会等により大いに発達したが、産業革命期に芽生えた、自由な「慈善事業」は思想的にチェックされざるを得なかった。

井上友一と小河滋次郎　日露戦争の勝利によって、一等国にはなったものの、戦争に勝っただけで、国民生活の実力も精神も欧米諸国に劣り、「国民の造成」こそが急務であった。井上友一は国民の基礎は中流民にあると確信し、そのために協同観念を重視した。救済制度も単なる賑恤救助ではなく、社会全体に関係する公利公益と考えた。この見解から組立てられたのが、救貧→防貧→教化の公式である。

井上に思想的影響を与えたのは、シュタインの国家有機体説であるが、底に見えるのは、松平定信等にみえる「経世」思想である。井上は自治制度に強い関心を持ったが、その方向は協同主義であった。指導理念を「勤労良善の国民」に求め、報徳運動にも力を入れた。

井上の『救済制度要義』（一九〇九年）に賛否両論の評価があるが、日本救済制度の古典である。

世界的視野を用意しながら、日本独自の救済制度を体系化した。学術書であるが著しく義務的救貧排除の政策論が展開されており、救済制度を社会の公共や、公共の福利を標準とすると述べながら、持論の「独立自助の良民」と結びつけている。

『救済制度要義』の「緒言」に、「それ救貧は末にして防貧は本なり、防貧は委《すえ》にして感化は源なり」という著名なことばがある。この「防貧」は抽象論ではなく、日本では貧富の懸隔が大きくならないうちに、貧困を「未萠」に防止すべきという予見がある。また「教化」の重視は「民風の醇」を日本の特色とした点もあるが、「教化」により施与的救助を一掃することが、「一国福利行政の本義」と考えたからである。井上は「日本型」救済事業を考案したのであるが、そのために膨大な研究をしている。

井上は自由放任思想を否定し、救貧の寛容は、家族相助、隣保相扶を傷つけ、独立自助心を損う背徳の途と考え、「公利公益」を主張した。また義務救助制や救済の権利性を否定し、救助の制限主義をとり「国富」を至上命題としたのは、日露戦争後の明治官僚の基本政策でもあった。学は洋の東西にわたったが、それは単なる理論の紹介でなく、井上自身の思想でもあった。

小河滋次郎は日本監獄学の先駆であり、日本感化教育の開拓者であった。儒教的教養の中に育ち、官に身を置いたが、官僚エリートコースからははずれ、在野的な批判的意見を持った。小河は政策立案者でなく、研究者としての理論と、現場的実務家との両面を持ち、庶民生活の改善に関心があった。井上と同様、儒教的倫理感と西洋的教養のもとに、日本救済事業の進む方向を当事者意識で模索し、それを実施に移した。

一九一二年に刊行された『社会問題救恤十訓』は、来日したシドニー・ウェッブの日本救済施設には外国模倣の弊があるという指摘に対し、日本独自の救済事業を考案しようとした著作であるという。「序」には仁政と社会政策の一致を述べている。小河はまた労働組合友愛会の顧問でもあった。

本書を中心に小河の救済事業思想を整理すれば、①仁政観に近代的解釈が施され、救済の国家責任が重視されている。そして、公的施設の形式性や不公平性が批判されている。私営に対する期待は、近代的公・私分離というより、在野意識が濃厚である。その意識には「志士仁人」性が濃厚である。②小河には「仁愛の源泉たる皇室」という明治人らしい皇室観があるものの、その天皇観は「王道観」に近い。それは「恒産なき者は恒心なし」とする孟子の王道思想に近い。③小河の家族共助観、隣保相扶観には、井上からの上からの再編、柳田国男らの下からの常民的発想に対し、中間的代表意識がある。日本の救済事業財源は、中産以下の者が負担しているとの認識がある。④小河には武士的発想の「廉恥感」が強調されており、「自助自営」が述べられている。⑤救済方法の敏活性も小河の特色である。

第三章　大正デモクラシーと社会事業思想
——付・戦時下の厚生事業思想

1　社会事業思想の形成と成立

社会事業思想の形成　社会事業は大正デモクラシー下に成立し、それは明治期の救済事業、慈善事業から脱した民主的社会事業のはじまりであった。その思想である社会連帯思想は、独占資本主義の形成・確立を背景とし、「防貧」の勃興と相伴している。しかし、「個」の確立をみない日本では、その社会連帯思想にも、国家有機体観の換骨奪胎の側面を伴わざるを得なかった。

社会事業の精神的基礎にはヒューマニズムがある。それに最も強い影響を与えたのは、河上肇の『貧乏物語』（一九一七年）である。この書が理論的矛盾がありながら古典となるに至ったのは、国民的レベルで、「貧困」について開眼させたことと、ヒューマニズムの点である。大正期の社会事業従事者には、まだ「志士仁人」的な心情が先行していたのである。

吉野作造は福田徳三らと黎明会を結成、「民本主義」を宣伝し、彼自身も社会事業と関係を持った。吉野の基本思想は、社会改造の助長と、その安定のための社会施設の実行にあった。経済学者福田徳三の生存権論は、文化的価値が中心におかれた。福田は社会政策の哲学的根拠を、全人格的要求をめざす「生存権」に求めたのである。生存権と社会事業を直接に結びつけたのは「最後の一人の生存権」の著者、法律学者の牧野英一である。

民主主義者で最も社会事業に近づいたのは、左右田喜一郎であった。左右田は新カント派の経済学者であったが、また「文化主義」を宣揚した哲学者でもあった。一九二一年に開館した横浜社会館の初代館長となり、翌年開設された神奈川県社会問題研究所の兼任所長ともなった。社会事業思想からみて注目されるのは、「文化哲学より観たる社会主義の『協同体倫理』」等である。左右田は資本主義は必然的に経済的弱者を生む。その弱者もまた社会の一要素であり、その対象は同情や憐愍の対象でなく、社会全体の問題であり、その対策を要求するのは社会の権利であると論じている。

大正社会事業思想や理論の先駆者は、矢吹慶輝と生江孝之である。生江は後述するが、矢吹のアメリカ留学時代は、アメリカ社会事業の成立期であった。帰朝後「欧米社会事業統制機関としての聯合慈善会に就て」（一九一七年）その他を発表しているが、特に谷山恵林との共著『社会事業概説』（一九二六年）では、社会事業成立の要因として人道主義、社会連帯、政策化、防貧事業、生存権、社会調査を挙げている。どこよりも早く、所属する宗教大学に社会事業研究室を設け、また東京市社会局長になったりした。同じ仏教出身の渡辺海旭の社会事業の影響はドイツからであるが、矢吹にはアメリカの影響が大きい。

大正ヒューマニズムを代表する一人である賀川豊彦は、神戸新川のスラム生活の体験をもとに『貧民心理の研究』（一九一五年）を出版した。その特徴は、①救済的発想ではなく、貧困者と生活をともにした居住者個々の「人格」に即した発想によったこと、②既往のスラム調査報告と異なり、みえることである。

「人間」としての貧困の心理が重視されていること、③賀川キリスト教の特色である「宇宙意志＝悪」「社会悪」との戦い、そして、それに対する「贖罪」としてのスラム民衆との全人格的応答がみえることである。

キリスト教の八浜徳三郎は『下層社会研究』（一九二〇年）を著した。下層社会との接触の中で書き上げられたもので、C・ブースやS・ラウントリー等も引用されており、実践記録性が濃厚である。貧民の定義も「一般水準の必要なる需要を充実する力のない者」というヒューマンなものである。八浜は日本職業紹介の先駆者となった。

小河滋次郎は救済事業の組織者であったが、この時期に『社会事業と方面委員制度』（一九二四年）を残し、日本方面委員制度の羅針盤となった。本著の特色は、①社会的道義論をとっている、②中産階級の重視がみられる、③「機能発揮の原動力」が「十則」にまとめられ、専門性より自然性が重視されている。小河には「十則」を通じての儒教倫理の民衆化がみられるが、それが井上友一らの官僚と相違するところであった。

社会事業思想の成立　長谷川良信はだれよりも早く、『社会事業とは何ぞや』（一九一九年）を上梓した。国民的立場と汎大乗的な仏教的立場を基礎として、大正民主主義を吸収し、それを在野の立場で実現しようとした。師の渡辺海旭の「社会共済」を継受し、セツルメント・マハヤナ学園でそれを具体化しようとした。セツルメントを隣保事業と訳したのも長谷川である。

生江孝之は『社会事業綱要』（一九二三年）を出版し、社会事業研究者や現場従事者のよき水先案内となった。一九〇一年に日本人としてはじめてニューヨーク博愛学校（後に社会事業学校）の講習会に出席し、ディバイン等の影響を受けた。社会連帯思想を強調し、社会貧を強調している。プロテスタントであったから、社会的弱者の権利を主張するとともに、対象者の「自助」を重視した。社会的正義を強調し、人格的視点を重視した。

日本社会事業の理論的成立は、観念論的には海野幸徳の『社会事業原理』（一九三〇年）、社会的には山口正の『社会事業研究』（一九三四年）においてであろう。海野の定義は、

社会事業とは文化的基準に則り、集団の困窮を軽減除去し、生存の合理的方案目標として福祉を獲得増進し、綜合的方案によりて困窮と福祉とを綜合し、よって以って窮極的対象たる人間生活の完成を企図することを目的とするものである。

とされている。海野の基本的視点は、「人間生活の完成」という哲学におかれている。

他方、山口の定義は、

社会事業とは社会的及び政治的動機に基づき、現に生活難に陥り又は将来陥るおそれある個人又は社会に対し、全体社会の調和的発達を企図する社会進歩主義のもとに、公共の福利を目的として保健上・道徳上又は経済上等人間生活及び社会生活の各方面を計画的に救済し又は予防するために行なう公私の組織的非営利的努力である。

と社会事業の「社会性」を述べている。山口の定義は、当時として最も体系的なものである。

一九二〇年ごろから日本資本主義の危機がはじまった。社会事業思想も同じく自由主義的社会連帯思想に立脚しつつ、自由主義的「左派」とでもいうべき思想も生まれた。高田慎吾は一九二八年『児童保護研究』を著した。高田は社会事業に関係したのはキリスト教的動機からであるが、大原

社会問題研究所に関係するところから、社会連帯の左派的見解をとっている。高田は「普選法案中の欠格者に就いて」（一九二五年）、「児童保護の経済的基礎」（一九二五年）を執筆し、前者では被保護者の欠格条項の不当性、後者では児童保護の社会的扶養を論じている。

大正末期から社会事業方法論も注目されはじめた。その先鞭をつけた観念論者とみられた小沢一は、社会事業研究には、その本質的価値に関する哲学的観察法と、方法に関する技術的観察法があると考えた。『救護事業指針』（一九三四年）を著し、日本ケースワークの開拓者の一人となった。小沢より問題意識も新しく、同じくケースワークの開拓者となった人に福山政一がいる。福山はマルクス主義をとる陣営から、観念論の新しい旗手とみられた。福山は社会事業の基礎をデモクラシーに求め、その内面思想を社会連帯思想、文化主義、理想主義においている。福山は長文の「社会事業に於けるケースワークの意義及方法」（『社会事業研究』一九二八年）を執筆しているが、「人格」概念が濃厚である。

社会局官僚の社会事業思想　大正期は依然として「恤救規則」が続いたが、行政の組織化は進んだ。一九一七年の地方局救護課新設、一九一九年には社会課と改称、一九二〇年の社会局新設、一九二二年に内務省外局として社会局設置等々。一九一八年救済事業調査会官制も公布された。

行政担当者の第一期の後藤新平―窪田静太郎らの「公益―防貧型」、第二期の井上友一らに代表される「救済制度型」に対し、第三期に当たる田子一民は本期を代表する「社会連帯型」官僚であり、彼を先頭に富田愛次郎・山崎巌・藤野恵等々が続く。

初代救護課長田子一民が、救護課を Relief bureau と訳さずに、Social Welfare bureau と訳したところにも、その自負がうかがえる。

田子の著書『社会事業』（一九二二年）は理論的には精緻ではないが、日本社会事業成立の記念塔の一つである。その「緒言」に、

社会事業は、社会連帯の思想を出発点とし根底として、社会生活の幸福を増進し、社会の進歩を促さうとして行わるる所の努力である。

と述べている。そして、定義として、

現代及将来の社会を土台として、社会生活に於ける自由を与え不自由を除く社会的、継続的の努力を総称する。

と解釈している。田子の生活保障に焦点をおく社会事業分類は、出生幸福事業・生育幸福事業・職業幸福事業・生活幸福事業・精神幸福事業の五つである。

一九一八年救済事業調査会官制が交付された。それは救済事業のみでなく労働保護や小農保護も含む広範囲なもので、櫛田民蔵その他の研究者から批判があった。なお一九二〇年第五回慈善事業大会から社会事業大会と改称された。

一九二六年、富田愛次郎が社会事業調査委員会で述べた「現行救貧制度の不備と制度確立の必要」は注目されるものである。そこでは恤救規則の制度的不備を公的な場で法体系的に説明したことともさることながら、社会事業が恩恵から権利に、私的事業から公的事業への移行こそが現代の趨勢と説明し、家族制度崩壊の現状の中で、任意主義、特に隣保相扶主義を捨てなければならないことを説明している。

一九二九年「恤救規則」に代わって「救護法」が公布された。山崎巌は一九三一年『救貧法制要義』を上梓した。井上友一の『救済制度要義』と併称されるが、救貧法近代化の点では、戦後の小山進次郎の『生活保護法の解釈と運用』（一九五〇年）の系譜点となっている。山崎は本書で貧困と極貧を区別し、

貧困原因は今や個人的にもあらず、天災的にもあらず、客観的には存在する社会組織の不備欠陥、即ち社会的原因に基づいても発生することが極めて明瞭となった。

と、その「社会的原因」を強調している。そしてレオン・ブルジョワの『社会連帯論』を紹介しながら、

この説は現代に於ける如く契約自由と財産私有とを原則とする社会組織を存続する限りに於いては国家又は公共団体の力に依り貧困なる社会的害悪を救助せんとする救貧制度の根本思想として採り入れ且是認せらるべきものであると謂はねばならぬ。

と社会連帯思想を力説している。田子一民以降の救貧行政思想の記念塔の一つになっている。

藤野恵は『公益質屋法要論』（一九二七年）で、すでに「社会福祉」的視点での公益質屋の必要性を論じている。『公益質屋法要論』の中で「社会福利」ないし「社会福祉」を、理念を含めて使用したのは藤野である。藤野がそれを端的に説明したのが「公益福祉事業」（『社会事業大系』一九二九年）である。その中で、

公益福祉事業といふ語の Welfare Work 又は独国の Wohlfahrt-Pflege の訳として、或る場合には福利事業又は幸福増進事業等とも呼ばれ、大体に於て救貧事業 Relief Work 等の事後的救済若くは消極的

保護事業に対する語として用いられて居ります……公益福祉事業は、労働者其の他の小所得階級を主とする民衆の経済的並に精神的生活の維持改善を図り、其の福祉の増進を目的とする総ての事業を謂ふ。

と説明している。藤野の福祉対象層の生活とは「特定の時代、特定の社会に於ける文化の程度に応じたる生活の最低限度」で、社会政策に対し公益福祉事業を「補充的準備的任務」としている。

2　昭和恐慌前後の危機と社会事業思想

協同組合と社会事業思想　資本主義危機下の社会事業にとって、協同組合運動はその乗り切り策の一つであった。協同の訓練が乏しい日本社会事業としては、ユートピア的性格もあったが、危機を背景とする社会事業の行き詰まりへの対策として、協同組合的方向が模索された。

労働運動・農民運動の旗手と目された賀川豊彦は、この期に相互扶助を基礎とする協同組合やセツルメント運動に傾斜していった。賀川の社会運動は、資本主義の革命を目指したものでなく、また社会科学的認識も欠いていた。無産政党の分裂、抗争も、賀川の贖罪愛の実践としての無抵抗的、非暴力主義的な社会運動にはなじまなかった。賀川は、愛と犠牲と協同を基本とする社会連帯による、全人類の解放を考えた。彼の考えたセツルメント運動の根本思想は「人格の交流運動」にあり、その特色は協同組合運動との結合にあった。そこには労働者・貧困者の互助運動として、「人道主義を吹き込む」ことであった。

賀川は『医療組合論』（一九三四年）を出版した。賀川は同志とともに一九三一年東京医療利用組合設立運動を開始し、医療の社会化に挺身した。一九三三年『農村社会事業』を著し、農村社会事業と協同組合運動との提携を図った。賀川の指導下にあったセツルメントの経営者は、協同組合的傾向をとった。その経営者とは、本所基督教産業青年会の木立義道らであった。

大阪市北市民館長の志賀志那人は、市民館の特徴を協同組合的経営に置いた。志賀は革新的ヒューマニストであり、いわば社会連帯「左派」に位置する人であった。志賀には遺稿集『社会事業随想』（一九四〇年）がある。志賀は組合セツルメントを主張し、「個人的接触によって、未組織の大衆を、協同関係（組合）により、組織ある協同社会関係に織り込む運動」と規定している。志賀は個人主義を否定し、宇宙の本質を愛や結合、調和にあると考えた。

大阪では志賀よりさらに社会主義に傾斜して、セツルメントを協同組合的に経営したのが、仏教施設のセツルメント四恩学園の林文雄であった。

マルクス主義と社会事業思想　日本のマルクス主義的社会事業思想は、近代変革と社会主義変革の二重変革が問われる。この二重変革は次の時期である日中戦争・太平洋戦争下で、どこまでその思想や抵抗姿勢を持続できたかに関係がある。マルクス主義的社会事業思想は、この時期唯物弁証法的社会事業思想といわれた。

日本社会事業ではじめてのマルクス主義的思想家は、川上貫一である。川上は一八八八年岡山県に生まれ、県立農学校を卒業したが、大逆事件で刑死した先輩森近運平を終生敬愛した。笠井信一岡山県知事や小河滋次郎らの知己を得たが、その初期には「志士的自覚」を主張している。

川上は多くのマルクス主義的論者が、私設社会事業を否定する中で、私設社会事業にマルクス主義的「前衛」の役割を期待した。川上が私設肯定論者でないことはいうまでもないが、社会事業界の現場で育ち、学歴にも恵まれなかった彼が、自己変革を現場の中でおこなったことが重要である。

川上の社会事業論、特に対象論が注目される。この期のマルクス主義的社会事業論は「サロン」的性格が濃厚で、その弱点は、細民や貧民の切り捨てと、形式的「労働者万歳論」にある。しかし、川上はスラム貧民を直視し、貧民を生産階級であるプロレタリアに育成しようとした。

川上のマルクス主義的社会事業論は、論争を巡って展開された。その第一は、大正末期の私設社会事業の役割についてで、大林宗嗣との論争である。第二は福山政一との論争を中心に、昭和初頭に行われた。福山のマルクス主義的社会事業論への批判に対し、社会事業は階級的経済関係の中にその位置を設定すべきで、福山のように、価値や人間関係の中でとらえることではないと論じた。第三に、特に注目すべきは、同じくマルクス主義陣営にあった磯村英一・牧賢一らが準戦時体制下で、ファシズムに転換したことに対する批判である。

大林宗嗣は一九二六年『セツルメントの研究』を著し、セツルメントを「大衆社会事業《ソーシャル・マスワーク》」と規定し、セツルメントの社会教育的側面を重視した。それは労働者階級に文化的創造をおこなう機会を提供するもので、「特権階級の存在を必要としない社会制度を実現する事に努力するやうすべての人々に覚醒を与ふる事である」と結論づけている。しかし、一九三三年同志社大学講師に移るころから、徐々に自由主義的社会改良に先祖返りし、やがて全体主義的厚生事業論に変わっていった。

浅野研真は、新興教育運動、反宗教運動、仏教教団革新運動と、多面的に革新運動を行ったが、社会事業にも関心を持った。マルクス主義者で日本におけるデュルケームの初期の紹介者であった。『社会を診断す――性と犯罪と社会福利』（一九三二年）、『日本仏教社会事業史』（一九三四年）その他の著書があるが早逝した。浅野は日教組の基礎をつくった一人である。

　磯村英一は社会学専攻で、社会情勢の変化に対応する問題意識が濃厚であった。マルクス主義時代の論文に「社会事業に於ける階級性の進展』（一九二八年）、「資本主義社会に於ける社会事業戦術の問題」（一九二八年）等がある。磯村は海野幸徳・小沢一・福山政一を観念論的社会事業論者とし、批判を展開した。磯村は一九三四年前後を「国家社会事業」への交替期と認識し、マルクス主義から離れた。

　牧賢一がもともとユートピア社会主義に近かったことは、大林宗嗣と同じであった。マルクス主義に立脚した処女論文「新しき黎明をめざす社会運動の一翼として」（一九二九年）では、自己を「弁証法的唯物論に立つマルキシストの一人として」と位置づけている。牧は私設社会事業の現場におり、期待をセツルメントにかけた。牧がファシズムに近づくのは「社会事業ファショの強化」（一九三三年）からである。

社会事業思想の挫折　(1)　社会連帯的社会事業思想は、敗戦後の民主的社会事業思想の先駆であり、また資本主義危機に対応する必然性もあった。しかし、その「自覚」は、社会事業思想全体からいえば、社会事業の頂点でのできごとであり、その基礎に欧米のような自由主義的座標軸があるわけでもなかった。民間的リベラルの土壌も乏しく、また明治以降の救済事業思想も残存していた。したがって、農村社会事業等をてこに、戦時全体主義に収斂されることも容易であった。また大正ヒューマニズムも、一般にいわれるように「教養」的で、おおかたの社会事業思想は、内面的にはまだ「志士仁人」思想が支えている。自由主義的社会連帯思想の境位は、一方は救済事業思想に、他方ではマルクス主義的社会事業思想の狭間にあったのである。

(2)　マルクス主義的社会事業思想が、日本社会事業に「社会的」基礎を与えた一つであることは否定できない。しかし、川上貫一ら少数を除いてサロン的集団で、そのマルクス主義の理論研究も深まってはいなかった。何よりも自己変革も伴っていなかった。そして、対決すべき相手である自由主義も、社会事業思想の基軸とはなっていなかったのである。

(3)　社会連帯思想は欧米からの導入であり、日本社会事業の「主体」となってはいない。また米騒動をはじめとする社会事業の勃興は、確かに社会事業に「社会性」を与えたが、必ずしも社会事業思想の内面的主体的変革のバネにはならなかった。空前の失業者の激増も「社会保障」への実現の途ではなく、いわば「社会保障の社会事業化」をたどった。そして、社会政策の代替という社会事業への過剰負担は、社会事業方法論の発展等をチェックした。

(4)　社会事業方法論は、危機時代のニーズ把握、特に個別認識で必要なケースワーク等には荷が重すぎた。逆にマルクス主義的社会事業は、労働者に重点を置く余り、社会事業が対象とする貧困者に対しては、切り捨て論が多く、まして貧困者等の生活や人間に目配りする点が乏しかった。

(5)　社会連帯的社会事業思想やマルクス主義的社会事業思想が、厚生事業等に転換する際、その転向が見えない。いわばなしくずし的で、心変わりである。大部分の現場従事者が、戦時厚生事業の「反福祉性」に気がつくのは、すでに戦争が深化した段階である。昭和初期の資本主義危機を社会科学的に、或いは危機下の人間の実存性が社会事業全体の問題にもならず、特に社会事業のリーダー達が先んじて戦時厚生事業に妥協していった。

3　戦時厚生事業の思想――付・社会事業理論

戦時厚生事業思想　一九三三年前後からの戦時下の厚生事業政策は、「人的資源の保護育成」と、その前提としての「国民生活の安定確保」におかれた。戦争下では、社会事業の「弱者救済」はすでに問題とはならなかった。しかも戦争国家にとって、国民生活の安定を図ることは不可能に近い。「人的資源の保護育成」と「国民生活の安定確保」とは政策として相互矛盾しているが、その矛盾の中に戦時厚生事業がおかれたわけである。

戦時下では社会問題対策としての社会事業は放棄を迫られた。「人的資源の保護育成」の前には、戦力や生産に寄与できない「弱者」は、厚生事業の対象ではないのである。

さらに戦時下の厚生事業主体の思想は「社会連帯」等ではなく、戦時下の戦力の合理的要求と、それを支える天皇制や家族制度、隣保制度等の非合理的組み合わせであった。それはいわば矛盾であるが、それが「特殊」日本型全体主義の厚生事業思想であった。「社会問題」や「人格」等はすでに問題外のことであった。

戦時生活の物質的不安定を、精神的非合理的対応によってたえず補おうとした。また政策の国民への滲透も、「上意下達・下情上通」の疑似自発性によっている。それはせっかく「近代化」を歩みはじめた社会事業の挫折であったことはいうまでもない。

社会事業の研究者も現場従事者も、社会問題的認識や人間の人格認識の放棄を強要された。むろん研究者の中にも例外があったし、現場従事者の中にも、意識的でないにせよ、運命共同体的に、戦時下の「弱者」である障害者・児童・老齢者・母子等々を背負い、苦闘した人もいたであろう。日本のファシズムはさまざまに論じられるが、結局軍部による一九三四年一〇月の「国防の本義とその強化の提唱」に収斂されていった。

私は、戦時下の一二、三年間における厚生事業思想を次のように区分できると思う。①「非常時」と社会事業論の変化、これは一九三三年頃から始まる。②日中戦争の勃発と厚生事業思想への移行。③一九三九年から四二年にかけての厚生事業論が盛んになった時期。④一九四三年から敗戦にかけての厚生事業思想の破綻・崩壊、である。

社会事業から厚生事業思想への移行のモニュメンタルな論文は、山口正が一九三六年に発表した「社会事業論の転回」（『社会学』）である。そして、一九三七年「社会事業報国の熱意に燃えしかも斯業革新」を叫んで結成された日本社会事業研究会であった。

厚生事業論　一九四〇年に開催された「紀元二六〇〇年記念社会事業大会」は、日本社会事業史上画期的なもので、戦時厚生事業成立の記念大会となった。そして「人的資源の保護育成」「国民生活の確保」が、戦時厚生事業の二大眼目となった。

本大会を機に、日本社会事業研究会は「日本社会事業新体制要綱」を作製発表した。研究会は四〇年八月、すでに「日本社会事業の再編成要綱」を決定発表している。

「再編成要綱」は、社会事業の国民厚生事業への改称、社会事業新体制準備会の組織を提唱した。「序説」で国民厚生事業の目的を、①高度厚生国家の建設、②東亜民族指導確立、の二つにおいている。「概念」として、国民厚生事業を「特定社会に於いて、その成員が、完全なる集団生活を営み得る様厚生指導する部分的または全体的努力である」と規定した。「完全なる集団生活」として家族生活・隣保生活・団体生活・国民生活・東亜共同体の五つを挙げている。その「指導理念」は、①大政翼賛の理念、②標準生活の観念、③人的資源の方策、④東亜興隆の文化政策の四つで、体系的なものではなかった。

山口正の厚生事業論は、雑誌『社会事業研究』に連続発表した長文の「世界観と社会事業」「厚生事業の方法」「厚生事業の構造および体系」で、いずれも一九三九年の発表である。第一論文では厚生事業の認識方法として、文化科学的な歴史的個別化方法をとり、かつての著書『社会事業研究』の社会的普遍的一般概念認識を理論的に清算している。第二論文では、視点を全体的綜合理解としての歴史的現実態におくとしている。第三論文では、国民厚生事業を、

国家的見地において、国民の生の充実と発展を志向し、精神上、身体上、職業上、経済上および政治上の諸手段により、生活上の保護および指導をなす公私の施設である。

と定義した。余り明快な定義ではないが、かつての「経済的政治的動機」が消失している。

山口の「日本的」全体主義理論による厚生事業思想は、明らかに独・伊型のファシズムと相違し、国家・階級・個性を調和的に包摂綜合した日本国家の「特殊性」の中に求めようとしたものである。その特徴は、①全体と個人の調和を図る君民一体の全体主義、②伝統的な家族制度・地域制度を基礎としている、③厚生事業対象の持つ社会的客観性が喪失し、すべて「行為」に収斂されている。

一九四三年一二月没した山口は、闘病生活中「厚生の認識とその考察方法」（一九四三年）を執筆し、「厚生」とは生活と勤労の調和で、「生きてはたらくことの喜び」と解釈した。山口の厚生学体

系は生活論、勤労論、調和論、考察の方法に区分されている。

竹中勝男は、同志社大学厚生学研究室を主宰した。一九四二年発表した「社会事業における『厚生』の原理——国民厚生事業序説——」が、竹中厚生事業論の基本文献となった。竹中は厚生事業を「共同体の最も重要な財産である国民の労働力を維持培養育成することを重要視する」政策と考えた。要保護者を生産政策的視点で「人的資源」に育成することにあるとした。そして、国民共同体の各メンバーを「赤子としての臣民」とし、それが国民共同体の分身という認識である。竹中厚生事業の分野は、国民優生および国民保健、経済保護および労働保護、社会教育・教化の三つに集約されている。

竹中は決戦段階で「厚生事業の日本的展開——戦時下の新課題に対処して——」(一九四四年)その他を執筆している。厚生事業を「皇室を大宗家と仰ぎまつる国民の家族的協同体的組織化」と規定し、その共同体論は、主観性の色濃いものになった。竹中は戦後の『社会福祉研究』(一九五〇年)の「序」で、自己の戦時中の理論と、戦後の「社会福祉理論」の連続性を主張している。しかし、戦時中の国民共同体論と、戦後の福祉共同体論が、思想的に連続しているとはいえない。

社会事業理論　戦時中では、要救護性そのものを問題とする社会事業理論が、思想的意味を持つであろう。多くの社会科学者が、社会事業研究所を拠点に社会科学的発言をしたのは偉観であった。その記念塔的論文が大河内一男の「我国に於ける社会事業の現在及び将来」(『社会事業』一九三八年八月)である。

その特徴は、①社会事業の道義性、前近代性を批判し、社会性、合理性の付与に貢献したこと。

②社会事業の対象を「経済秩序外的存在」と位置づけながら、社会事業を社会政策（生産力）の強化・補強策（生活の安定策に寄与）と規定したこと、③日本社会事業が社会政策の代替をしたことを、歴史的、理論的に考察したこと、④以上の理論を戦時社会事業の現実の中で試みたことである。

大河内は「社会政策の対象としての生産者たる資格を永久的になり一時的になり喪失し」た国民経済的連繫から切断された状態を、社会事業の要救護性とみた。同時に一般消費者としての資格、あるいは肉体的保健衛生的生活、道徳的教育的生活において、要救護性が見出される場合も、社会事業の対象となるとしている。したがって、この要救護性は「資本制経済との優れた意味での連繫が断たれ、社会的分業の一環たることを止めた場合に於ける経済的・保健的・道徳的・教育的等の要救護性」で、そのいうところの「経済秩序外的存在」は、資本制経済の再生産機構との関係からである。本論文は社会事業の理論的研究に広汎な影響を与えた。

風早八十二の『社会事業と社会政策』（一九三八年）は、大正末期からのマルクス主義的社会事業論に、理論的整序を与えるとともに、その後のマルクス主義的社会事業理論の開拓的論文となった。

国民生活の安定確保は戦時国家にとって建前論であるが、それを社会科学的研究をすることは、戦時国家の否定にもなりかねない。その意味で国民生活論の研究は思想的課題でもあった。

戦時経済は必然的にインフレをもたらすが、実質賃金はそれに追いつかない。産業形態は軍需産業が中心であり、国民生活と関係する平和産業は縮小され、その結果生活物資は切符制を取らざるを得なくなった。労働者には労働強化、農民には食糧増産が要請された。その結果、国民生活は必然的落下を招かざるを得ない。しかし、戦時国家は優秀な兵力や軍需労働者を欠くことができない。

つまり人的資源の保護育成が至上命題なので、この矛盾の中に戦時国民生活の課題がおかれたのである。

国民生活の全体的構造的研究の先駆は、永野順造の『国民生活の分析』（一九三五年）である。ついで大河内一男は『戦時社会政策論』（一九四〇年）を著し、本著中の後編に「戦時と国民生活」をおいた。大河内は国民生活の論理の樹立者といわれる。篭山京は大河内の国民生活の論理と、エネルギー支出と休養による補塡という藤林敬三の発想を、生活時間の配分の上に試みた。篭山は『国民生活の構造』（一九四三年）を著している。

第四章　戦後の社会福祉思想

1　戦後社会事業の思想

占領期の社会事業思想　戦後社会事業を、敗戦後の一九四五―五九年の一五年間の社会事業としておきたい。用語は「社会事業」が歴史的現実的であり、「社会福祉」の使用は抑制的に、高度成長期まで待ちたい。法律については「児童福祉」のように「福祉」を使用しているが、社会福祉事業法の法案当事者木村忠二郎は『社会福祉事業法の解説』で社会福祉を「まだ熟したものとはおもわれないけれども、積極的な福祉の増進までもその目的にふくませたいという意気ごみをあらわしたもの」と「意気ごみ」を強調しているように、戦後の現実はまだ「社会事業」というべきものであった。

戦後社会事業思想の命題は、戦時厚生事業の「人的資源の保護育成」「戦時国民生活の安定確保」を否定し、アメリカ型の社会事業「近代化」の路線を歩むことであった。

アメリカの占領政策は「非軍事化」「民主化」の二点である。各方面でその実現が迫られたが、特に著しいものは一九四六年二月の原則的な Scapin 775 号の「覚書」と、行政上の実施要求である一九四九年の「六項目要求」である。前者は、無差別平等、公私分離、必要な保護費に制限を加えないという三原則である。後者は、厚生行政地区制度などの六項目で、全体を通じてアメリカ社会事業の特色である。「専門化」が指示されている。

占領社会事業を担当した関係者の思想は、日本社会事業専門学校編『現代社会事業の基礎』（一九五〇年）に集約されている。その主なる人をあげれば、I・マーカソン、M・シェリー、B・ボーリッシュ、F・ブルガー等々で、ほかにD・ウィルソンも挙げられる。

アメリカを中心とする占領軍社会事業関係者は、無理もないことであるが、次の点を見落としていた。近代対前近代＝封建制の二分法の思考形式の中で、一五〇〇年の日本社会事業の経験、特に思想としては仏教並びに儒教の福祉思想、明治維新以降では、日本社会事業はすでに欧米社会事業をもある程度知っていた点等である。

また敗戦後の国民生活の破滅は、歴史的にも社会的にも、社会問題性が濃厚であった。しかし、アメリカ社会事業の特徴は、機能主義的人間関係にあった。戦後の社会問題を社会事業方法論で処理しようとしたことである。

占領社会事業には、幾つかの問題点があったものの、日本社会事業にとっては、自由主義的で民主主義的社会事業との直接の接触ははじめての経験であった。しかも逃げ場のない占領政策の中で行われたため、このアメリカの近代社会事業によって、日本社会事業は前進した。

戦後社会事業の思想と理論　行政官僚の中に、国家再建を社会事業に託し、生存権的価値の番人をもって任ずる人もいた。木村忠二郎、小山進次郎、黒木利克等々であった。その生存権理念は当然としても、社会事業の専門化についても、日本社会事業の近代化に欠くことのできないことを知っていた。その代表的著作は小山進次郎『生活保護法の解釈と運用』（一九五〇年）である。

戦後マルクス主義の研究が自由になり、社会科学的社会事業論が復活した。代表的成果は孝橋正一『社会事業の基本問題』（一九五三年）である。大河内一男の社会事業理論の止揚が図られている。孝橋社会事業論は社会科学の立場で、アメリカ社会事業の「技術主義」批判をした。それは占領下のアメリカ社会事業全盛時代であったから、思想的意味も持っている。

西欧社会民主主義の立場で、社会科学的社会福祉論を展開したのは、竹中勝男の『社会福祉研究』（一九五〇年）である。竹中のとる社会理論は、すべての社会的方策における共通な目的概念、上位概念で、論理の展開は抽象的である。竹中の社会理論は中立理論でなく、社会主義化の発展段階的特質において理解すべきだとされた。

同じく民主主義的立場でも、社会科学というより「社会福祉固有の領域」という、哲学や価値に焦点が当てられた理論は、岡村重夫の『社会福祉学（総論）』（一九五六年）である。岡村は他方「生活者」に核をおいて、生活の社会性、現実性、全体性、主体性の四つの原理を示し、社会学的アプローチもしている。

竹内愛二は「社会事業技術論」をとった。竹内は一九三八年に早くも『ケース・ウォークの理論と実際』を著したが、戦後では『科学的社会事業入門』（一九五〇年）その他を刊行した。竹内技術論の中心は、アメリカ社会事業における「科学的社会事業」である。

戦後二つの著名な論争があった。第一は「社会福祉事業本質論争」で、社会科学的社会事業論と社会事業方法論の論争である。第二は「生活保護制度におけるサービス論争」で、制度対サービスをめぐっての論争である。

戦後社会事業と思想史　敗戦国家として誓ったのは、いうまでもなく平和国家であった。「軍事大国」はむろん「経済大国」でもなく、「文化」や「福祉」を内容とする「小国」であり、「スイスのように」が合い言葉であった。この中で社会事業の戦前―戦中―戦後の連続、不連続を問われれば、社会事業全体としていえば不連続というより仕方がない。

連続を志向するなら二つの前提を要する。その一は、戦時厚生事業に対する反省（宗教的には「懺悔」や「贖罪」）である。しかし、この点で戦後連続して刊行されている雑誌『社会事業』をみても、戦時厚生事業に対する告白はほとんどみられない。それはR・ヴァイツゼッカーの『荒れ野の四十年』（永井清彦訳）の「過去に目を閉ざす者は結局のところ現在にも盲目となります」が改めて思いおこされる。

その二は、戦争の犠牲は老人・障害者・児童・母子等いわゆる社会事業「対象」に集中している。むろん現場の戦時下の社会事業従事者の「原初」的ヒューマニズムは否定しないが、これら戦時下の「戦争弱者」を放棄して、早く「人的資源の保護育成」に協力したのが、本来戦争と反対の立場を持つ社会事業等であったのは何故だろうか。

これとともに、直接被害を与えた朝鮮半島や中国をはじめとする侵略国に対しての「贖罪」である。特に朝鮮半島、その他の植民地で、日本がそこでの生活の低位、人権の抑圧をしたことはよく知られている。こうした戦争責任については、同じ敗戦国ドイツと比較すれば明瞭である。これら諸点を無視して、戦前―戦中―戦後の社会事業の連続はあり得ない。

次に考えておかねばならぬことは、戦後占領軍に指導された社会事業の民主化を、総体的にいって、占領軍から貰ったもの、押しつけられたものと理解すべきではない。「民主化」自体の普遍的正当性は別にしても、それは大正デモクラシー以来の日本社会事業の悲願であった。またその「民主化」の実現は、太平洋戦争における膨大な死傷者の血であがなった代償でもあった。また、直接的には敗戦後の国民生活の破滅、そこから生じた「飢え」が、憲法の「生存権」その他を実現させたものであった。

しかし、これら社会事業の民主改革は、日本社会事業になじみが薄く、日がたつとともに、戦前的特質の家族相助、隣保相扶的心情とともに、逆コースが表面化したことも見逃してはならない。

戦後の貧困は、国民生活の崩壊の結果現出したものとの社会的認識が必要で、この貧困は特定の貧困というよりは、むしろ国民の共通体験であった。それは「思い出」などに流すべきものでなく、この「共通体験」を、国民生活の共通遺産として科学化・論理化して、後世に継受すべきものである。それがそうならなかったところに、高度成長以降の「中流神話」などが生まれるもととなった。

戦後社会事業の「民主化」や「専門化」は、欧米社会では主体的な自由主義の上に形成された。受容した日本では自由主義も成熟せず、受け皿になる「市民」もまた市民革命を経過していなかった。

2　高度成長期の社会福祉思想

高度成長期から社会福祉の用語を使用したい。社会福祉の構成要素は、対象、主体（政策・実践）、方法、思想・理論の四つであるが、紙数の関係で重要な対象、思想・理論のみを説明してみたい。

社会事業から社会福祉（社会福祉問題）　高度成長期から、福祉ニーズの多様化・高度化がいわれはじめた。成長社会の高まりとともに、確かに価値観の多様化が特徴となった。そして、社会福祉の普遍主義的一般化が主流となると、社会福祉は社会的「対象論」より「福祉サービス」が主流となっていった。

しかし、この見方には社会福祉の矮少化があるばかりでなく、「社会」の放棄さえ伺われる。そこには高度成長という市場的基準が生みだす社会福祉「問題」が見失われている。その実態の終点は二〇世紀最後の四半期に証明される。私は高度成長期が生みだした社会福祉「問題」こそ、従来の社会事業では収まりきらず、社会福祉を要求した基本的原因の一つだと思う。

五八年に高度成長へ離陸し、六一年「所得倍増計画」が閣議決定され、六七年には予定よりも早く所得倍増が実現した。六八年、GNPが西ドイツ、イギリスを抜き、世界第二位となった。その成長の早さは、世界に類例の見ないものであった。

経済の高度成長に伴って現われた社会は、業績主義社会、管理社会である。業績主義は技術革新下の生産第一主義で、競争社会である。そこには膨大な不適応層が生じた。その管理社会の中で効率化が進行した。

(1)　消費社会　六〇年代はテレビ・電気洗濯機・電気冷蔵庫、七〇年代はカー・クーラー・カラーテレビの「三種の神器」に代表されるように、消費生活は上昇し、ニーズが高度化・多様化した。この消費生活は「豊かな社会」と呼ばれ「中流化」状況を生んだが、new niedcle, new poorといわれるように、スタビリティが弱いものであった。特にまだ十分民主化しない消費生活ではマイホーム指向が強く、「滅公奉私」型の「私化」傾向が生れ、国民の社会的連帯を阻んだ。見るべき原資材を所有しない日本の「豊かさ」は、開発途上国や国内の「貧困化」とも関係がある。

(2)　公害　技術革新は各種の企業公害を中心に、障害者発生の要因となっている。企業公害、食品公害、薬物公害、交通公害、さらに大気汚染、水質汚濁、産業廃棄物、騒音等々、それによって身体的生理的荒廃とともに、精神的荒廃をもたらした。高度成長下の公害は従来の公害と比較して、発生回数の多いこと、種類が増え、新種公害が発生したこと、広地域化したことが挙げられる。また、回数が多くなるとともに多様化・複雑化・複合化したことも特徴である。公害が障害者問題、高齢者問題、児童問題等々を生んだ。

(3)　過疎・過密　高度成長は労働力の社会的移動を、供給圧力型より需要牽引型に転化させ、第一次産業から第二、三次産業へと激しい流動化を起こし、都・農の所得格差も広まった。そして、都市への人口集中となり、過疎・過密等の地域格差の新しい社会的アンバランスを生んだ。農村では兼業農家の増加となり、高齢者問題、児童問題を生じ、著しい「共同性」の破壊を来たした。そして、都市では逆に環境の悪化や交通難となった。

(4)　家族問題　核家族の本格化は、高度成長期からである。核家族化は扶養能力を低下させ、また単身者世帯は生活保護受給世帯の特徴となった。留守世帯は教育上の問題を引き起し、また欠損家族は非行等の病理現象の温床となった。一般家族にも離婚・家出・蒸発が続出し、家庭内暴力を生んだ。共同体的扶養の低下が進む中で、社会的共同消費や社会保障の欠乏・不足があった。また消費生活のマイホーム主義の中で、地域との連帯も低下していった。

(5)　高齢化　高度成長期は高齢化開始期と重なっている。その高齢化のスピードは欧米とは比較にならないほど早い。高齢化は単なる限定的な「老人」問題ではなく、国民全体の「老後」問題である。その老後とは、早すぎる定年制と市場メカニズムによる就職の不利、インフレと戦前・戦中世代の貯蓄の小額化、核家族と扶養能力の低下、並びに世代間の価値観の断絶、過疎・過密、公害等の環境問題等々を意味する。それはライフ・ステージの終末に訪れる一般的窮乏である。

(6)　社会的共同消費の弱体　高度成長の中で著しく目立ったのは、社会的共同消費の弱体である。ヨーロッパの資本主義国は戦後直ちに福祉国家の形成に出発したが、日本はそれを欠いた。高度成長下の私企業システムが進めば進むほど、社会的共同消費が立ち遅れた。地方財政の弱体化や生活行政体制の不備が、それに拍車をかけた。社会的共同消費の不足は国民の窮乏感を生み、生活上の欲求不満をもたらした。

(7)　精神不安　業績主義社会や管理社会は「人間疎外」や「物象化」等の諸現実を生じ、人間精神の貧困化を招来した。高度成長は物質の成長であったから、必然的に人間精神の「貧しさ」を生じさせた。「物象化」はとくに消費材の「物神化」として現われた。精神と物質のアンバランスは精神不安をもたらし、人格形成能力の破損を招き、犯罪・自殺・麻薬・アル中・非行等々の病理現象を生んだ。

大衆消費社会での人間は、もともと「消費的人間」で、主体性を持った全体的人間ではなく、自己本位的・他律的人間であり、個人の幸福追求が中心となっている。そこから生ずる「精神的貧困」は、さまざまな精神不安として社会問題を形成した。「類」的人間の破壊は、人間の孤立化・アトム化を生み、社会的連帯の実現を阻んだ。

(8)　生活不安　社会福祉は生活が中心である。消費生活の向上は「中流」意識を氾濫させ、自己の生活位置の確定をも困難にさせた。この「中流」、「豊かな社会」は、消費が中心で全生活的なものではない。そして、消費生活そのものも、ひずみを生じさせている。また消費者自身も大量生産や情報化の中で、消費知識が不足がちである。社会的消費の充足度も低い。生活者は絶えず不安定感の中にあり、他国にみられない現金貯蓄率の急増の中にある。

高度成長は確かに要保護・救護者を含めて消費生活者のニーズを多様化・高度化した。それにつれて福祉対策は三法から六法に変わり、福祉サービスも普遍化しはじめた。しかし、社会福祉「問題」は、単に消費者《コンシューマー》だけではない。高度成長という異常な市場社会が生みだす社会福祉「問題」がその社会的任務である。私は高度成長以降「社会事業」に代えて「社会福祉」の名辞を使用するのは、そのような事情からである。六〇年代から七〇年代前半の高度成長期に、このような「構想」をたてることが、一つの思想と考えている。

社会事業から社会福祉へ（理論・思想）

(1)　貧困論　戦後貧困はS・ラウントリーの貧困線以下の「第一次貧困」や、あるいは「生存水準」等、従来は主として生理的に限定された貧困を考えてきた。しかし、高度成長以降、ニーズの多様化・高度化と相まって貧困概念が拡大した。それを一般的には「相対的貧困」と呼ぶようになった。「戦後型貧困」に対して、「生活型貧困」と呼ぶ場合もある。

中鉢正美は、生活構造論的視点で貧困を捉えた。中鉢は比喩的に「見える貧困」、普通な生活構造を持ちながら順当に維持する所得を得られない「見えない貧困」、社会の急激な変動の中で、生活の自主性を喪失して社会の変動に追随せざるを得ないという理由から生活がアンバランスとなり、そこから生ずる貧困の三つを挙げた（「今日の低所得層――その現状――」『生活と福祉』一九六五年一〇月）。この第二、第三の貧困は優れて高度成長期が生みだしたものである。

江口英一は社会階層的視点で実証的研究に基づきながら、不安定階層＝貧困層の体系を構築したが、体系化の結実は『現代の「低所得層」』であり、社会福祉と貧困の関係の究明は編著『社会福祉と貧困』である。公衆衛生学者篭山京の基本的態度は、「貧困は人間を駄目にする」「貧困からの解放」の二点で、高度成長等の歴史認識は副次的である。

宮本憲一は主著『社会資本論』（一九七四年版）で、家庭内で行われる本来的な個人消費と、主として家庭外で共同の対象となる共同消費に区分し、後者の手段の不足が都市問題を生むとみた。宮本の共同消費への着目は、社会福祉の貧困研究に大きな影響を与えた。

(2)　中範囲論　　戦後社会事業理論はマクロな政策論が多かったが、木田徹郎は『社会福祉概論』（一九六四年）等で制度的体系と行動体系の統合を図った。嶋田啓一郎も「社会福祉と社会体制――社会科学的方法論の探究――」（一九六七年）で、社会体制と人間行動体系の統合を試みた。嶋田には宗教や人間の関心が深い。中範囲的志向も高度成長期の特色である。

(3)　生活論的思考　一番ケ瀬康子は『社会福祉事業概論』（一九六四年）の「はしがき」で、現実の社会福祉の生成過程と実態を、資本主義の法則に照らしてみるという実態概念、社会福祉事業自体にひそむ具体的な法則や課題という内在性、それを活動や実践の中で再構成しようという視点の三つを挙げている。このうち内在性は主として生活問題にかかわるもので、その後の研究に影響を与えた。

(4)　マルクス主義的理論　真田是は、孝橋正一の社会事業論を公的マルクス社会事業論と批判した『現代社会学と社会問題』（一九六五年）その他で、社会福祉問題を構成体的に理解しようとした。真田社会福祉論の特徴は、社会構成体的把握、社会福祉対象と政策主体と運動の力働的理解、福祉労働の三点である。そして、社会改良も再評価し、福祉労働の視点から社会福祉方法論の導入をも図った。

(5)　実践思想　糸賀一雄の『福祉の思想』（一九六八年）は、実践思想として影響を与えた。糸賀の「ともに生きる者としての愛と共感の世界」という療育理念は、戦前児童保護にみられた社会防衛的・経済保障的理念に対置されるものである。

(6)　社会福祉方法論　ニーズの多様化・高度化とともに、サービスも視座を拡大し、多様化の方向をとった。その方向を整理すれば次のようになる。①現場実践から再編成しようとする方向で、社会科学的社会福祉対社会福祉技術の「統合化」が濃厚になった。②方法論と市民運動や福祉労働との提携、③原則としての「自己決定」論の再検討、④諸科学による学際的理解、⑤「方法原論」

として、全体的視野からの再編成（拙稿「日本社会事業方法論史」『著作集』3、一九九〇年）。仲村優一の『ケイスワークの原理と技術』（一九五七年）では、対象者の人権を基本とする「自己決定」が示され、その前提条件として最低生活保障が重視されている。

小松源助は多問題家族の研究を通じて、視点を拡大していった。『ケースワーク論』（編著、一九七五年）で、対象者は受動的にサービスを受ける者としてではなく、「市民として権利としてのサービスを積極的に利用する者」と規定し、従来個人に焦点をおいて治療していた「医療モデル」から、「生活モデル」への転換を主張した。

3　低成長期の社会福祉思想

低成長期の社会福祉思想　一九七一年のニクソン・ショック、特に七三年のオイル・ショックを契機に、景気後退の中での物価高、失業者の増加等、世界同時不況のスタグフレーションがはじまった。資本主義国はインフレーション、失業、財政危機という三重苦に陥った。先進資本主義国は不況に苦しんだ。日本も第二次オイル・ショックを含めて不況に見舞われたが、「低成長」へ軟着陸した。

六〇年代後半から、高度成長という一元的価値の修正が迫られ、「くたばれGNP」などと叫ばれた。その中で国民生活の反省が迫られ、一九七七年『国民生活白書』は「暮らしの見直し、新しい豊かさを求めて」を副題とし、「資源有限時代の対応」を国民に求めた。

高度成長による国民生活の悪化は、市民、住民運動の展開を促し、各地に革新自治体が誕生した。

すなわち美濃部亮吉東京都知事、蜷川虎三京都府知事、黒田了一大坂府知事、長洲一二神奈川県知事、その他飛鳥田横浜市長等々、市町村自治体に革新首長が生まれた。そこでは、地域により生活レベルで密着した医療・福祉・保育等の生活問題が取り上げられ、住民と行政の対話・参加が行われた。しかし、七〇年代後半の自治体財政危機や、オイル・ショック後の国民意識の変化の中で、革新自治体も後退していった。

本期で注目されるのは、労働運動に代わって、市民運動、住民運動が展開されたことである。公害反対運動や、障害・老人・児童等の社会福祉充実運動等々である。それらは地域運動や生活運動で、そこでは人権や生活権が主張された。それを背景に「福祉労働論」等が盛んになったが、低成長下の保守化傾向の中で停滞していった。

社会保障では社会保険制度の整備、そして社会福祉は三法体制から六法体制へと発展したが、それは七〇―七一年の「福祉元年」といわれる頃まであった。

福祉充実はインフレの引き金、財政危機の原因、民間活力減退の源と目されはじめた。加えて高齢化社会到来の喧伝の中で、「福祉見直し論」が叫ばれはじめた。

全社協社会福祉懇談会は「これからの社会福祉――低成長下におけるそのあり方――」（一九七六年）を報告し、社会福祉内部からの「福祉見直し論」を提起した。生活の「中流化」や「私化」現象の中で、貧困や低所得層は興味あるテーマでなくなり、「貨幣的サービス」→「非貨幣的サービス」論等が流行語となった。

そして、「地域社会のサービス」「公私役割分担の見直し」が主張され、また「社会福祉士法案」

にみられる専門職化論、やがては「市場サービス」の用語さえも現われるに至った。おしなべて社会福祉は、社会科学より価値論に重点がおかれはじめた。

地域福祉論　地域福祉は地域社会の連帯や住民ニーズに応じた組織で、民主的社会福祉に欠くことのできない存在であり、また現実としても、高度成長につれて崩壊する地域社会に対する対策である。同時に本期では、福祉経費の膨張や「福祉見直し」と背中合わせの点から取り上げられた不幸も否定できない。そして、何よりも日本では市民運動の経験はあったが、地域福祉への「市民参加」としての「市民」は、必ずしも成熟していない現実があった。

地域福祉に対し、社会福祉から施設ケアの反省、処遇理念の変革、福祉行政による対象把握に対し、主体的な生活者のニーズ把握、受け身の福祉から参加の福祉への転換、さらには「草の根」住民運動におけるコミュニティ重視などの期待がよせられた。

一九七一年に自治庁事務次官は「コミュニティ（近隣社会）対策の推進について、コミュニティ（近隣社会）に関する対策要綱」を通知した。コミュニティ・ケアのきっかけは、六九年東京都社会福祉審議会が「東京都におけるコミュニティ・ケアの進展について」を発表した。六九年厚生大臣は中央社会福祉審議会に「社会福祉向上の総合方策について」を諮問、審議会は七一年「コミュニティ形成と社会福祉」を答申した。この背景には高度成長基調の破綻があり、近隣社会を単位とする福祉風土づくりが、自治体社会福祉政策の中心的な柱となった。地方自治体は争って、その計画づくりに専念した。

地域福祉研究は花盛りであった。岡村重夫は『地域福祉論』（一九七四年）で、生活問題発生の根源、生活ニーズの充足、予防的効果、国民の生活問題参加の四点から、行政サイドのコミュニティ・ケアを批判した。右田紀久恵は『現代の地域福祉』(一九七三年)で、運動論的視点から地域住民の生活問題を、労働者・住民の生活権保障と、個としての社会的実現を目的とする、と地域福祉論を展開している。

コミュニティ・ケア論を最も早く取り上げた一人である三浦文夫は、「コミュニティ・ケアと社会福祉」(一九七一年)を執筆し、やがて、「在宅福祉サービスの概念枠組」(一九七八年)へと発展させていった。

阿部志郎は地域福祉の現場に従事する経験から、「地域福祉の展開と位置づけ――コミュニティ・ケアをめぐって」(一九七三年)で、「まず家族からコミュニティへの拡大を図ること」その他で、コミュニティ・ケアの概念構成案を示している。

ヨーロッパ資本主義先進国は、戦後の到達点である「福祉国家」の転換を模索しはじめた。その対策の一つにコミュニティ・ケアがある。「福祉国家」をいまだ経験したことのない(あったとしても未熟な)日本は、地域福祉においてどのような転換を示すのだろうか。

あとがき　高度成長がすすむ中で、社会福祉の「対象(高齢者・児童・障害者等々)」の「社会問題」性は、深刻の度を加えた。それに対応して社会福祉の理論・思想は多様性を示しはじめた。そして、福祉国家は国策としては、そのきっかけをつかむかにみえた。社会福祉方法論は社会福祉の「社会問題性」に余り関心を示さなくなった。

第五章　二〇世紀終末期の社会福祉思想（一）

1　終末期社会福祉の構想

あと一年で二〇世紀は終わる。七〇年代後半からの四半世紀を二〇世紀終末期とみて、社会福祉の歴史を「自覚」的に考えてみたい。「歴史的自覚」とは歴史哲学の用語である（三木清『歴史哲学』など）。

二〇世紀は日本の社会福祉にとって幸せな時期ではなかった。日清戦争後から、太平洋戦争敗戦までの五〇年は「日本帝国主義」の時代、敗戦後の五〇年は、その初期を除いて「経済大国」志向時代であった。この一〇〇年は二度の世界大戦、そして、すさまじい資本主義的生存競争の時代でもあった。

私は一九一五年生まれで、三五年より社会福祉に関係した。大正デモクラシーの残照も多少経験したが、それより強調したいのは、昭和一〇年代は「日本帝国主義」の終末期であったことである。日中戦争・太平洋戦争のきっかけは、一九二七年の昭和恐慌、二九年の世界大恐慌、三四年をピークとする東北・北海道の大凶作である。その中で、果てしもない失業・身売り・欠食・親子心中が続いた。デフレが戦争を欲するのは洋の東西同じである。同時にそこから発生する社会問題や生活不安の解決は、本来は社会福祉の課題である。しかし、日本は社会福祉の方向をとらずやすやすと戦争に身を任せてしまった。

戦争にやすやすと社会福祉が超えられた理由を社会福祉に即していえば、社会福祉の存在理由である「社会性」を大した抵抗もなく放棄したこと、そして、それを内面から支えていたはずの「倫理」や「宗教」も、ほとんど力がなかったことによる。

二〇世紀後半の終末期である現在は、資本主義の「成熟」ないし「爛熟」期であり、社会は消費社会・管理社会・情報社会・物象化社会といわれている。その中でいつ終わるともない平成大不況、空前の失業、環境汚染・破壊、阪神・淡路大地震、地下鉄サリン事件、「豊かな社会」が生みだす社会病理等々、そして社会には「閉塞」感や「停滞」感が充満しており、特に冷戦終結以降はシニシズムが社会を覆っている。

社会福祉はこの終末期の諸現象の中で、「政策提言」や「福祉サービス」のみ盛んであり、社会福祉の「社会性」や理論は放棄された観がある。そして、日本人の無関心さもあり、社会福祉の「倫理」や「宗教」によるその内面の支えもほとんど見られない。

再び戦争の途を選ぶことはないだろうが、保守政権は「経済大国」は当然としてその復活を願うかにみえる。それと社会福祉のいずれを選択するかの岐路にある。新しい「大砲かバターか」である。

歴史は連続・非連続の弁証である。第二次大戦終結から戦後への歴史は、社会福祉にとって非連続性が強いというよりしかたがないだろう。現在は「経済大国主義」か、そのアンチ・テーゼとしての「福祉社会」かを選ぶ岐路に立っている。それを「自覚」することこそが二〇世紀終末期の「歴史的自覚」というものであろう。「社会福祉」の選択の途を二一世紀にかけることは願望に終わるかもしれない。しかし、そこに賭ける者こそ、社会福祉の連続性を願うものの立場といえよう。

2　西欧「福祉国家」の停滞と日本社会福祉

西欧「福祉国家」の停滞　「福祉国家」の危機は世界史的課題で、その国の福祉社会の成熟度によって異なる。

一九七〇年代は、欧米も不況であった。八〇年にOECDは“Welfare state in Crises”を報告した。八四年八月にモントリオールで開かれた第二二回社会福祉国際会議は、その主題を「危機下の世界の社会福祉」とし、その主題を「福祉国家の危機」「南北間格差の危機」「アイデンティティの危機」等々とした。

W・A・ロブソンは『福祉国家と福祉社会』（辻清明・星野信也訳）の「序文」で、

福祉国家は議会が定め、政府が実行するものであり、福祉社会は住民の福祉にかかわる問題について、人々が行い、感じ、そして考えるものである。その差異が理解できないことが、多くの争い、軋轢、欲求不満の原因となっている。

と指摘し、さらにクリストファ・ピアソンは『曲がり角にきた福祉国家――福祉の新政治経済学――』（田中浩・神谷直樹訳）で、一九七六年以降を「先進福祉国家における矛盾と危機」の時代とし、それ以前と歴史的段階を区別している。第二次大戦後「福祉国家」を目標とし、また国策とした西欧先進諸国が反省を迫られたのである。

その代表的政治家は、イギリス保守党のサッチャーであり、サッチャリズムと呼ばれている。その政策を毛利健三の整理によれば、「個人の自由と競争の信仰」「国家によるマクロ経済政策領域の厳密な限定」「福祉国家の役割の限定と転換」「反労働組合主義」「反社会主義」「資本主義讃仰」である（「サッチャリズムと社会保障」『転換期の福祉国家』（上））。

しかし、福祉国家の危機が語られたとしても、福祉国家が、現代資本主義にとって不可欠な危機管理システムであり、これに代わるシステムが生まれない以上、多少の瑕疵があり、危機が訪れたとしても、これを存続せざるを得ない。少し古いが一九八〇―八三年の社会保障給付費の対国民所得費は、量的に見れば、イギリスその他ではむしろ増加している（武川正吾「福祉国家の「危機」その後」『社会政策の社会学』）。

木戸利秋は「福祉国家を解体し、ごく限られた対象者に対する救貧対象に後戻りさせるのではなく、今後の展望として「第三の道」を掲げているところに独自性（不連続性）をみることもできよう」（「20世紀末の社会福祉・イギリス」第一回社会事業史学会報告要旨）といっている。ここに戦後ベヴァリッジ以降、長年かかって福祉国家を形成し、そして、オイルショック以降の経済恐慌の波を経過し、「第三の道」を選んだイギリス社会福祉の姿がある。

日本社会福祉の停滞　日本も敗戦後福祉国家への努力がなかったわけではない。しかし、一九七〇年代に入ると、福祉国家は未熟のまま、早くも「福祉見直し」がはじまった。その代表例は、一九七九年経済審議会が、時の大平首相に答申した「新経済社会七か年計画」である。
欧米諸国へキャッチアップした我が国経済社会の今後の方向として、先進国に範を求め続けるのではなく、このような国家社会を背景として、個人の自助努力と家庭や近隣・地域社会等の連帯を基礎としつつ、効率のよい政府が適正な公的福祉を重点的に保障するという自由経済社会のもつ創意的活力を原動力とした我が国独自の道を選択創出するいわば日本型ともいうべき新しい福祉社会の実現を目指すものでなければならない。

いわゆる「日本型福祉社会」である。それは歴史的にみれば「日本型」でもなく、むろん「福祉社会」でもない。

それは自民党の出版物「日本型福祉社会」（一九七九年）が一層挑発的である。その一部を引用すれば、

かつてもっとも富める国であったイギリスは、今世紀の初めから経済のパイ（GNP）を大きくするよりもパイの分け方に意を注ぎ、平等化と社会保障の拡充とを追求してきた。その結果、政府が肥大化する一方で市場経済の活力は失われ、英国病という名の「経済的糖尿病」が進行したのである（野村正実『雇用不安』より引用）。

スウェーデン批判に至っては、一層烈しい。

一九八〇年代はレーガノミクス、サッチャリズム、日本の中曽根イズムにみられるように、新保守主義、新自由主義が台頭した。臨時行政調査会答申（第一次、第三次基本答申一九八二年七月）が出され、そこでは活力ある福祉社会をテーマに、社会福祉の合理化、効率化、削減化が図られ、民

間委託や有料福祉サービスが図られた。西欧では保守政権後、ほとんどの国は社会民主党政権を選び、社会福祉の「第三の道」を模索した。しかし、日本ではその後も保守政権が長く続き、社会福祉にさまざまの改革が試みられたが、基調は依然として福祉「抑止」の時代であった。

日本では福祉社会が地につかず、ケインズやベヴァリッジの伝統もなかった。また「経済大国」か「福祉社会」かをめぐってのくにをあげての激しい論争もなかった。日本は「福祉国家」の時代を欠いたまま（あるいは未熟のまま）、欧米モデルに追随して、「日本型」という「第三の道」を選択しなければならなかった。

3　世紀末的危機と社会福祉問題

現在、社会福祉論は政策論と福祉サービス論に焦点が当てられ、政策論の背景にある社会的問題がみえてこない。特にサービスを受ける人間、つまり「対象論」やその「生活論」、さらにいえば「社会福祉問題」が欠落しているのである。総じていえば、「社会」的思考や、福祉への構想力が衰弱しているのである。社会福祉については前節で多少触れたので、ここでは世紀末社会で発生した社会問題を主としたい。

失業　一九九九年六月総務庁の「労働力調査」発表では、六月の完全失業率四・九％（男性五・一％、女性四・四％）（季節調査値）で前月より〇・三％上昇し、完全失業者は三二九万人となった。倒産・リストラ等非自発的離職者一一六万人。アメリカの失業率が低下傾向を示すのに比し、日米の格差が拡大している。

なお総務庁二月発表の「労働力調査」では、一年以上の長期失業は七〇万人で、前年同月に比し一九万人増で七年連続して増えている。企業は構造改革の名のもとに、リストラで人員整理が当然視する風潮さえ生まれた。敗戦直後は別として、戦前の完全失業者は一九三二年の三二〇万（推定）である。完全失業者数は九二年後半から上向きに転じ、九五年三％を越えた。日本では失業者と公的扶助受給者との相関関係が認められないことは注目に値する。平成不況の中で、失業は「高齢化」「女性化」「固定化」が特色であった（一九九八年度『労働白書』）。

失業の先端はホームレスである。ホームレスの実数は不明であるが、一九九九年五月の厚生省会議では一万六〇〇〇人と報告されている。

外国に比し日本が低失業率といわれるのは、「全部雇用」（野村正美『雇用不安』）にある。第一次労働市場に対し、自営業等の第二次労働市場があるからである。不況等の経済インパクトに対し、失業率が敏感に反応しないのである。しかしその「全部雇用」も衰退しつつあり、大きな構造変化がみられ、社会保障が求められている。

環境汚染・破壊　大気汚染、森林破壊、砂漠化、地球の温暖化、酸性雨、オゾン層破壊等々は、高度成長期にみられた単なる公害ではない。それは地球規模に留まらず、後世代に影響を及ぼし、地球規模のものである。地球環境悪化には三つの型がある。第一は、裕福な国の浪費（フロンガス等）である。第二は、韓国等新興工業国での、経済発展のための環境軽視である。第三は、天然の資源を食い潰さなければ生きていけない発展途上の貧しい国である（石弘光『地球環境報告』Ⅰ・Ⅱ）。そして日本は地球の総陸地面積の〇・二％にもかかわらず、原油等の最大輸入国であり、製造業では大量の輸出国である。大量採取↓大量生産↓大量消費↓大量廃棄国である。『一九九八年版環境白書』は「二一世紀にむけた循環社会の構築のために」を特集し、「循環」と「共生」を実現するライフ・スタイルを提示している。

自然破壊が加速したのはここ三〇年来のことで、人類の歴史からいえば一瞬にすぎない。有限なる地球環境のもとで人類が生きていくために、新しい環境倫理が問われる（加藤尚武『環境倫理学のすすめ』）。その際、東洋の生んだ倫理が寄与するところが大きい。

阪神・淡路大地震　一九九五年一月一七日の阪神・淡路大地震は、「経済大国」の先端都市神戸を中心に襲った戦後最大の災害であった。「豊かな社会」を呼号しながら、社会福祉の未熟さを露呈した災害であった。

直下型地震で震度六（烈震）、マグニチュード七・二、関連死を含めて死者六四二五人、行方不明者二人、負傷者四万三七二二人、住宅全壊一〇万四五七棟（一八一万五九一七世帯）、半壊一四七万四三二棟（二七万四七一〇世帯）、一部破損二三〇万三三二二世帯（消防庁一九九六年一二月二六日発表）と報告されている。

いわゆる「震災弱者」といわれる高齢者・障害者・児童に災害が集中している。その復興は近代都市の再建に重点がおかれ、市民生活は第二次的対策であった（内橋克人・鎌田慧『大震災・復興への警鐘』）。

「豊かな社会」の社会病理　「豊かな社会」とは通俗的表現で、むろん資本主義社会の「爛熟」社会で、さまざまな病理を生んでいる。内容からみれば競争・効率化・便利追求の管理社会である。

そこでの猛烈な業績主義は、膨大な不適応階層を生んでいる。

「豊かな社会」を際立って特色づけるのは、消費社会と情報化社会である。その「陰」の部分については、見田宗助の『現代社会の理論――情報化・消費化社会の現在と未来――』に詳しい。消費社会の向上は「中流意識」を氾濫させた。この「中流意識」はむろん全生活的なものではない。内容を点検すれば、構造的には他律的で、資本制社会の利潤や能率に動員されている。消費社会は個人本位的傾向が強く、共同体や組織的紐帯の弛緩を招いている。

情報社会により、J・K・ガルブレイスの『ゆたかな社会』(鈴木哲太郎訳)の「依存効果」が生じ、生活における「必要《ニード》」が、無限の「欲望《ウォンツ》」に置きかえられる(岩田正美『消費社会の家族と生活問題』)。

「豊かな社会」は、何よりも物質的成長であったから、本来の人間としての内的自然の感性を荒廃させ、「人間」自体の貧しさを生じさせた。「物象化」は生活における消費財の「物神化」として現われた。精神と物質のアンバランスは精神不安をもたらし、人格形成能力の破損を招いた。消費的人間は、主体性をもった全体的人間ではなく、自己本位的、他律的人間であり、物質的欲望や個人の追求が中心となっている。

「豊かな社会」はさまざまな社会病理を生んだ。さまざまのアノミーや逸脱行動を生んだ。そしていわゆる「中流」神話も崩れていった(高橋純平編著『現代生活の社会学』)。

さまざまな「豊かな社会」には「閉塞」感や「混迷」感が強い。その極点は自殺である。一九九八年の自殺者は三万二八六三人で、四、五〇代を中心にした「生活・経済問題」が原因の自殺が六

○五八人、前年より七〇・四%も増えた（警察庁発表、『朝日新聞』による）。そこから生み出されるこれらの社会病理を積極的に解決しようという「構想力」も乏しい。例えば少年犯罪に対し、かつての教育や福祉で対処しようとするのではなく、世の風潮に流され、行刑などでこと足りるとする発想などがそれを示している。

4　生活・貧困

生活　「平成不況」の中で、生活困難が深まった、一九九八年『国民生活基礎調査』（一九九八年七月時点、厚生省発表）で五二・一%の世帯が「大変苦しい」「やや苦しい」で、「苦しい」と感じる世帯が五割を超えたのは、一九七九年調査開始以来初めてで、特に三〇、四〇代は六割近くを占めている（『朝日新聞』一九九九年七月一七日）。

生活における「満足度」の海外比較では、一九九五年三月調査では、日本四五・七%、韓国五二・六%、タイ六二・九%、アメリカ六七・三%、イギリス七〇・九%、スウェーデン六二・五%、日本は韓国・タイよりも低い（一九九八年度『厚生白書』）。また「今後の生活の見通し」でも、「良くなっていく」が一九七五年二三・四%に比し、九七年には一二・七%、「悪くなっていく」が七五年一六・四%に対し、九七年では二一・八%で、消費生活は多少豊かになっても、生活全体の見通しが暗いのである。

日本の中流意識の「平等神話」も崩壊しはじめた。橘木俊昭は『日本の経済格差』（岩波新書、一九九八年）で、一九八〇年後半から九〇年初めにかけて、日本は先進国の中で、最も不平等な国の一つであり、福祉国家でもないと指摘した。これに対し批判もあるが、バブルとその崩壊、平成不況を経験する中で、橘木の指摘には国民が共感を持った。

一九九二年六月に閣議決定「生活大国五か年計画——地球社会との共存をめざして——」と銘打って、政府は「経済大国」から「生活大国」に、国策を転換しようとした。そこには情報の豊かさと、個人の豊かさの乖離が述べられている。しかし、この「五か年計画」も、「平成不況」の中で声も小さくなっていった。日本の「経済大国」下の生活は、ガルブレイスの「満足の文化」にすぎなかった。

高橋純平は、現代生活の特徴を「生活の個人化」「生活の構造化」「生活の社会化」「生活の非文化化」として四つを挙げている（高橋編著『現代生活の社会学』）。このころ注目された「生活の社会化」を取り上げてみたい。

消費生活は、国家ないし資本の手中に握られている部分が多い。消費財費、教育費等は一般生活に欠くことのできない固定的経費部分で、社会的強制費である。交通、通信、電気、光熱、住居等の社会的必需品費も社会が進むにつれ増加する。税金や社会保険費は後で返還されるとしても、当面生活を圧迫する社会的強制費であり、非消費支出とはいっても、社会生活上不可欠の費用である。

現在の生活は、社会保障制度や社会福祉等の「生活の社会化」に護られなければ、社会的緊張の防止は不可能である。まだゴミや道路、下水等に、個人の力ではもはや処理できない部分も多くなった。これら社会的共同消費材も日本は立ち遅れている。

女性労働力等「共働き世帯」の追加収入がなければ、前述の生活の必要経費増に応じられない。

「生活の社会化」のほか、この期では「生活の質（QOL）」の向上が強調された（三重野卓『「生活の質」の意味』）。地域生活や家族生活にも前節で述べたように、多くの問題が生じた。

貧困　高度成長、特に「経済大国」を志向するころから、貧困は興味あるテーマにならなくなった。それは貧困が消滅したからではなく、行政や研究者達の怠慢からである。

これに対し、海外先進国では、オイル・ショック以降の経済不況を背景として、かつてなかった程に貧困研究が盛んとなり、「貧困の再発見」が叫ばれ、一九九五年は国連で「貧困根絶年」と定められた。

例えば邦訳されたものだけでも、ガルブレイス（鈴木哲太郎訳）『ゆたかな社会』、リューマー（陸井・田中訳）『アメリカ貧乏物語』、イギリスのエイベル＝スミスとP・タウンゼントの諸著書、D・ウェッダーバン編著（高山武志訳）等々である。

一九七〇年代前後から貧困が軽視された理由の一つに、H・ウィレンスキー、C・ルボーの『産業社会と社会福祉』（四方・本出監訳）の residual → institutional などの公式流行や、R・ティトマスの「残りもの的福祉モデル」→「産業遂行的モデル」→「制度的再分配モデル」がある。それはアメリカなりイギリスでは、理論的に精緻であり、また進歩的であったが、全く歴史事情が異なる日本で、「補充的＝戦後貧困」「制度配分的＝高度成長以降」としたところに誤解があった。そしてそれは、一九七〇年後半以降の「福祉見直し」に利用された。

西欧先進国では、貧困の研究が進んだ。ラウントリーの最低生活水準から、タウンゼントの「相対的剥奪」、即ち「同等な権利を持つ市民の社会的不平等」も問題になった。またカール・マンハイムは「それぞれの時代社会の相関」としての貧困を考えた。特に注目されるのはベンガル出身で一九九八年ノーベル経済学賞受賞のアマルティア・センで、彼は従来の資源や所得のみでなく、「機能」の集合である「潜在能力」から福祉や貧困を考えた。センには『福祉の経済学』(鈴村興太郎訳)、『不平等の再検討』(池本・野上・佐藤訳)等、貧困問題に「潜在能力」を適用した社会福祉論がある。ベンガル大飢饉が彼の貧困問題研究の契機となり、その貧困論は西欧中心の従来の貧困と異なり、広く東洋をはじめとする世界の貧困が視野に入っている。

日本でも高度成長とともに、新しい「相対的貧困」が注目されたが(拙著『日本貧困史』)、成長の波の中で忘れられた感があった。

政府は一九六四年、低所得世帯は一四〇万弱、人口四六〇万に減ったと発表したが、このころから行政はこの種の数字を発表しなくなった。曽原利満は既存の官庁統計である家計調査などと、公的扶助基準を用いる貧困測定の調査手法により、一九八二年時点の貧困低所得世帯数を推計値二四四・八千世帯、率七・一四%、その年度の公的扶助制度充足率二四・三%という結果を示している(「低所得世帯と生活保護」『社会福祉政策の基本問題』)。

松崎久米太郎を代表とする東京都社協は一九八九年『現代の貧困――その生活形態――』を「世帯更生資金借受世帯の分析」「低所得向公営団地居住世帯の生活実態調査」を通じて研究した。「中流社会」の中で見えなくなった貧困、高齢者の増大、低所得層の拡散傾向を特徴として挙げている。

このほか江口英一による東京都中野区の調査、高山武志の札幌調査、岩手県葛巻町Y地区調査、杉村宏による北海道低所得調査、金持伸子の全国低所得貧困層調査等々がある。この期は「貧困の女性化」など分野別貧困も注目された。

第六章　二〇世紀終末期の社会福祉思想（二）

1　社会福祉と思想

ここでは終末期の主だった動向を挙げ、その思想を述べてみよう。

「社会福祉改革」の思想　一九八〇年代から九〇年代初頭にかけて、高齢者福祉を中心に「社会福祉改革」が行われた。それは戦後の福祉改革に対して、第二の改革と論者の多くは呼んでいる。一九八三年に老人保健法が施行され、八六年五月には社会福祉基本構想懇談会が「社会福祉改革の基本構想」を提言した。次いで八九年三月、福祉関係三審議会合同企画分科会は「今後の社会福祉のあり方について」の意見を発表した。さまざまな改革が行われたが、その到達点は九〇年六月の福祉八法改正（九三年四月実施）であり、九二年六月に社会福祉事業法の一部改正があった。これら諸改革は、法律的にみれば「脱六法化」の方向であった。

「社会福祉改革」は、理念的にいえば、ノーマライゼーションとインテグレーションであり、福祉サービス中心の改革であった。それは社会福祉における普遍主義の導入で、他面社会福祉の「対象論」の放棄に繋がりかねない改革でもあった。

具体的方向は、第一に地方分権であり、区市町村による総合的サービスの役割重視である。第二は地方分権化の内容として地域福祉・在宅福祉である。それは地域や家族の崩壊過程の中でおこなわれねばならなかった。第三は設置主体の多元化である。第四は社会福祉の普遍化とともに、受益者負担や応能負担である。第五に担い手としてのマンパワーである。一九八七年「社会福祉士法及び介護福祉士法」が制定された。

「社会福祉改革」を思想的見地から、若干のコメントをしてみたい。

資本主義国の同時不況からくる社会福祉の「停滞時代」、あるいは「抑制期」（高沢武司）は、日本も同じである。臨調の行革路線、そして、中曽根政権等の長期保守政権下で、この「抑制」「停滞」が進行した。この「社会福祉改革」時代に、他の先進国と同じように、国を挙げて「第三の道」の模索が行われた。私は、日本では一九七〇年代以来の「福祉見直し」が基本的には続いているとみるのである。イギリスでは福祉国家の後退の後、社会保障体制を前提としながらも、それだけでは解決できないのでシーボーム委員会のコミュニティケア、パーソナル・ソーシャル・サービス等を打出し、それが日本のモデルとなった。しかし、日本では福祉国家成立の前提を欠いた状況の中で、地方分権、地域福祉が打ち出された。そして、地域福祉を受ける市民社会も未熟であった。

次に「福祉改革」は、前章でみたニーズの高度化・多様化や生活水準の向上、さらに高齢・少子化に応じて、福祉サービスが打ち出された。しかしそこには、前章でみた社会福祉「問題」はほとんど投影されていない。福祉の「社会問題」を放棄したことは「社会福祉」の自己否定につながりかねない。外には平成不況下の民衆の苦悶がある。それも余り反映されていない。「改革」が、いかにも楽天的にみえるのは私の偏見であろうか。

それと関係して、社会福祉の範疇が余りにも狭隘になりすぎるのではないだろうか。社会福祉の理論は、行政に規定されるわけではない。失業、環境、犯罪等々に至るまで、社会福祉理論の視野に収めなければならないのである。現在は逆に、社会福祉研究者以外の一般研究者により、優れた社会福祉論が展開されているのはどういうことか。

次に問題は社会福祉の原点である生活保護である。「補足性」原理や法の「適正化」の名のもとに、一九九七年保護率〇・七二％、保護人員九〇万六〇〇〇人で、最低生活の保障も引きしめられた。そこでは高度成長以降の生活向上に伴う海外にみられる「新しい貧困」や、ましてタウンゼンドの「相対的剝奪」も考慮されていない。そして、ナショナル・ミニマム、ひいては貧困そのものも関心の外におかれた。

最後に「改革」とは、本来「自動」的なものであろう。戦後の第一次改革も占領軍指導による「受動」的改革であった。今回の改革も行政や研究者による先進国モデル移入の「受動」的側面が濃厚で、社会福祉自体による「自動」的改革の側面は影が薄い。その結果、トップでは先進国における最先端型の「福祉サービス」でも、それを受ける底辺では後進性がよどんでいる。何かの場合に「逆コース」の道をたどることは、戦後改革でも経験している。

「社会福祉改革」については三浦文夫・阿部志郎・堀勝洋・松井二郎・古川孝順その他の論説が多い。しかし、その論説の多くは政策論やパラダイム論で、例外を除いて「社会福祉問題」や「社会福祉理論」には余り触れられてはいない。

その中で仲村優一の「現代社会福祉の展開と二一世紀への新しい潮流」（『社会福祉研究』一九九四年七月）は、歴史的社会的視点も考察しながら、末尾で「小さな政府を目指し、福祉を抑制する方向での財政主導は徹底的に排除しなければならない」との注目すべき言葉がある。しかし、そこに展開された改革論は、その主著『社会福祉概論』の主張、特にそこにみられる主体論といかに一致するのであろうか。

改革には確たる座標軸もなく、理念のみ一人歩きがちである。社会福祉理論は混乱した世紀末社会の中で混迷している。私は七〇年代以降の社会問題の噴出の中で、社会福祉の改革は必然と思うが、なおいわゆる「社会福祉改革」に対し、「批判的」立場をとりたいと思う。

普遍化・多元化、市場論　一九八七年『厚生白書』は、「現在社会福祉サービスの性格は、かつての救貧的・選別的な性格から一般的・普遍的な性格を有するサービスへという歴史的な変容過程にある……行政による一方的なサービス供給の形式から、ニーズを有する者がサービスを利用するという供給方式の流れと言い換えることができる」と述べている。「サービスの利用者と提供者の平等の確立」は、社会福祉の与論の如くみえる。しかしその「普遍」は実施より目標になりがちで、安易にのりこえられるものではない。在宅福祉などもそうであるし、またそれによって「新しい貧困」なども福祉サービスから締めだされはしないか。小田兼三は「社会福祉改革とその理論的背景——普遍主義と選別主義の緊張関係」（『社会福祉学』一九九〇年六月）で、日本社会福祉の制度上の普遍主義と、実際上の選別主義の同居を戒しめている。要は「最後の一人の人権」をどう考えるかにかかっている。

「普遍」とは哲学的グローバルなもので、最近流行の市場主義的グローバル化などではない。前記の『厚生白書』の規定のような先進国型の規定は、目標であっても、多くの先進的富裕国から収奪を受けてきた、後発途上国にも「普遍」的価値として通用するのであろうか。

多元化は時代の趨勢である。バブルとその崩壊というギャンブル経済を経験した日本の社会福祉は、経済学のみに基礎を置くことができない。政治学や倫理学その他文化的多元的基礎を持たなければならない。「普遍」と「多元」が異なるのは断るまでもない。

社会福祉における多元化は、幅広い需要に応える多様な主体の参入促進であるが、同時にそれはかつての「日本型多元主義」（公共部門の抑制、民間活力・自助の重視等）の、換骨奪胎につながらないか注意しなくてはならない。また多元化の性格の持つ効率化、経済主導型や新保守主義につながらないかにも注意しなければならない。

社会福祉の「多元化」であるかぎり、多元をもとめる理論や哲学のルールが用意されなければならない。要は仲村優一のいう「社会的組織的な営利を目的としない活動」（『社会福祉概論』）が原則である。「公私共働の多元的供給」は時代の流れであるが、そこに前記仲村のいう共通の原則がなければ、社会福祉とはいえないだろう。

『一九九八年度生活白書』は「市場を通した介護サービスの拡充」を力説している。事実有料老人ホームをはじめ民間企業の参入が相次いだ。

市場論を理論づけたのは経済学者丸尾直実である。丸尾は『日本型社会福祉』『市場指向の社会改革』『福祉ミックス社会への挑戦』（加藤寛と共著）等を著している。ミックスとは、最低限のセイフティ・ネットとしての公的福祉、市場供給福祉、地域福祉その他のインフォーマルな福祉の組合せで、プロダクティブ・ウェルフェアを考えたのである。丸尾には、財政悪化、人口の高齢・少子化の中で、ケインズ的福祉国家的社会保障に対し、新しい社会福祉理論を構築しようとした。そこには新自由主義とニューライトの批判的吸収がある。

政府介入型から競争原理の市場指向型で、財政構造改革と福祉ニーズ充足とを両立させようとする途である。プロダクティブな福祉が論ぜられ、ウェルフェアからワークフェアへの語もみえ、従来の「運営」から、「経営」が重視され、コスト意識とマネジメント意識や、「顧客意識の導入」も論じられている。

また宮沢健一は「これからの社会福祉のシステムデザイン」（『社会福祉研究』六八号）で、市場化の競争における効率性と創造性、社会化の公平性を福祉リストラの柱としている。なお社会福祉の対象規定に「消費者」（経済人モデル）が流行しているが、私はすでに述べたように「生活者」と考えたい。

丸尾らの市場原理に対し、浅井春夫の「社会福祉と相いれぬ市場原理」（『朝日新聞』一九九九年一月二一日）その他の反論も多くだされた。私は社会福祉の論理と市場主義の論理は、現実の場面で交錯するところがあったとしても、基本的には相違していると考えている。

社会福祉思想のグローバル化　「一国福祉国家体制」が曲り角にきたと評されている。そして「福祉世界」や「宇宙福祉」の主張や構想も現われた。日本社会福祉思想も敗戦後半世紀、主として軸足をアメリカにおいてきたが、今やイギリスを中心とするヨーロッパ、さらにはアジアにも広く目を配られなければならなくなった。

具体的に挙げれば、まずかつてのアジア各国の侵略や植民地支配、それは日本社会福祉の「原罪」ともいうべきものであった。朝鮮半島だけに限ってみても、植民地下の朝鮮半島の貧困と差別、労働力の不足対策としての強制連行、さらに軍隊慰問婦（吉見義明『従軍慰問婦』）等々である。ヴァイツゼッカー大統領の『荒れ野の四十年』の著名な言葉を引用しておきたい。

過去に目を閉ざす者は現在にも盲目となる。非人間的な行為を心に刻もうとしない者は同じあやまちを犯す。

次に注目されるのは、前章で述べた環境破壊・大気汚染等々である。「経済大国」日本は、いわゆる開発途上国からの資本調達によっている。環境破壊はすでに人類を越え、世代間を越えた地球全体、宇宙全体に及んでいる。その対策は「宇宙福祉」とでもいうべきもので、近代以前の日本人が得意としたものである。

それとも関係して、富のギャップの深刻化は、南北問題として現出している。世界の二七の最富裕国が、世界のＧＤＰに占める比率七九・五％、それを除く一一五か国が貧困（本山美彦『豊かな国・貧しい国』）という報告もある。そして南の貧困はますます進んでいる。一九九九年三月世界銀行と国際通貨基金は、世界で最も貧しく、重い債務を負っている「最貧国」を四一としている。一方が飽食で残飯を出し、一方では餓死者を出している現実がある。

現在、文化相対主義が盛んである。日本社会福祉思想はアメリカだけでなくヨーロッパ、特にアジアの福祉思想に注目しなければならない。「スッタニパータ」の「慈教」をはじめ「自他不二」

思想等に注目すべきである（拙稿「覚書・社会福祉における宗教的価値――キリスト教と原始仏教――」吉田久一著作集7）。先述のノーベル経済学者で哲学者でもあるケンブリッジのA・センのアジア的価値観の重視もそうであろう（「民主主義と社会主義」『世界』一九九九年六月号）。

このグローバリズムは、市場論的グローバリズムや逆にナショナリズムを越えて、いわば日本的＝人類的な思考である。多くの研究者が捨てて顧みなかった、親鸞・道元その他の民族的＝宇宙的福祉思想の掘り起しも急がれるであろう。

福祉はその前提に平和がなくてはあり得ない。「大砲かバターか」は社会保障と軍備拡張との選択関係として長い年月がたった。特に核兵器の問題は人類の存亡と地球生態系の存続にかかわる問題であり、人類は毎日火薬庫の上に暮らしているようなものである。広島・長崎の被爆者は、半世紀たってもまださいなまれ続けている。

しかし、平和と福祉の関係は簡単なものではない。先の太平洋戦争では福祉は比較的早く戦争に協力を誓った。特に福祉研究者は一九三七年（昭和一二年）早くも日本社会事業研究会を組織して、戦争体制への準備をした。社会福祉の現場従事者は迫害を受けながら、戦争弱者の世話をした。社会福祉従事者が戦争と平和が両立できないことを知ったのは、戦争の深まった決戦段階であった。その点従事者は、戦争弱者や戦争犠牲者を背負う「悲しい」存在である。日露戦争期に内村鑑三は「世に多くの矛盾はありますが、然かし慈善家の主戦論の如きはありません」といっている。

現在いわゆる「ガイドライン」が一九九九年に国会を通過した。保守政権の伝統的志向である「小さな政府」のもと、新しい「バターか大砲か」のはじまりだろうか。しかし、その矛盾を指摘する社会福祉関係者は少数である。社会福祉の社会科学研究者や、逆に倫理や宗教から福祉を考える研究者達は、両者の矛盾を明らかにすべきである。

最後に在日外国人労働者問題がある。景気拡大の際は労働者不足、不況時代は失業の波にさらされている。低賃金ばかりでなく、居住の確保も困難で、人権問題に悩んでいる。

社会福祉思想としての「自立」と「共生」　「自立」と「共生」は、欧米社会事業史、東洋社会事業史を貫くテーマである。

現在の社会福祉における「自立」思想は、北欧の障害者に生活主体者としての生き方を保障する「自立」や、アメリカの「自立」生活運動の影響がある。しかし、それはかつての生活保護における「自立助長」と異なり、社会保障や社会福祉の利用を前提に、市民生活にかかわる自己決定権（市民的権利）と、生活権（社会的権利）を同時に保障するものである。定藤丈弘・岡本栄一・北野誠一編『自立生活の思想と展望』や、仲村優一の「社会福祉行政における自立の意味」（『日本の社会保障』）がある。この点早逝した定藤の実際的研究的活動がめざましい。しかし、欧米と異なり、日本の「自立」や「人権」には、「尊厳《ディグニティ》」が身についていないし、「依存的尊厳」のきらいがあるとの批判がある。

白沢久一は、公的扶助に独特の「生活力形成論」を展開した。『公的扶助労働の基礎理論』で、「福祉切りすて政策と生活力形成の課題」を論じている。マルキシズムを基礎にもつ白沢の「生活力形成」論には、生活教育理論があるが、讃否両論がある。

早逝した河合幸尾は『河合幸尾論集・社会福祉と自立論』を遺した。河合の「自立論」は「人間的社会的自由を抑えた上での主体的営為のプロセス」で、経済的身体的自由、人格的発展の自由、社会的参加の自由が含まれている。

戦後ケースワーク原理であった「自己決定」は、近代市民社会の原理ではあるが「市民として生活する条件の平等を前提とした平和的人間観に立つ修正自由主義」、アマルティア・センの基本的な「潜在能力」の平等を前提とした具体的人間観に立つ「福祉的自由」等で修正が迫られている（岩崎晋也「利用者の自己決定と援助者のパターナリズム」『日本社会福祉学会関東部会報』一二号）。またその自己決定には、社会的視点が欠如し、それを可能にする具体的条件と援助その他が欠落している。

ボランティアについても一言触れたい。金子郁容は『ボランティア――もう一つの情報社会――』を出版した。そこでは従来の古典的ボランティア論と異なり、情報社会の中での「関係性」が重視されている。また田中尚輝は『ボランティアの時代』で「社会的使命」を強調している。さらに秦辰也は『ボランティアの考え方』で、カンボジアでの長い経験を土台に、「自他不二」型のボランタリズムを提示し、そして、日本ボランティアに欠けがちの、社会批判や民主化を東南アジアで実験している。またNPOの法制化をみたことも加えておかなければならない。

「共生」は「経済大国主義」のもつ「効率」性のアンチ・テーゼとして、平成不況の中でその風潮が高まった。

社会科学としては内橋克人の『共生の大地』がその代表であるが、内橋は「利益共同体」、「運命共同体」に対し、「使命共同体」を主張し、市場経済の矛盾を突いた。

生物学的、ある場合には哲学的に、今西錦司は「棲み分け理論」を提起、生物学的には「近代化論」に対し、社会的には生存競争に対し、反省を迫った。

一九九九年の経済戦略会議は、「健全で創造的な競争社会」という市場原理主義を小渕首相に答申した。しかし、レーガン・サッチャー流の保守主義が支持されたのは九〇年代半ばまでで、それ以後ECのほとんどの国が「中道」の道を歩んでいる歴史的事実を知る要がある。

「共生」は東洋福祉思想の基本である。原始仏教の根本思想は「縁起相関」の「相依相待」「相互依存」である。「我」を否定して、他者の不幸を自己の不幸とみ、「自他不二」の関係性を重視した。援助はプロセスないし実践とみて、援助者、被援助者の相互作用に中心をおいた。しかし、仏教の「共生」は東洋社会の福祉に大きな役割を果たしたが、社会性は希薄であった。

中国は地域社会の組織化のいわば天才で、日本の地域組織化は近代以前はおおむね中国から学んだ。しかし、日本の地域組織には、「個」が欠落した。「隣組」のような「負」の面が強く、逆に「草の根」的に発生した地方の多くの地域組織も永続するのは稀で、歴史の波のままに消えていった。「自立」と「共生＝公共」の共存は日本社会福祉では困難な課題であるが、果さねばならない課題である。「個」の成長以前に「共生」の豊かな水脈を持つといっても、現在はまず住民の個々の覚醒が要請される。

右田紀久恵は『自治型社会福祉の展開』で、地域福祉を定義的に、

地域福祉は地域社会における住民の生活の場に着目し、生活の形成過程で住民の福祉への目を開き、地域における計画や運営への参加を通して、地域を基礎とする福祉と主体力の形成、さらにあらたな共同

社会を創造してゆく、一つの分野である。
と説明している。地域福祉は「新しい」公共理念と、「草の根」的な生活権保障の実現が基本になるということは理想型かもしれない。しかし福祉共同体建設が、二一世紀社会福祉の目標であることも間違いでない。

2　社会福祉基礎構造改革について（中間まとめ）

一九九八年六月一七日に発表された表記の報告は、「社会福祉事業法等改正法案」を予定したもので、むろん研究報告などではない。しかし、「基礎構造改革」と銘打った本報告は、社会福祉思想の上からも見逃せないばかりでなく、社会福祉学会でも論議が多い。本報告の具体的施策については、小笠原祐次「福祉サービスと措置制度」（『社会福祉研究』七三号）その他の批判があるし、私の任でもないので、本報告並びに当事者である炭谷茂（厚生省社会援護局長・当時）の「社会福祉構造改革の展望と課題——社会福祉システムの再構築をめざして」（前掲誌前掲号）を加えて、若干のコメントを試みてみたい。

「中間報告」の問題点　①本報告は七〇年代後半からの財政制約・「福祉見直し」線上にある。②七〇年代以降の「社会福祉」問題多発の中で、「改革」の必然性がある。③先進国型福祉のほとんどが取入れられ、形而上的な「あるべき」福祉が述べられている。④社会的責任等が稀薄で、自己責任、市場原理が重視されている。⑤「社会連帯」と「自己責任」の関係が明確でない。⑥「福祉サービス」や「福祉ビジョン」が先行し、抽象的総合的ではあるが、「社会福祉とは何か」という理論が明確でない。

思想　現在、日本の政治思想は市場原理とナショナリズム（保守主義）が主流である。そして、社会福祉も同じである。一般市民はバブルとその崩壊後の現在を「経済大国」志向の蹉跌とみ、公正社会の到来こそ歴史の必然の成り行きと考えているに相違ない。しかし、政治思想は依然として「市場原理」主義が中心である。報告は「民間企業等の多様な主体の参入」「消費者保護」（利用者の新しい名称として――筆者註）「適正な競争を通じた効率化」（一九九八年度『厚生白書』）を掲げている。中間報告者達の意図は、従来の概念の常識的な使用かもしれないが、やはり高沢武司の「社会福祉の範疇は経済現象の従属変数の位置」（「「社会福祉事業」の概念とその枠組み」『社会福祉研究』七三号）と考えざるを得ない。特に「効率化」はバブル時代の市場原理の中核だっただけに、社会公正を要請するものにとっては異様に写るのは私だけだろうか。

社会福祉のナショナリズムは本報告の意図ではないかも知れないが、歴史的にみれば、一九七九年の「七か年計画」における「個人の自助的努力と家庭や近隣・地域社会の連帯」、いわゆる「日本型社会」思想の継続とみるのは誤解であろうか。地域福祉はいわば「双刃の剣」で、太平洋戦争下厚生事業の原理の一つもそこにあった。

報告は、社会福祉の理念として「自立」と「社会連帯」を掲げている。両者とも日本社会福祉にとっては難題である。「自立」の思想としての自由主義は、マルクス主義やファシズム（ほとんど理論がない――筆者註）の受容が日本社会福祉に容易であったのに比し、自由主義の受容が誠に難事であったことは、先の戦争でも示されている（拙著『日本の社会福祉思想』）。

社会連帯の思想は大正デモクラシーによって受容されたが、僅々二〇年たらずで戦争の前に挫折した。その理由は自由主義の未熟と関係がある。抽象的理念でなく、歴史的思想としては、レオン・ブルジョワの一八九六年の『社会連帯論』からである。ブルジョワは「事実の連帯性（solidarité-fait）」と「義務の連帯性（solidarité-devoir）」を区別した。重要なのは後者であるが、多分に前近代的な有機体が濃厚な日本社会福祉では、「事実の連帯性」を「社会連帯」と誤解し、現在もそれが残存している（拙著『社会事業理論の歴史』）。日本社会福祉は戦後長く軸足をアメリカに置いた。現在は日本の社会福祉思想の「普遍」性を一、二の先進国に留まらず、開発途上国からも検証吸収しなければならない。その際、日本の鎌倉仏教の人類的な「福祉と共生」も参考になる。

対象　私は社会福祉の「対象」は、歴史的社会的矛盾としての生活を背負い、悪戦苦闘して、その矛盾を切り開かんとする「生きた人間」だと思う。

報告等にみえる「対象」は「サービスの利用者と提供者の対等な関係」と規定され、「契約」「人としての尊厳《ディグニティ》」という理念がみえるだけで、五％に迫る失業や、二万二三三八人という男性平均寿命の低下をもたらした自殺者、総じてこの表現から平成大不況や世紀末社会をうかがうことはできない（厚生省人口動態統計）。つまり、歴史的社会矛盾としての生活を負った「生きた人間」が見えず、「社会」が欠落しているとさえ誤解される。「サービス利用者」の前提を欠いているのである。また「契約」や「人としての尊厳《ディグニティ》」や「参加」は当然すぎる理念であるが、キリスト教を持たず、能動性と社会性の乏しい日本社会福祉にとっては難題である。

次に「利用者」を「消費者《コンシュマー》」と規定する例もみられるので一言したい。現在は消費社会であることは疑いない。しかし、社会福祉の「利用者」も単にサービスを受ける者だけでなく、多少でも向上しようとする、生産者（生産力の多寡は問題でない、また既往・将来の生産参加も含む）としての主体的人格を持つ「生活者」である。現在の消費社会の陰の部分は、資源提供国の貧困とも関係があるばかりでなく、国内のさまざまな福祉阻害の要因をも含んでいる（見田宗介『現代社会の理論』）。「消費者」と規定して、利用者の自立の芽をつむべきではない。

主体の多元化　主体は「幅広い需要に応える多様な主体の参入促進」として公・NPO・生協・農協・民間企業が挙げられている。公は一九七〇年代後半からの「見直し」が保守党内閣の下で続き、財政上の厳しい制約が続いた。一方にバブル崩壊、金融不祥事があり、他方では財政悪化の名の下に「小さな政府」が要求された。地方分権、自治体福祉への活路も地方財政悪化の中で、東京都をはじめ、福祉予算カットが目論まれている。

協同組合は消費組合をはじめ、戦前にも社会福祉施設で試みられた。現在生協・農協の社会福祉の参入は福祉からの要望の一つであるが、農協の戦後半世紀の活動の再検討がまずされなければならない。

NPO、あるいはボランティアの活動も期待されるが、その思想的普遍性が現在新しく問われている。

最後に、民間企業には賛否両論がある。その論点は市場原理による優勝劣敗、生活困難者に対する逆差別、低所得者への低サービス等々である。戦前に「志士仁人」的な資本家の活動を多くみたが、倉紡の大原孫三郎、鐘紡の武藤山治ら少数を除いて、日本ブルジョワジーとしての、社会福祉理解は少なかった。そして現在は余り戦前にみられなかった社会福祉の不詳事件も続いている。企業家と社会福祉の関係は、現代社会福祉の一つの研究テーマであろう。

戦前派には「社会事業精神」として「志士仁人意識」が主体者の思想としてあった。戦前もむろんヒューマニズ等があったが、新しい「社会連帯論者」や「マルクス主義者」は、少数を除いて戦争の深刻化の中で退却した。「戦争弱者」を背負っていったのは、ヒューマニスト達が否定した「志士仁人」の群が多かったことを私は社会事業の現場でみている。「志士仁人」意識はむろん敗戦とともに否定された。戦後半世紀、社会福祉の主体を規定するまとまった思想がない。私は戦前・戦後の社会福祉の経験から「社会的使命観」を考えたい。戦後の「経済大国」は「市場原理」主義がその中心であった。社会福祉従事者には、それと対置し、『禁欲』する形で「社会的使命観」を主体者の思想として提起したい。

援助方法　社会福祉サービスそのものの概念について、中間報告は余り説明していない。しかし、社会福祉サービスは当面する社会や文化から規定されざるを得ないであろう。たとえばケースワークは「個別化」原理や「自己決定」を思想としているが、日本に導入された大正後半期は、すでに日本資本主義の危機がはじまっており、いわば導入当初から思想的矛盾の中におかれざるを得なかったし、それ以後のケースワークの歴史も、社会を離れて考察することができなかった。

また導入した日本には、すでにワーカー、クライエント関係などは、思想的には儒教的仁人によ
る「代表者意識」、仏教による「自他不二」や「主客合一」、特に両者の出会いの「場」や、両者の

「関係性」についての長い国民生活の文化、加えて「対人関係の受け身」などの国民的特徴があった。

次に日本の地域組織は、中国の影響を受けながら五保・五人組・隣組等々上から組織された。民間から生まれた優れた地域福祉もあったが長続きしなかった。コミュニティの福祉は市民参加を原則としている。日本では一九七〇年代に市民運動はあったが、現在の地域福祉に市民参加を求めるのは容易ではない。加えて日本には福祉資源は乏しい。

福祉サービスは言葉は美しいが、日本の社会や文化は長い福祉の歴史を持つだけに、「あるべき姿」だけでは解くことができないであろう（拙著「日本社会福祉方法論史」『吉田久一著作集』3）。

おわりに

仲村優一は「なぜ基礎構造改革なのか」（『社会福祉研究』七五号）で、基礎構造改革提案は「あるべき社会福祉として追求されてきたものについての今日段階での政策提言」（傍点筆者）としている。いわば「理想型」として報告をみている。「人間の尊厳」を高らかに謳いながら、その反面福祉予算の後退が心配されている。近現代史上稀にみるほど「社会福祉」問題が現在おこっている。そして、いわゆる社会福祉「対象」としての「生きた人間」は、その歴史的社会的矛盾の中で悪戦苦闘している。そのリアリティの中から問題をたてなければならないと思う。

社会福祉の変わり目に、行政官僚は膨大な研究を用意した。井上友一『救済制度要義』（一九〇九年）、山崎巌『救貧法制要義』（一九三一年）、小山進次郎『生活保護の解釈と運用』（一九五〇年）等々みなそうである。そこには賛否があるにしても、当時の社会にまで目配りした東西の深い学識が用意されていた。世紀の変わり目に、社会福祉の転換を望むなら、行政からもそのような説得力を持つ研究の提起を待望するものである。

終わりに

日本社会福祉の最も弱い部分は、「不連続」性にある。やや成功したのは「社会事業」くらいで、「慈善」も「厚生事業」も、場合によっては、「社会福祉」さえも「連続」性に疑問がある。それはイギリスやアメリカの社会事業史と比較すれば明らかである。日本資本主義社会における社会福祉の「連続」性とは、単線的な「連続」ではなく、まさに否定―肯定の弁証法である。日本の社会福祉は過去の「風化」が特徴で、特にその変わり目についてしっかりした「歴史的自覚」を持たないと、とんでもない方向に向かい、破滅した例もある。現在はまさにその変わり目である。

二〇世紀前半の軍国主義的帝国主義、後半は「経済大国」志向で、前半は敗戦、後半は平成大不況で、世紀の幕を閉じようとしている。二一世紀は願望に終わるかもしれないが、「福祉社会」以外に選択の道はないように思われる。「敗戦」や「経済大国」の失敗をしっかり「自覚」しておかなければ、また社会福祉の「連続」性を失してしまうであろう。

世紀の終末の現在、経済不況の打開を軍需インフレに賭けたり、「経済戦略会議」の答申にみられるような市場原理主義に立つ「経済強国」の夢をみたりし、あるいは二一世紀の社会福祉を、楽観的に画いたりすることは、二一世紀への社会福祉の「連続」を不在にする。

この世紀末の「混迷」の時代を、正しい社会福祉の位置を確定する社会科学的認識と、社会福祉を内から支える「倫理」や「宗教」的信念をもって乗り切らねばならない。それこそが社会福祉の

「歴史的自覚」であり「思想」というべきであろう。

注　データは『日本社会福祉思想史』（吉田久一著作集1）を参照されたい。

文献一覧

第Ⅰ部

入手しやすい文献を挙げる。外国語文献は、テキストや邦訳のあるものを優先する。

宗教と福祉思想、対人援助サービスの職業倫理　ユダヤ教・キリスト教の慈善は、『聖書新共同訳』（共同訳聖書実行委員会、日本聖書協会、一九八七／一九八八年）を、アメリカのソーシャルワーク思想と原ヨーロッパ思想との結び付きを知るには、S・C・コーズ（小島容子・岡田藤太郎訳）『ソーシャルワークの根源』（誠信書房、一九八九年）。対人援助サービスの職業倫理に関しては、C・S・レヴィ（B・ヴェクハウス訳）『社会福祉の倫理』（勁草書房、一九八三年）や阿部志郎『福祉の哲学』（誠信書房、一九九七年）。

博愛思想・博愛事業と非営利組織　M・カーティ（稲垣良典訳）「博愛」（フィリップ・ウィーナー（荒川幾男他編）『西洋思想大事典』3、平凡社、一九九〇年、五二二―五二九頁）が手頃。非営利組織ブームとの関連で、博愛の欧米比較史研究も盛んである。例えばCritchlow, D. T./Parker, C. H. (eds.) : With Us Always. A History of Private Charity and Public Welfare. (Lanham/New York/Oxford, 1998）や、Cunningham, H. : Charity, Philanthropy and Reform. From the 1690s to 1850. (London/New York, 1998）等。なお雑誌 "Nonprofit and Voluntary Sector Quarterly"（Association for Research on Nonprofit Organizations and Voluntary Action）は非営利組織・博愛の動向を把握する際に便利。

ジェンダーと福祉職　姫岡とし子『近代ドイツの母性主義フェミニズム』（勁草書房、一九九三年）、岡田英己子「ドイツ社会事業成立過程における職業化についての一考察」（『社会福祉学』二六巻一号、一九八五年）や、「ドイツにおける市民主導型ボランタリズムの形成過程」（日本社会事業大学創立五〇周年記念論文集『社会福祉システムの展望』、中央法規、一九九七年）等。

市民権・市民的公共性と社会福祉理論　岡村重夫『社会福祉原論』（全国社会福祉協議会）や、吉田久一著作集（川島書店）の普遍性が改めて評価できる。ともに一国型の枠組みに拘泥されない思考に基づく理論・思想である。イギリスはT・H・マーシャルの一連の邦訳を、ドイツはH・シェルプナー（山田高生訳）『現代社会福祉論――本質と発展形態』（国際社会福祉協議会日本国委員会、一九七三年）をとりあえず勧める。アングロサクソン系の市民モデルを強調するマーシャル理論を批判的に読む手がかりとしては、J・ハーバーマス（細谷貞雄・山田正行訳）『公共性の構造転換』（未來社、一九九四年、第2版）や、近代世界システムを構想するI・ウォーラーステインの一連の邦訳が適切であろう。ともに国民国家の市民権を超克する市民的公共性の視野を示唆している。

社会民主主義の思想と運動　社会民主主義の思想は、西川正雄・松村高夫・石原俊時編『もう一つの選択肢』（平凡社、一九九五年）、石原俊時『市民社会と労働者文化――スウェーデン福祉国家の社会的起源』（木鐸社、一九九六年）、等。

ノーマライゼーションの思想と実践　D・スミス（西村章次監訳）『知られざる声――障害者の

歴史に光を灯した女性たち』（湘南出版社、一九九六年）や、J・W・トレント（清水貞夫・茂木俊彦・中村満紀男監訳）『「精神薄弱」の誕生と変貌』（上下二巻、学苑社、一九九七年）が、ノーマライゼーシヨンの歴史を把握するには適切。

欧米社会福祉教育の概要　H・J・ブラウンズ／D・クレーマー（古瀬徹・京極高宣監訳）『欧米福祉専門職の開発——ソーシャルワーク教育の国際比較』（全国社会福祉協議会、一九八七年）。

人物史と思想　小松源助『ソーシャルワーク理論の歴史と展開』（川島書店、一九九三年）のリッチモンドとアメリカのソーシャルワーク理論史は必読文献。他に金子光一『ビアトリス・ウェッブの福祉思想』（ドメス出版、一九九七年）や、木原活信『J・アダムズの社会福祉実践思想の研究』（川島書店、一九九八年）等。

通史　福祉系大学の通史のテキストとして定評のあるものを列挙する。アメリカでは一番ヶ瀬康子『アメリカ社会福祉発達史』（光生館、一九六三年）と、Trattner, W. I.: From Poor Law to Welfare State. (New York/Toronto, 1974) がある。後者は一九七四年の初版（トラットナー（古川孝順訳）『アメリカ社会福祉の歴史』川島書店、一九七八年）から改訂を繰り返し、ジェンダーやエスニックの視点から加筆・修正されている。高島進『社会福祉の歴史』（ミネルヴァ書房、一九九五年）はイギリスが中心。フランスは、林信明『フランス社会事業史研究』（ミネルヴァ書房、一九九九年）。ドイツ語文献では、Wendt, W. R.: Geschichte der Sozialen Arbeit (Stuttgart, 1983) が代表的な通史で、一九八三年から版を重ねている。

福祉国家論　福祉国家論のレビューとしても優れている毛利健三『イギリス福祉国家の研究』

（東大出版会、一九九〇年）や、ドイツを中心にヨーロッパ各国を比較しているG・A・リッター（木谷勤他訳）『社会国家——その成立と発展』（晃洋書房、一九九三年）。

辞典類　廣松渉他編『岩波　哲学・思想事典』（岩波書店、一九九八年）や、京大西洋史辞典編纂会編『新編　西洋史辞典』（東京創元社、一九九三年）が便利。Greve, B.: Historical Dictionary of the Welfare State.（Lanham/London, 1988）の巻末に、福祉国家や欧米各国の基礎文献が紹介されている。「福祉国家の危機」「ボランタリー活動」「市民権」「ジェンダー」等の項目もある点で、読者には興味深いであろう。ただし文献は一九九五年刊行までである。

第II部

日本社会福祉の理論・思想のクラシックを一〇点あげ、参考に供したい。

①留岡幸助『慈善問題』一八九八年
『基督教新聞』に掲載した五論文を収録したもの。文字どおり社会福祉思想の古典である。

②井上友一『救済制度要義』一九〇九年
日本の救済制度研究の古典。義務的救貧制の排除が展開されている。

③小河滋次郎『社会事業と方面委員制度』一九二四年
小河は方面委員制度の父。一九一二年『社会問題救恤十訓』の著がある。

④生江孝之『社会事業綱要』一九二三年
本格的社会事業概論のはじまり。「社会貧」が強調されている。

⑤海野幸徳『社会事業原理』一九三〇年
社会事業の理論的研究のはじまり。哲学的傾向が濃厚である。
⑥山口正『社会事業研究』一九三四年
戦前社会事業研究の最高水準の著書といわれる。山口は大阪市社会部長。
⑦大河内一男「我国に於ける社会事業の現在及び将来」(『社会事業』一九三八年八月号)
社会科学的社会事業論のはじまり。大河内は社会政策学者。
⑧孝橋正一『社会事業の基本問題』一九五三年
マルクス主義的社会事業論の体系化、多くの論議を呼んだ。
⑨岡村重夫『社会福祉学(総論)』一九五六年
社会福祉固有の視点を求め、社会福祉を最初に体系化した。哲学的社会学的傾向が濃厚。
⑩糸賀一雄『福祉の思想』一九六八年
近江学園長。小著であるが、多くの人々に影響を与えた。

あとがき

『社会福祉思想史入門』は、自立と共生をキーワードに書かれている。生活者の自立・自己実現は、人間解放への地平に至る途上の成果である。それを直線的な縦糸の福祉思想とするならば、人間の連帯の可能性を模索する共生の思想は横糸になろう。社会生活上に生起する差異や葛藤や争いを包括しながら、個と社会との関係性の地盤に立って、人生という布に福祉思想を織り込む作業をするのは、読者であるあなた自身である。

日本社会福祉学会で吉田久一先生と岡田は、一九九四年に近世・市民社会を、九六年に中世・宗教改革を、そして九七年に古代の福祉思想を対象に共同研究発表を行っている。九七年の発表後に演壇を降りられる時、吉田先生は「これで私の勤めは終わった」と語られた。九七年春頃に本書の骨子を作成され、六月に欧米の各章の目次を岡田に手渡された。欧米福祉思想を担当すること、古代・中世から現代まで、それもイギリス・アメリカ・ドイツ・スウェーデン・フランスの五か国を入れるようにとの厳命であった。一九九一年に日本社会事業大学に勤務してからの吉田先生の私に対する研究テーマの決め方には慣れていたとはいえ、その課題の広さに身のすくむ思いであった。私が浅学をも顧みず欧米福祉思想を執筆したのは、吉田先生が語られる福祉思想を未来に繋げていく仲介役になろうとの思いからである。

表題が入門と記されているにも関わらず、本書は入門書の域を超えている。これは私が執筆中に、最も苦慮した点であった。欧米福祉思想の類書がなく、かつイギリス・アメリカに傾斜してきた日本の福祉史研究の現状を鑑みて、あえて中欧・北欧・フランスの独自性に言及せざるをえない箇所が多々あった。したがって西洋史を高校・大学で学んでいない場合には、部分的には難しい内容になっている。

枚数に制限があるために説明が不十分な所もあろう。人物の紹介コーナーや簡単な年表を付ければ、読者の助けになったかもしれない。こうした問題点は、岡田の今後の課題としたい。本書の原稿を昨年の講義で配布し、学生達から率直な意見を聞かせてもらいながら、平易な記述の『はじめて学ぶ福祉思想・倫理』の副読本や、『社会福祉思想史入門』欧米編の各章の年表や図表化による資料集の作成に、部分的に取りかかっている。

アリストテレス流の九九人を生かすために一人の犠牲を、というヨーロッパの合理的な思考回路は、イエスの九九匹の羊のためよりも一匹の迷える羊を探しにいくカリタスの実践と常に対峙しながらも、しかし二つの思想は常に並存してきた。これが欧米福祉の思想融合の特徴なのである。二一世紀を迎える現在、新自由主義の福祉思想なるものは、女性や労働能力の高い障害者を一級市民に大量に格上げしようとしている。自由・平等の思想と市場原理に基づき、「解放」される人は増えるだろう。しかし、それはまた能力主義的な競争社会を助長し、弱者を排除するかつての近代主義の再生産にすぎない側面を併せ持つ。このコンテクストで自立や自己決定を評価するならば、それは商品化の助長であり、福祉思想の敗北宣言に繋がる。

限られた時空に生まれ、死ぬという共通の運命のただ中に投与された人間は、未来を現在にたぐり寄せ、そこを地盤に過去を見つめることで、個と社会との関係性を自覚し、自立する生活者の視点に立ち戻る。この絶え間なき内面の循環運動の中で、自立の源となるエンパワーメントが生起する。人間本来の生きる力であるエンパワーメントを横断的に捉えれば、他者とともに生きるという連帯の起点になる。現在というこの瞬間を、未来と過去に繋げる認識力こそが人間の連帯の思想を育むといえよう。

原稿は岡田の遅筆の故に、九九年の九月にようやく完了した。勁草書房の編集者古田理史氏は仕事の引き継ぎで多忙であられたが、刊行に際してきめ細やかな配慮をしていただき、学ぶところが多かった。

この十年間、吉田先生は三度の共同研究報告を下地に、共著執筆という形で、私が後半生に「何をどう研究すればよいのか」を、身を以て教示して下さった。社会福祉・障害者福祉史の研究者としての職業倫理に立ち返り、新たな地平を目ざしていきたいと思う。

二〇〇〇年二月七日

八王子市南大沢の研究室にて

岡田英己子

人名索引

ら 行

わ 行

著者略歴

吉田久一
1915 年　新潟県中頸城郡板倉村（現上越市板倉区）生まれ.
1941 年　大正大学文学部史学科（旧制）卒業．セツルメント・マハヤナ学園主事．太平洋戦争沖縄戦従軍．
戦後，日本社会事業大学，日本女子大学，東洋大学教授を経て，日本社会事業大学名誉教授.
2005 年　10 月永眠.
主　著　『吉田久一著作集』（全 7 巻，川島書店）
『清沢満之』（吉川弘文館，1961）
『昭和社会事業史』（ミネルヴァ書房，1971）
『社会事業理論の歴史』（一粒社，1974）
『日本の社会福祉思想』（勁草書房，1994）
『日本の貧困』（勁草書房，1995）
『日本社会福祉理論史』（勁草書房，1995）
『社会福祉と日本の宗教思想』（勁草書房，2003）
『新・日本社会事業の歴史』（勁草書房，2004），ほか多数

岡田英己子
1949 年　大阪に生まれる.
1991 年　筑波大学大学院心身障害学研究科博士課程修了.
日本社会事業大学助教授，東京都立大学教授を経て，
2013 年　首都大学東京定年退職.
主　著　『ドイツ治療教育学の歴史研究』（勁草書房，1993）

社会福祉思想史入門

2000 年 7 月 10 日　第 1 版第 1 刷発行
2017 年 6 月 30 日　第 1 版第 8 刷発行

著　者　吉《よし》田《だ》久《きゅう》一《いち》
岡《おか》田《だ》英《え》己《み》子《こ》
発行者　井村寿人

発行所　株式会社　勁《けい》草《そう》書房

112-0005　東京都文京区水道 2-1-1　振替 00150-2-175253
（編集）電話　03-3815-5277／FAX 03-3814-6968
（営業）電話　03-3814-6861／FAX 03-3814-6854
理想社・松岳社

ISBN978-4-326-65239-6　Printed in Japan

＊落丁本・乱丁本はお取替いたします。
http://www.keisoshobo.co.jp

吉田久一
現代社会事業史研究
A5 判／4,800 円
ISBN978-4-326-60018-2

吉田久一
日本の社会福祉思想
四六判／2,100 円
ISBN978-4-326-65160-3

吉田久一
日本社会福祉理論史
品切

吉田久一
社会福祉と日本の宗教思想
仏教・儒教・キリスト教の福祉思想
四六判／3,200 円
ISBN978-4-326-65283-9

吉田久一
新・日本社会事業の歴史
品切

吉田久一著／長谷川・永岡・宇都 編
日本社会事業思想小史
社会事業の成立と挫折
四六判／2,300 円
ISBN978-4-326-70088-2

勁草書房刊

＊表示価格は，2017 年 6 月現在．消費税は含まれておりません．